U0806925

本书系研究阐释党的十九届四中全会精神国家社科基金重点项目“服务全民终身学习的教育体制与教育机制研究”(20AZD073)系列成果之一“服务全民终身学习的教育体制改革展望研究”的最终成果

面向2035:服务全民终身学习的教育体制改革趋势展望

袁晖光 许 波 范思凯 著

山东大学出版社
SHANDONG UNIVERSITY PRESS
·济南·

图书在版编目(CIP)数据

面向2035:服务全民终身学习的教育体制改革趋势展望 / 袁晖光,许波,范思凯著. --济南:山东大学出版社,2025. 3. --ISBN 978-7-5607-8096-2

Ⅰ. G521

中国国家版本馆CIP数据核字第2024JR3670号

责任编辑　张彩芸
封面设计　蓝海文化

面向2035:服务全民终身学习的教育体制改革趋势展望
MIANXIANG 2035: FUWU QUANMIN ZHONGSHEN XUEXI DE JIAOYU TIZHI GAIGE QUSHI ZHANWANG

出版发行　山东大学出版社
社　　址　山东省济南市山大南路20号
邮政编码　250100
发行热线　(0531)88363008
经　　销　新华书店
印　　刷　泰安市富蓉印刷有限公司
规　　格　720毫米×1000毫米　1/16
　　　　　19印张　300千字
版　　次　2025年3月第1版
印　　次　2025年3月第1次印刷
定　　价　76.00元

版权所有 侵权必究

目 录

导 论

进入21世纪，人类社会已经翻开崭新的历史发展篇章。人工智能（AI）技术的爆发式进步正深刻改变社会变革轨迹。AI大语言模型技术的广泛应用正颠覆性地重整人类认知基础和核心竞争优势。终身学习在全球范围内已成为驱动教育体系改革的决定性因素。党的十九届四中全会明确提出要构建服务全民终身学习的教育体系。面向2035年，在社会主义现代化建设的提速阶段，全面提升服务全民终身学习的体制保障能力，标示着教育改革向纵深发展的战略导向，承载着新时期支撑教育强国战略的关键使命。[①] 完善服务全民终身学习体制保障的过程，实质是对传统国民教育体系的全面革新与升华，同时也是实现社会系统与教育系统无缝对接和深度交融的过程。为了以更为积极有效的方式系统完善服务终身学习的教育体制，需要在探索我国终身学习事业长远发展战略的过程中深入研究全民终身学习需求，并据此客观分析研判未来全民终身学习体制的发展趋势。[②]

当前，关于"全民终身学习未来预测"的学术研究正处于蓬勃发展阶段，已有的研究成果主要集中在对各类职业群体和不同年龄段学习者的终身学习体制保障上。通过对现有文献的系统整理分析发现，学者们对未来终身学习体制保障的研究主要达成以下三方面共识。

一、终身学习需求的多样化态势已经形成

文献研究表明，从幼儿群体到青少年、中年和老年群体的终身学习需求既有群体共性，也存在明显的群体间和个体间差异。各个群体间的终身学习需求

① 陈思文：《未来全民终身学习实施制度改革前瞻性研究》，沈阳师范大学硕士学位论文，2021年。

② 陈思文：《未来全民终身学习实施制度改革前瞻性研究》，沈阳师范大学硕士学位论文，2021年。

多样化态势非常明显。下面将基于现有文献研究结论,从终身学习的目的、内容、途径、时间、地点和评价等方面对不同群体的多样化终身学习需求进行简要概述。

(一)幼儿群体学习需求现状

在学习场所的需求方面,李生兰指出,针对0—3岁儿童的教育属于学前教育,这一年龄段的学习群体多需要在幼儿园、家庭、社区等场所进行学习,同时不同的场所,家庭与社区或家庭与幼儿园等不同学习地点之间也存在着一定的联系,能够帮助幼儿学习。①

在学习内容方面,研究多聚焦学前儿童对美术教育和心理教育的需求,认为学前幼儿多注重美术的学习,通过美术学习来引导幼儿初步感知美术,提升对美的事物探索与认知的兴趣,掌握最基础的美术知识和绘画技巧,逐步养成良好的审美习惯以及健全的人格。② 毛可珍认为,幼儿在心理健康学习方面具有较多需求,幼儿需要在幼儿园当中树立积极向上的心态,通过在幼儿园的心理健康学习为今后的成长打好基础。③

此外,不同的主体对于幼儿群体的学习需求的理解也有不同。有研究以"家长"为研究主体,认为家长希望自己的孩子通过上早教课程来达到发展个性、锻炼智力和提升陌生环境适应力以及锻炼体能的目的,家长认为幼儿学习的课程应当具有吸引力、种类丰富多样的特点,并偏向于选择感知、语言类的课程。④ 也有研究发现早教教师这一群体在授课过程中存在从成人的角度去分析儿童在学习过程中的需求,将自身认为对学生成长有益的知识强加给儿童,在学习目的选择上更具功利性,并进一步讨论了教学主体的特点也会在一定程度上影响着学生的学习内容和学习方式。早教教师在对幼儿学习内容进行选择时参考教材以及相关课程设计,为儿童选择合适的学习内容,包括运动、艺术以及语言表达等方面的内容,同时早教教师认为模仿是儿童学习的最主要方式。⑤

(二)青少年学习需求现状

对于青少年这一阶段学习需求的探析,学者们也从不同的视角展开了相关

① 李生兰:《幼儿园与家庭、社区合作共育的研究》,华东师范大学出版社2003年版,第92—94页。

② 邓倩:《浅析学前幼儿美术教育的目的》,《课程教育研究》2018年第42期。

③ 毛可珍:《幼儿自我悦纳感心理教育创新与实践》,《家长》2021年第27期。

④ 何磊、单曙光、杨璇等:《基于照护服务的0—3岁婴幼儿早教课程研究》,《重庆第二师范学院学报》2020年第6期。

⑤ 余祥:《0—3岁早教机构教师的儿童学习观研究——以四川省为例》,《新课程研究》(下旬刊)2018年第4期。

研究。以学习目标为视角的研究多认为大学生的学习目标主要包括提升实践能力和发展综合素质两个方面。大学生通过学习不仅需要提升自身的文化素养,而且需要加强与外部世界的沟通,掌握与他人进行有效交流的技巧。[①]

此外,也有研究将大学生的学习需求进行了分类。有学者认为大学生的学习需求主要划分为学科专业、科学研究、就业以及职业发展几种。[②] 也有学者提出大学生的学习可以分为两种范式,一种是外促学习范式,另一种是内生学习范式,这两种学习范式具有本质上的区别,大学生在学习目的、学习动机以及学习方式的需求上均存在或多或少的区别。[③]

(三)中年群体学习需求现状

中年群体学习需求的相关研究多集中在学习目的、学习内容、学习方式上。在学习目的和学习内容方面,有关市民群众学习需求的相关研究认为,市民群众的学习需求主要有如下三种:其一,为了获得更好的职业发展而学习相应的知识与技能;其二,为了丰富自身的精神素养而学习知识;其三,为了充实业余生活而充分运用自己的休闲时间充盈自己的生活,学习有趣的事物。[④] 有关职工学习需求的研究认为,职工对于继续学习具有目的明确的特点,职工群体会选择实用性强的学习内容,学习的内容有利于自身职业的发展,能够为未来工作助力,选择的学习形式更倾向于可行有效。[⑤] 此外,还有研究认为,在这些学习需求中,需求程度较高的是职业技能和获取学历文凭的终身学习需求,他们选择的学习内容与生活和工作具有紧密的联系,学习内容有实用性强的特点,学习的内容有助于工作和日常生活。[⑥] 在被调查者中占比例最高的需求是在学校或者通过其他机构来获得文凭或取得技能证书,通过此种途径来达成自身的学习目的。[⑦] 对开放教育学习者学习需求的相关研究认为,开放教育学习者的学习动机是非常多样的。其中大部分的被调查者认为"提高自身的素质"对于学习者来说是非常重要的,通过提升学历来提升自身的素质,也是一种非常有

① 汤佳妮:《基于学习范式的大学生学习需求研究》,华中科技大学硕士学位论文,2016年。

② 薛春燕:《基于大学生多元化学习需求的高校图书馆信息资源建设研究》,《江苏科技信息》2021年第27期。

③ 王建:《大学生学习范式:走向外促与内生的辩证统一》,《吉林省教育学院学报》2021年第4期。

④ 吴遵民:《实践终身教育论:上海市推进终身教育的路径与机制研究》,上海教育出版社2008年版,第252—253页。

⑤ 庞利:《企业职工学习的需求分析与对策研究》,《职教通讯》2015年第19期。

⑥ 张志鹏、张伟:《社区治理理论与实务》,南京大学出版社2022年版,第252—253页。

⑦ 于燕、弓鸿午、施径科:《广州居民终身学习的需求分析与对策研究》,《广州广播电视大学学报》2016年第5期。

效的手段;也有一部分的学习者进行学习是为了充实自己的精神生活和满足自己的求知欲。[①] 此外,还有学者对体力劳动者这类群体进行了学习需求调查,通过研究得出如下结论:首先,由于经济或其他因素这类群体不能够完成基础的学业,在入职之后,他们需要通过学习提升工作能力,因而选择与工作岗位相匹配的知识进行学习;其次,为获得更高的学历而选择继续进行学习;再次,为了谋求更好的职业发展而学习专业知识,并且提升自己的综合知识素养;最后,为了今后能够更换更好的工作岗位或者拓宽自己的业务领域而去学习。[②]

在中年学习群体的学习需求研究中,也有一些学者将视角聚焦于学习方式上,有学者指出成年人会通过多种多样的方式参加继续教育培训。成年人在学习过程中一般是多种学习方法共同使用,在众多学习方式中,利用互联网学习知识是当代人所必须掌握的一门技能。[③] 也有学者认为自助式学习将会适用于未来学习者的学习生活,这种学习方式是指学习者按照自己的时间以及个人习惯进行自学,在多种学习资源中选择想学的知识,不断提升自己的工作技能。学习不仅是在职人员的追求,公司也会为员工提供相应的职业技能培训,帮助员工实现人生价值,完成职业目标。[④]

(四)老年群体学习需求现状

老年群体学习需求的相关研究,同样聚焦学习目的和学习内容。在老年群体学习目的的相关研究中,有学者通过研究得出绝大部分老年人需要学习运动、安全和健康相关的知识,少部分人选择学习技术的结论。[⑤] 也有学者发现老年群体学习往往是为了适应退休生活,丰富晚年生活,满足自己的学习渴望。[⑥] 此外,也有研究发现老年人是为了满足心理需要和社交需要而学习的,他们学习的主要目的是融入社会团体,找到自身存在的价值,实现个人兴趣等。[⑦]

在已有研究中,还有学者将研究主体的范围缩小,对有处于学龄前孙子或孙女的老年人进行研究,发现作为祖辈家长的老年群体对于教育子孙而进行终

---

① 徐萌:《网络学历教育学习者学习需求分析与应对》,《吉林广播电视大学学报》2020 年第 10 期。

② 冷荣芝:《我国终身学习者构成及其学习需求分析》,《科教导刊》(中旬刊)第 2019 年第 5 期。

③ 杨静:《终身学习的意义与方法》,《中医教育》2002 年第 6 期。

④ 宋佳、张佳:《全球教育变革的六大趋势与挑战》,《人民教育》2020 年第 3 期。

⑤ Nola Purdie and Gillian Boulton-Lewis, "The Learning Needs of Older Adults", *Educational Gerontology*, Vol.29, No.2, 2003, pp.129-149.

⑥ 吕军莉:《互联网时代老年群体终身学习需求及其实现途径研究》,《中国教育技术装备》2019 年第 20 期。

⑦ 李楠、崔珍珍:《基于老年学习者需求视角的开放大学社区老年教育的课程教学模式探索》,《中国多媒体与网络教学学报》(中旬刊)2020 年第 8 期。

身学习的意愿并不高，只有小部分的老年人愿意通过学习来教育孙辈。有教育孙辈学习需求的老年群体，他们在学习内容的选择上更注重儿童心理教育、儿童行为习惯教育以及儿童身体发育方面的知识，对于学习途径的需求偏向于线上线下相结合的方式。[①]

可以看出，我国老年人学习需求十分多样，老年人为保持身体健康、提升自我尊严、适应社会需要、拥有良好人际关系而进行学习，另外老年人在隔代教育上也有需求。根据现有的研究结论可以为老年群体的学习需求预测提供研究基础和事实依据，以更好地探究未来老年人进行终身学习的目的、内容以及途径等。[②]

二、服务全民终身学习的教育实施体制不断发展

如果将体制理解为机构和制度的统一体，那么服务全民终身学习的教育实施体制就可以简洁理解为，能够服务全民终身学习需求、实施教育活动的机构和保障机构在服务全民终身学习需求过程中，实施教育活动的相关制度的统一体。系统梳理现有文献发现，学者们普遍认为，当前服务全民终身学习的教育实施机构和教育实施制度均在不断发展完善。

(一)终身学习实施机构的改革发展

按照终身学习者的学习方式，终身学习实施机构可分为服务正规学习的教育实施机构、服务非正规学习的教育实施机构和服务非正式学习的教育实施机构。

1.正规学习实施机构的改革发展

从传统意义上讲，正规学习实施机构即我们通常所说的学校。学生一般需要满足一定的条件才可以入学，达到相应的规定才能毕业。在学校，老师根据教学大纲、教案、课本，对学习者进行有组织、有计划、有目的的全面且系统的培养。[③] 在这一观点之上，也有研究者认为，正规学习实施机构可以是为学习者提供专门学习服务的教育场所，这是国家未来国力的主要基础，也是多元社会的

---

① 廖梦晨：《学龄前儿童祖辈家长学习需求及影响因素研究》，上海外国语大学硕士学位论文，2021年。

② 江腾飞、卢书丰：《“互联网＋教育”背景下老年人信息教育研究》，《中国成人教育》2022年第2期。

③ 刘春惠：《非正规教育机构科技馆科学教育的功能》，《文学教育》(下)2018年第5期。

公共结合物。[①] 陈桂生在《国际教育标准分类》的基础上进行研究并提出,正规学习实施机构广义上是指一种自发的学习行为,这种自学行为是在家长或者社会的辅导下进行的,是没有明确学习目的的;狭义上是指正规的学校学习。[②]

在对正规学习实施机构进行的研究中,学者们也会提到这类学习实施机构的主要功能。通常认为,"立德树人"是公认的正规学习实施机构的基本功能,但是在时代发展的背景下,正规学习实施机构又衍生出了其他功能。特别是在世界上许多国家相继出台终身学习法之后,正规学习实施机构的功能不断扩大,包括培养现代公民,使学习者拥有终身学习的能力,在社会层面上承担社会责任等。[③] 正规学习实施机构是具有丰富资源的开放性社会组织。也有研究认为,正规学习实施机构作为现代社会传承文明、传递知识的主要场所,是一个地区优秀人才、先进设备及丰厚物质条件的结合点。[④]

此外,当前已有研究也将着眼点聚焦于正规学习实施机构与非正规、非正式学习实施机构之间的关系上,认为传统的正规学习实施机构因居于教育的中心位置而忽略了与非正规学习实施机构、非正式学习实施机构的沟通。且很长时间以来,研究者通常认为终身学习就是对成人开放的、排除一切正规学习的非正规学习。他们错误地认为正规学习实施机构不在终身学习体系内。[⑤] 相应地,已有学者提出正规学习实施机构受到终身学习法的启发,教育扶贫、探索服务社会新形式的意义非凡。各国正规学习实施机构不再囿于"象牙塔"中,而是以开放的姿态积极调整功能定位,准确把握时代发展命脉,赋能承担起社会公共服务职责,体现了正规学习实施机构作为教育主阵地的使命与担当。[⑥] 因此,各国正规学习实施机构需优化正规学习,融合非正规学习,活化非正式学习,使终身学习达到纵横相通的理想状态。[⑦]

---

① 桑宁霞、李京:《终身学习立法视域下学校教育改革的政策研究》,《中国成人教育》2020 年第 15 期。

② 陈桂生:《教育原理》,华东师范大学出版社 2012 年版,第 163 页。

③ 桑宁霞、李京:《终身学习立法视域下学校教育改革的政策研究》,《中国成人教育》2020 年第 15 期。

④ 王芳:《学校服务社区的功能缺失与对策》,吉林大学硕士学位论文,2009 年。

⑤ 黄健:《论终身教育体系及其建构》,《成才与就业》2010 年第 17 期。

⑥ 桑宁霞、李京:《终身学习立法视域下学校教育改革的政策研究》,《中国成人教育》2020 年第 15 期。

⑦ 沈光辉、陈晓蔚:《正规教育融入终身教育体系若干问题探讨》,《福建论坛》(人文社会科学版) 2013 年第 5 期。

2.非正规学习实施机构的改革发展

综观国际研究，美国学者菲利普·库姆斯编著的《世界教育危机：系统分析》一书认为，非正规学习实施机构是排除正规学习实施机构以外的所有学习实施机构，主要包括正规学习实施机构之外的学习活动，目的是向一些特定的学习者，比如成年人、老年人，提供有组织、有计划且全面系统的学习服务。[①] 日本学者市川昭午和之前大部分学者分析的一样，都认为非正规学习实施机构是指除正规学习实施机构以外所有有组织的学习实施机构。[②]

我国学者的相关研究与当前国际研究结论具有一定的一致性，认为非正规学习实施机构是相对于正规学习实施机构来说的，正规学习实施机构指传统观点中学校里进行的学习活动，而非正规学习实施机构则是除学校以外用于学习的地方。当前，我国以非正规学习实施机构为主导、以正规学习实施机构为主体、以校内外各级各类学习机构和场所为重要参与方的青少年科技人才培养体系正在形成。[③]

在非正规学习实施机构与其他两种类型的学习实施机构的关系研究上，有学者认为非正规学习实施机构中的学习能够以多种不同的方法来使人们对科学知识有不同的见解，而正规学习机构却很难做到这一点。[④] 有学者认为当今世界科技高速发展，知识经济已经有了初步的雏形，正规学习实施机构已经无法满足人们对增强技能、更新知识储备量的渴求，非正规学习实施机构也因此应运而生。[⑤]

3.非正式学习实施机构的改革发展

非正式学习实施机构和学习的认知神经机制、领域特定知识的学习，都是当前国际学习科学的重点研究领域。当前研究普遍认为，非正式学习实施机构指的就是学生在非正式的环境里使用非正式的学习方法进行学习活动的机构。研究者一般将非正式学习实施机构和正规学习实施机构对立起来，更有一些学者将两者间的不同看作学校学习和不在学校学习。[⑥]

---

① [瑞典]托斯顿·胡森：《国际教育百科全书》（第9卷），李维译，贵州教育出版社1990年版，第67、383、391页。

② 顾晓波：《成人非正规教育：概念、背景及若干思考》，《职教论坛》2005年第31期。

③ 朱家华、周煜琳、宋娟：《非正规教育中的青少年科技人才培养：现状、问题、对策》，《科普研究》2020年第6期。

④ [美]朱迪·S. 莱德曼、刘怡：《非正规教育机构在发展和支持公众理解科学中的重要性》，《自然科学博物馆研究》2017年第3期。

⑤ 刘君普：《我国自然科学类博物馆非正规教育属性分析》，《黑龙江科技信息》2012年第14期。

⑥ 陈思文：《未来全民终身学习实施制度改革前瞻性研究》，沈阳师范大学硕士学位论文，2021年。

在对非正式学习实施机构与其他类别学习实施机构的比较研究方面，学者认为正规学习实施机构和非正式学习实施机构是不同的。不同点在于，正规学习实施机构把知识看作普适性的，非正式学习实施机构则关注可建构性；正规学习实施机构一般强调教师将知识传授给学生，学生被动学习，教材作为有机载体，而非正式学习实施机构则更注重学习的内隐性、学习者的主动性、学习环境的多元化、学习者之间的沟通和交流、学习方式和学习内容的灵活性、教学方式非结构化等特征，充分激发学习者主动学习的能力；正规学习实施机构注重学习者对知识的记忆、加工和消化，非正式学习实施机构不只注重学习者对知识的学习能力，而且将自身看作知识与社会交融的桥梁，从而构建知识型社会。①

此外，还曾有学者提出，场馆学习是非正式学习的重要组成部分，它的功能和终身学习的理念日益受到各界人士的重视。②

（二）终身学习实施制度的改革发展

为了确保服务全民终身学习需求的教育实施机构有效运行，各个实施机构均需制定相关实施制度。这些实施制度包括保障服务正规学习需求机构有效运行的正规学习实施制度，保障服务非正规学习需求机构有效运行的非正规学习实施制度，以及保障服务非正式学习需求机构有效运行的非正式学习实施制度。

1.正规学习实施制度的改革发展

党的十七大报告从新的历史起点出发，进一步提出了我国到2020年全面建成小康社会的要求。经济发展方式的转变，社会结构的变迁，社会主义市场经济体制的完善和政治体制、社会体制改革的推进，以及教育体制改革和大学治理改革在全球范围内掀起的新浪潮，也催生了教育改革及体制上的创新需求。社会的飞速发展对新型创新型人才产生了巨大的需求，我们需要创新型人才和具有创新性的科研成果，因此人才培训体系就有了一个新课题。但是，还需要加快深入研究的速度，使经济发展与教育相匹配。

《国家中长期教育改革和发展规划纲要（2010—2020年）》以人为本的客观

---

① 季娇、伍新春、青紫馨：《非正式学习：学习科学研究的生长点》，《北京师范大学学报》（社会科学版）2017年第1期。

② 周洳冰：《海外场馆非正式学习情境下的汉字教学模式初探及实效考察——以美国印第安纳波利斯儿童博物馆为例》，《2020对外汉语博士生论坛暨第十三届对外汉语教学研究生学术论坛论文集》，北京，2020年。

体现，充分说明了以人为本的人才培养体系是未来教育改革发展的方向，也是时代对教育的需求。所有改革措施都必须着眼于培养更多优秀的人才，以及21世纪所需要的创新型人才。如何培养创新型人才？从培养模式上来说，需要注重学与思相结合、知与行相统一，要依照不同学生的个性特点制定学习方式方法。推进教育教学制度改革，鼓励学校进行教育教学制度创新，完善社会教育体制，加强中小学阶段的社区教育与校外教育，加强行业、企业参与中等和高等教育的合作教育制度。[①]

当前出现了诸如“慕课”和“移动学习”之类的新学习平台，终身学习途径由于信息技术的不断发展变得更加丰富多彩。未来随着人们生活方式的不断变化以及信息技术的日益发展，学习的方法也会变得不再单调。尽管有些人认为，传统的教育模式即使是在互联网时代也不会改变，但互联网对教育的影响是显而易见的。例如，无论学习者想采用何种方式或持何种目的进行学习，都会被满足；学习方法变得多种多样，未来在移动场景中的学习将引起人们关注；继续教育国际化进程将迅速加快；将会创造出更多的创业机会，教育资源供给方之间的竞争将愈演愈烈；等等。[②]

2.非正规学习实施制度的改革发展

近年来，中国学者针对非正规学习和非正规教育开展了大量研究，其中包含理论基础、价值、特点、实施方案、存在的问题和对策等。

从收集到的资料来看，非正规学习兴起的背景是学者们比较关心的问题之一。研究人员通常将终身学习作为非正规学习的最坚实的理论基础。当前我国就业形势较为严峻，从这一角度出发，研究人员又深入研究了传统的正规学习，认为学校教育显示出相对的社会发展滞后、不够重视当前生活、与现实生活脱节等缺点，并通过比较，说明了非正规学习作为补充传统学校学习的重要性。此外，研究人员还扩大了非正规学习发展的基础，将学习社会化，将人文理论和“发展”的新内涵加入非正规学习的理论框架，力图整合新的社会思想来全面审查非正规学习的新结果。[③] 有学者认为，建立非正规教育学习成果认证体系，形成更加开放的、促进终身学习的环境和路径，是许多国家、地区建立和完善终身学习体系的共同趋势。[④] 也有学者通过全面梳理全球非正规学习理论的发展脉

① 谈松华：《加快教育体制改革和制度创新的主要路径》，《行政管理改革》2011 年第 2 期。

② 张晓昀：《终身教育实践的国际发展趋势与特点》，《当代继续教育》2017 年第 1 期。

③ 陈思文：《未来全民终身学习实施制度改革前瞻性研究》，沈阳师范大学硕士学位论文，2021 年。

④ 吴晓波：《终身教育视野下的非正规教育学习成果认证体系的构建》，《湖南广播电视大学学报》2012 年第 4 期。

络、特性和意义，基于我国实际情况，认为我国非正规学习在评估机制、评价机制、评价体系等方面存在问题，缺乏制度上的保证和建设性的解决方案。

而在非正规学习制度研究领域，基于国际视角进行的研究也不在少数。有学者曾对欧洲的非正规学习情况进行了一项调查，得出的结论是，非正规学习的主要挑战是定义不明确，教学方式有待改进，与其他教育领域的联系有待加强以及质量标准有待确立等，并认为这些问题严重阻碍了非正式学习的发展，使非正规学习处于整个学习系统中令人担忧和不信任的尴尬境地。① 香港大学教授马克·贝磊(Mark Bray)等的研究目标是非正规学习的另一个重要方面，即教育补习。教育补习是正规教育的“影子”，其已经在世界范围内形成了体量巨大的产业体系。贝磊教授通过介绍国际教育补习学费的概况，分析了教育学费产品的生产者和消费者的行为动机，以及教育学费对主流教育、社会和经济发展的作用，希望引起教育政策制定者、计划者和社会对教育补习的关注。②

3.非正式学习实施制度的改革发展

非正式学习的作用和意义都不亚于正式学习。人类社会发展伊始，人类进行的学习活动本质上都是非正式学习，直到学校的出现，才开始有了正规意义上的学习。③ 国内并没有意识到非正式学习活动对社会发展能起到巨大的推动作用，所以并未将其规定为个人发展必备素质且并未确立其重要的地位。人们经常忽略发生在教室之外的学习，认为它价值不高甚至毫无价值，只有发生在教室内才是有价值的学习。无计划的即时非正式学习被称为“非正式学习”。这种非正式的学习存在于日常生活中，这与传统教育完全不同。我们必须明确指出，非正规和非正式学习是终身教育体系的重要组成部分，与正规学习同样重要，而不是正规学习的扩展。④

1979 年至 1998 年，非正式学习研究的相关资料仍然不多。文献描述一部分是将“非正式”与其他教育学习词汇进行组合，另一部分包含“非正式学习”，但没有详细的解释或明确的定义，然而都使用了“非正式学习”一词。1999 年至 2005 年，在“非正式实践”中存在。⑤ 在此期间，有关非正式学习的研究文献数量没有显著增加，甚至显示出下降的趋势，但它仍然具有深刻而长远的影响和意义。首先，专业的非正式学习研究，在概念上一开始就区别于非正规教育与

① 徐林:《非正规教育面临的问题和挑战》,《中国青年研究》2005 年第 9 期。

② [英]马克·贝磊:《教育补习与私人教育成本》,杨慧娟等译,北京师范大学出版社 2008 年版。

③ 杨晓平、刘义兵:《论教师非正式学习文化的建设》,《教师教育研究》2013 年第 4 期。

④ 黄娥:《非正式和非正规学习成果认证的内在价值反思》,《成人教育》2018 年第 10 期。

⑤ 李青:《现代性视角下美国非正式科学教育发展研究》,四川师范大学博士学位论文,2021 年。

正规教育。其次,在内容上还建立了非正式学习的系统体系,利用非正式场所形成“非正式组织”进行学习的方法。① 在实际应用中,研究人员探索了如何在业务管理和社区建设等领域帮助非正式学习发展,并使其能够创造所需的价值。研究人员还构建了“替代模型”和“BP 知识”。② 尽管在这个阶段的研究发展较慢,但它对后续的研究起到了承上启下的作用。

我国对非正式学习的认证仍存在许多尚未解决的问题,非正式学习的成果数量多且内容覆盖广、系统性差、可操作性差。通过非正规学习和非正式学习取得的成果应被同等对待,并应得到教育部门和社会上的共同认可。因此,迫切需要构建科学、合理、高效的非正式学习成果认证制度体系。③

三、服务全民终身学习的教育管理体制不断完善

教育体制主要包括教育实施体制和教育管理体制。④ 现有研究普遍认为,为了有效满足全民终身学习需求,不仅需要改革教育实施体制,还需要从顶层设计入手,不断明晰管理对象,完善教育管理机构和教育管理制度,系统提升服务全民终身学习需求能力,提升教育治理现代化水平。

(一)全民终身学习管理体制的规约对象

全民终身学习管理体制的管理内容是,通过健全全民终身教育体系,服务全民终身学习需求。一些学者针对应将哪些机构纳入全民终身教育体系进行了比较深入的探讨。沈光辉和陈晓蔚认为,应将学前教育、基础教育、职业教育和普通高等教育等正规教育机构全部纳入全民终身学习体系,应在坚守“教育本质回归”和“以人为本”原则基础上,打破传统教育的时空限制,促进教育资源的整合与共享,以满足不同年龄段、不同职业背景学习者终身学习的多元化需求,从而推动教育公平与教育质量的全面提升。⑤

刘辉和汤晓蒙进一步扩展了全民终身学习的管理对象,认为在构建我国全民终身学习体系的过程中,非正规学习机构和非正式学习机构由于其灵活性和适应性,能够有效满足不同人群在不同阶段的多样性和即时性学习需求,因此

① 王林生、王立法:《人才培养的另类模式构想》,《杭州金融研修学院学报》2002 年第 4 期。

② 江新:《管理隐性知识——营造组织中的非正式学习环境》,对外经济贸易大学硕士学位论文,2004 年。

③ 黄娥:《非正规与非正式学习成果认证的现实困境和路径选择》,《成人教育》2019 年第 9 期。

④ 孙绵涛:《教育现象的基本范畴研究》,《教育研究》2014 年第 9 期。

⑤ 沈光辉、陈晓蔚:《正规教育融入终身教育体系若干问题探讨》,《福建论坛》(人文社会科学版)2013 年第 5 期。

在推进全民终身学习体系构建时,往往会被优先考虑和整合进来。[①]

李红恩认为,优化全民终身学习的教育管理体制,首先需要充分认识二者之间的内在联系和本质差异。国民教育体系是构建终身学习体系的坚实基石,构建终身学习体系应当充分利用并深化国民教育体系的基础。但是在办学理念上,二者又存在本质差异。终身学习体系更强调终身教育和持续学习的重要性,注重个体在整个生命周期内的全面发展与成长。在办学特点上,国民教育体系倾向于阶段性、制度化教育,而终身学习体系则侧重于连续性、个性化和自我导向的学习方式。在主要组成部分上,国民教育体系主要包括基础教育、中等教育、高等教育等不同阶段,而终身学习体系则囊括了正规教育、非正规教育和非正式教育等各种学习形式。在管理制度上,国民教育体系管理制度遵循较为固定的教育大纲和教学管理模式,而终身学习体系管理制度则需要不断鼓励灵活多样的学习模式创新,以适应社会经济发展和个体需求的快速变化。[②]

吴遵民对终身学习体系与现代国民教育体系和传统国民教育体系之间的内在联系进行了深入且详细的阐述。在他看来,传统国民教育体系是基于传统观念和既定模式构建的,主要服务于特定历史时期的社会需求,其特点和局限性均与其产生的时代背景密切相关。与此相对,现代国民教育体系则在理念和实践中表现出明显的转型和进步。它强调公共教育的普适性、资源的多元供给、教育内容与形式的多样性,以及对本国文化与国情的尊重和体现。现代国民教育体系深受终身学习理念的指导,不再局限于传统意义上的学校教育,而是囊括了正规教育、非正规教育以及非正式教育等多种学习渠道和形式,力求为全体公民提供贯穿一生的、灵活多样的学习机会和环境。完善服务全民终身学习的教育管理体制,就是要顺应传统教育向现代终身学习体系过渡的必要性和必然性,系统回答和论证如何在继承与发展中构建更加适应现代社会需求的国民教育体系的时代命题。[③]

(二)全民终身学习管理体制的顶层设计

1.以教育管理体制顶层设计健全终身学习体系的学理分析

吴遵民认为,当下终身学习体系的现实阻碍较大,未来构建全民终身学习

---

① 刘辉、汤晓蒙:《试论各级各类教育融入终身学习教育体系的时序》,《教育研究》2013 年第 9 期。

② 李红恩:《国民教育体系与终身教育体系的关系》,《辽宁教育》2012 年第 22 期。

③ 吴遵民:《关于完善现代国民教育体系和构建终身教育体系的研究》,《中国教育学刊》2004 年第 11 期。

体系的关键举措是建立一个直接主管与推动终身教育实施的国家级行政机构。[①]

吴遵民等人提出构建全民终身学习体系，在立法层面可采取“渐进性策略”，即尝试制定实施地方性终身教育法规，并修订和完善现行相关法律法规，增加充实有关终身教育内容，在上述基础上适时制定国家层面终身教育法律。[②]

李新民提出了构建终身教育体系应重视多主体参与的观点，强调建立全民终身学习体系是一个涉及个人、教育机构、社会组织、政府等多元主体相互配合、互动博弈与合作的过程。随着终身学习理念逐渐取代传统的终身教育概念，个体作为学习的主体地位尤为重要。[③]

每个人都是终身学习的中心和动力源，个体的学习需求、态度、能力和行动直接影响到终身学习体系的建设和效果。因此，应当注重激发和培育个体的自主学习意识，提升学习能力，通过政策引导、资源优化、技术支持等方式，充分调动各主体的积极性，共同构建一个真正服务于全民、满足个性化学习需求的终身学习体系。刘维俭和罗健在讨论未来全民终身学习体系的构建时，强调了政府在这一过程中至关重要的作用。他们认为，政府应在体系的规划设计、宏观调控机制的确立、政策法规的制定与执行、服务体系的建设和完善以及必要的物质资源保障等方面发挥主导作用，以确保全民终身学习体系的有效构建与运行。[④]

李冬焱进一步指出，国家是构建并持续优化全民终身学习体系的核心力量。他提议，在未来的体系设计中，学校教育系统应采取政府主导的运作模式，确保教育政策和资源配置的合理性与有效性；行业教育系统可以采取社会自发型模式，鼓励行业内部自发形成教育与培训机制；而对于文化和常识教育，则提倡借助社区的力量，以社区模式进行补充，实现教育资源的多元化和广泛覆盖。[⑤]

赵庆年和孙登林两位学者则主张通过立法手段建立健全保障体系，为终身学习提供法律依据和制度保障。建立以终身学习理念为核心的新型教育教学

---

① 吴遵民：《中国终身教育体系为何难以构建》，《现代远程教育研究》2014 年第 3 期。

② 吴遵民、黄欣、刘雪莲：《建立和完善终身教育体系的法律制度研究》，《继续教育研究》2006 年第 6 期。

③ 李新民：《论构建中国模式的终身教育体系》，《南京理工大学学报》（社会科学版）2010 年第6 期。

④ 刘维俭、罗健：《社区大学的功能定位与机制运行探讨——兼谈常州市终身教育体系的构建》，《江苏广播电视大学学报》2010 年第 1 期。

⑤ 李冬焱：《终身教育体系的实现模式探讨》，《现代教育科学》2012 年第 11 期。

机制,确保教育内容和形式与时俱进。倡导建立有效的激励与约束机制,以激发学习者积极参与终身学习的热情,共同推动全民终身学习体系的良性运转与发展。①

2.以教育管理体制顶层设计健全终身学习体系的国际案例

郝克明和王建研究了澳大利亚与新西兰两国在提供高等教育和继续教育、提升教育与培训质量方面的实践经验。研究结论是,在未来构建全民终身学习体系时,可以借鉴两国的成功做法,建立一套连贯、系统且有助于促进全体国民终身学习的公共政策框架。② 这套政策框架应消除教育壁垒,支持不同年龄层、不同职业阶段的个人持续获取和更新知识技能,同时确保教育与培训的质量和效益,以适应快速变化的社会经济需求和技术发展。

徐中意从内涵与特色的角度入手,阐述了澳大利亚建设终身教育体系的路径,未来的全民终身学习体系将由资格框架、质量培训框架以及培训包构成三大支柱,其核心是全国统一认证的培训包。而体系中灵活的资格框架、统一的能力标准、企业本位的课程开发、严格的质量培训框架、多样的培训方式以及对先前能力的认可等六个方面,显示出澳大利亚对未来全民终身学习体系的期待和展望。徐中意在系统解析澳大利亚构建终身教育体系独特路径的基础上认为,资格框架体系、质量培训框架以及标准化的培训包是未来构成理想的全民终身学习体系的三大支柱。其中,培训包作为核心要素,需在全国范围内实现统一认证。澳大利亚服务全民终身学习管理体制具有六个关键特点。一是灵活的资格框架允许学习者在不同教育阶段和不同学习环境中积累学分和技能,实现学历和能力的平滑衔接与转换。二是统一的能力标准确保无论采用何种学习形式,学习者所掌握的技能和知识均可以达到国家认可的标准。三是以企业需求为导向的课程开发确保教育内容紧跟就业市场需求,促进学习与工作实践的紧密结合。四是严格的质量培训框架可以通过对教育培训机构的资质审核和质量监控,保障终身学习体系的教学质量和效果。五是线上学习、线下实训、在职研修等多样化的培训方式满足不同学习者个性化的学习需求。六是对先前学习和工作经验的高度认可,通过学分转换、资格互认等机制,尊重并有效利用学习者已有的知识和技能积累,促进终身学习的连续性和有效性。这些特点体现了澳大利亚构建全民终身学习体系的管理体制既注重保持终身学习体

① 赵庆年、孙登林:《终身教育体系构建的原则、结构及运行机制》,《黑龙江高教研究》2003年第1期。

② 郝克明、王建:《构建终身教育体系　创建学习化社会——澳大利亚和新西兰的经验与启示》,《北京大学教育评论》2003年第4期。

系的开放性、包容性和灵活性，也强调了体系的标准化、专业化和规范化。①

徐又红通过比较研究发现，英、法、美三国在构建终身教育体系上的共性是均构建了相对成熟且完整的四大系统，即组织支持系统、法律支持系统、财政支持系统和认证支持系统。徐又红认为，完整的四大系统对于构建任何一个国家的未来全民终身学习体系来说都是必不可少的基础架构。②

周西安和杨丽丽则重点关注了美、英、法、日等发达国家在推进终身教育体系时，在观念、理论、制度和实践四个层面的经验。他们概述了这些国家在建立全民终身学习体系方面的共同成功之处，并结合我国国情，就如何有效推进我国全民终身学习体系的建设提出了自己的见解。③

杨秋芬分析了日本终身教育发展的特点，尤其是在地方政府积极推动、地方大学积极参与和社区广泛促进等方面的显著成效。同时，她也指出了日本在构建终身教育体系过程中存在的问题，即过度依赖行政手段和强制性措施，忽视了终身教育应有的自愿性、适用性和发展性。针对这些问题，杨秋芬对我国在构建全民终身学习体系时可能遇到的类似困境进行了深入分析，并提出了相应的解决策略。④

杨芳研究了韩国在构建其终身教育体系时采取的措施，包括制定专门针对终身教育的法律法规以提供政策保障，设立多层次、广覆盖的终身教育机构网络，成功实施学分银行制度以促进终身学习成果的累积与转换，积极创建企业大学以强化职工职业能力提升，广泛开展实用性较强的职业教育培训以对接社会需求，大力推进网络远程教育以扩大教育覆盖面，特别关注农村地区农民的教育与培训，以及针对弱势群体实施有针对性的教育项目。韩国这些在终身教育领域的成功经验和实质性成果，为我国建立全民终身学习体系提供了宝贵的参考与借鉴经验。⑤

发达国家在构建全民终身学习体系过程中所遇到的挑战、解决问题的策略以及取得的成就，对我国建立和完善全民终身学习体系具有重要的参考和借鉴意义。上述研究为我国全民终身学习管理体制改革提供的关键启示主要包括六个方面。一是国家层面应加速推进终身教育相关的法律法规及配套政策的制定和完善，为全民终身学习体系提供法制保障。二是构建兼顾学历文凭与职

① 徐中意：《澳大利亚终身教育体系述评：内涵与特色》，《职业教育研究》2010 年第 9 期。

② 徐又红：《我国终身教育体系的构建：美、英、法终身教育比较的启示》，《学术论坛》2008 年第 3 期。

③ 周西安、杨丽丽：《发达国家终身教育体系的构建及启示》，《学术论坛》2008 年第 3 期。

④ 杨秋芬：《浅析日本地方终身教育体系》，《河北大学成人教育学院学报》2007 年第 3 期。

⑤ 杨芳：《韩国终身教育体系研究》，《继续教育》2011 年第 11 期。

业资格证书的国家层面资格框架体系,并建立严格的质量监控与保障机制,确保终身学习的权威性和有效性。三是实施"学分银行"制度,打通各级各类教育间的壁垒,形成人人皆可学、时时可学、处处可学的无缝对接学习网络。四是确立并巩固终身教育的财政投入和组织管理制度,确保有足够的资金和人力物力支持终身学习体系的建设和运行。五是充分利用现代信息技术手段,将其作为推动终身教育发展的重要工具和平台,实现教育信息化与终身学习的深度融合。六是加强终身教育理论的研究与探索,以理论指导实践,不断优化和创新我国全民终身学习体系的构建和发展策略。[①]

3.以教育管理体制顶层设计健全终身学习体系的评价标准

郭玉锋从过程评价的角度阐述了未来全民终身学习体系应在以下四个方面着力:一是客观评价与主观评价相结合,二是终结性评价与过程性评价相结合,三是处理好过程性评价的必要性与实效性的关系,四是教育者本身也要把过程性评价运用于自己的教育教学思想中。[②] 吴国认为,构建未来全民终身学习体系的四个核心体制机制包括:一是完善的终身教育发展机制,指建立一套涵盖学前教育至老年教育各个阶段,包括职业教育、高等教育、继续教育等在内的系统性、连贯性的政策和执行机制,以保证终身学习机会的普遍性和连续性;二是开放的终身学习公共服务平台,打造易于访问、资源丰富的线上线下的混合式学习平台,使所有公民都能便捷获取所需的学习资源和服务,不受时间和地点限制;三是健全的终身学习社会网络,构建由政府、学校、企事业单位、社区及非政府组织共同参与的社会协同网络,鼓励多元主体参与终身学习活动的组织与实施;四是沟通衔接的终身学习"立交桥",各类教育层次和类型之间无缝对接,实现学分互认、资格认证的互联互通,保障个人学习成果的有效积累和转化。[③] 张宝贵则从过程评价视角出发,提出了未来全民终身学习体系评价标准应当围绕六个层面展开。一是公民学习基础,考察公民接受终身学习的基础条件,包括受教育程度、学习习惯、学习需求以及获得学习机会的能力等。二是国民教育体系的发展水平,评估整个教育系统的完备程度,包括教育设施、教师队伍、课程质量以及教育投入等方面。三是国民教育体系的影响水平,评价教育体系对个人职业发展、社会经济发展以及文化传承等方面的实际影响。四是教

---

① 谢青松、杜沙沙:《资历框架的国际比较研究》,重庆大学出版社 2020 年版,第 197 页。

② 郭玉锋:《终身教育理念与过程性评价的实施》,《中国成人教育》2005 年第 6 期。

③ 吴国:《终身教育体系构建探析——以福建省为例》,《福建医科大学学报》(社会科学版)2013 年第 2 期。

育民主化水平，审视教育资源分配是否公平合理、教育机会是否均等，以及教育决策过程中公众参与的程度。五是社会学习活力水平，衡量社会整体的学习氛围，包括终身学习活动的普及率、活跃度以及社区学习中心、公共图书馆等学习场所的利用率。六是社会创新水平，探究终身学习对社会创新能力的提升作用，如培养创新型人才，促进科技进步，推动经济社会转型升级的能力等。[①]

四、本书重点讨论的话题

面向未来全民终身学习需求的演变态势，从教育实施体制和管理体制改革两个维度切入，系统构建面向未来全民终身学习体制改革的前瞻性理论框架，对于丰富和健全未来全民终身学习体制改革理论体系具有深远的理论价值和实践指导意义。面对人工智能的迅猛迭代和时代发展的新挑战、新要求，助力未来全民终身学习体系有效构建和教育实践活动高效运行，需要对服务全民终身学习体制的发展趋势进行客观研判和愿景展望，从而为推动我国教育高质量发展和教育强国事业迈向更高水平提供前瞻性理论基础，有助于加快服务全民终身学习教育体制优化步伐，有利于营造更为适宜高效的全民终身学习实施与管理体制环境，从而实现不同层次与类型的教育资源均衡配置和协同发展，以满足人民群众日益增长的终身学习需求。[②]

学界对如何构建终身教育体系开展了广泛而深入的研究。然而，现有研究成果在构建全民终身学习服务体系的过程中，尚未充分将教育体制改革置于终身学习的大背景中加以考量，亦缺乏对未来教育体制改革的前瞻性探讨。鉴于此，本书在思辨与实证分析相结合的基础上，运用文献法、问卷法和访谈法系统收集资料，采用质性和量化相结合的方法深入分析资料，深入探究全民终身学习需求持续演变的背景下，教育实施体制和管理体制的发展脉络及其前瞻趋势，以助力我国未来构建高质量、高水平教育体制保障，有效服务于未来全民终身学习需求。

本书分三篇展开论述。第一篇面向 2035 年，探讨未来全民终身学习需求的影响因素及其发展趋势。首先明确全民终身学习需求的概念内涵，并构建理论分析框架，奠定研究基石。随后，深入研究影响未来全民终身学习需求的各项因素，并依托实证研究数据，对未来全民终身学习需求的发展趋势做出展望。第二篇专注于服务全民终身学习的教育实施体制前瞻性研究。在定义未来全

---

① 张宝贵:《终身教育:教育发展的理想追求》,《天津教育》2008 年第 4 期。

② 刘琳琳:《习近平关于教育公平重要论述研究》,内蒙古大学博士学位论文,2021 年。

民终身学习实施制度的基本概念、确定研究的理论与现实基础之上，构建面向未来的学习实施体制展望理论模型。本部分将分别从正规学习、非正规学习和非正式学习三个维度，对未来服务全民终身学习的实施体制进行前瞻性的深入研究。第三篇为服务全民终身学习的教育管理体制改革前瞻性研究。这一部分将从宏观与微观两个层面对未来全民终身学习教育管理体制进行剖析，具体将其划分为教育管理机构改革和教育管理制度改革两个方面，分别进行深入探讨和论述。[①]

① 何佳航:《服务全民终身学习的基础教育管理体制研究》，沈阳师范大学硕士学位论文，2022年。

第一篇 全纳互通 便捷高效

——面向未来的全民终身学习

2035

第一章　全民终身学习需求的基本理论构建

面向2035，全民终身学习需求正在继续发生深刻变化。为了更加清晰地对未来全民终身学习需求进行预测性讨论，本章将在基本概念界定的基础上，构建一个关于全民终身学习需求的分析框架。

一、什么是全民终身学习需求

（一）全民终身学习

1.终身学习

20世纪90年代，联合国教科文组织提出，终身学习是一种非强制的自主学习的过程，由原来的注重教育供给转向满足个体需求。2002年，联合国教科文组织确定了终身学习的概念，认为其是能够囊括全体民众、在传统的教育体系基础上无限延伸的一种持续一生的终身性学习活动。由此可以看出，当今社会正在逐步形成终身学习的新风尚。①

朱敏等认为终身学习应当以学习者为主体，重视学习者的主体地位，以促进学习者的成长和发展为终极目标。② 郑勤华等从时间和空间角度对终身学习这一概念进行了明确的界定。从时间角度来看，终身学习不是指特定某一阶段的学习，而是在个体的生命周期中持续进行的学习活动；从空间角度来看，终身学习活动不是在特定的地点进行，而是在任何可以为个体的学习提供便利条件

① 宋佳丽：《全民终身学习需求趋势研究》，沈阳师范大学硕士学位论文，2022年。

② 朱敏、高志敏：《终身教育、终身学习与学习型社会的全球发展回溯与未来思考》，《开放教育研究》2014年第1期。

的环境中进行，学习空间不拘泥于特定的地点。[①] 段静琰等认为终身学习是从学习者自身发展角度考虑，自下而上地为了自身发展而进行学习的活动，培养出的人才可以为社会的发展提供更大的助力。[②]

因此，可以得出终身学习具有如下特点：一是时间跨度上的终身性。学习不是某一年龄段群体的特权，学习不会因在校学习的结束而终止，而是任何年龄段通过任何途径皆可以学习，是贯穿在人一生当中连续不断的活动。二是学习者的主动性。在传统的学习活动当中，教师处于主导地位，学习者被动地接受教师教授的知识；而终身学习与此存在本质上的区别，终身学习主要依靠学习者对于学习认知的主动性，是为了实现自身的愿望、满足个人需求主动参与到终身学习活动中，是人全面发展的内在动力。三是学习内容的多样性。终身学习内容不仅仅局限于传统课堂所学习的知识，还包括工作当中学习的技能、人际交往过程中的社交技巧以及处理问题时的经验等，学习内容是丰富多样的。四是学习途径和方式的多元化。学习者不仅可以通过传统的正规学校教育学习知识，还可以通过非正规或非正式的学习活动获取所需知识，学习地点不是单一的，学习活动可以发生在任何场所当中，家庭、单位或社区都可以是获取知识的场所。学习可以是个人进行的，也可以是和其他人协作共同完成的。五是学习是公平的活动。任何人不论年龄、职业、地域等皆享有学习的权利，终身学习强调全民参与，任何学习者都可以通过学习来满足自身需求。[③]

本书认为，终身学习是社会成员为适应社会发展和个体发展的需要，自发的、有规律的、有目的的、持续一生的主动性学习过程。终身学习能够不断激发人类潜能，赋予人们必要的能力以获取所需的知识、技能和价值。[④]

2.全民终身学习

全民终身学习是指来自不同国家、地区或者民族的每个人，处在不同阶段的个体从不同场所通过多种形式所学习到的不同内容的总和。从横向来看，它是指从家庭、学校和社会等场所内习得的知识或技能、积累的经验；从纵向来看，终身学习贯穿于人的一生，学习活动持续发生在幼儿期、青少年期、成人期和老年期等各个年龄阶段；从学习的形式来看，终身学习包括正规学习、非正规

---

① 郑勤华、马东明、陈丽等：《北京市成人"终身学习素养"现状及特征分析——基于 2012 年大规模抽样调查数据的探讨》，《现代远距离教育》2014 年第 1 期。

② 段静琰、陆丹：《中国终身学习发展刍议》，《教育教学论坛》2017 年第 17 期。

③ 涂玉丽：《终身学习平台在成人学习中的应用研究》，南京师范大学硕士学位论文，2016 年。

④ 顾凤佳：《上海学习型城市建设研究》，华东师范大学博士学位论文，2020 年。

学习以及非正式学习。① 实现全民终身学习是加快建设学习型社会的迫切需要,其关键在于:(1)以学习者为中心,赋予全民平等的终身学习的权利与机会;(2)以核心素养为基础,提供关照个体差异、资源更为丰富的学习内容;(3)以信息技术为载体,创造渠道更加畅通、方式更加灵活多样的学习形式。②

(二)终身学习需求

1.需求

不同的学者对"需求"有着不同的定义,主要有以下几种。第一,需求是指个体因为不满足于现状而产生不平衡的心理状态,从而对外部产生的依赖。③ 孙绵涛教授在《教育组织行为学》中指出,需要是个体在现实生活中的一种缺失的状态和对客观条件产生的一种依赖,他认为需求是对不平衡状态的一种反馈。④ 第二,需求是一种差距。如田海燕认为需求是现实中没有达到理想状态而存在的一种差距,个体对于某些事物是缺少认知的,这种思想映射到头脑当中便形成了需求。⑤ 肖海艳认为需求具有多样性的特点,需求不仅包括生理需求,还包括心理需求,也涉及社会需求,而教育领域则更侧重通过研究学习动机、学习意愿等方面来满足存在的不足或需求。⑥ 第三,根据主体学习目标不同而对需求进行分类理解。如 Hutchinson 和 Waters 认为学习需求指学习动机、学习意愿、学习策略等。⑦

此外,还有从心理学、教育学、社会学和哲学等角度对需求所作的定义。在心理学中,需求就是需要(need),是指生理和心理存在的一种不平衡状态。个体对外部条件产生的相对稳定的需求,成为个体不断发展的内在动力。从心理学角度来看,需求是有机体为了生存而产生的能够使自己有良好体验的一种内心状态,是对内外部条件的一种反映。⑧ 在教育学中,个人需求是指在社会条件制约下,学习者根据自身的学习条件为实现个人理想而产生的学习需求。⑨ 社

---

① 黄威:《教育法学》,广东高等教育出版社 2002 年版,第 243 页。

② 宋佳丽:《全民终身学习需求趋势研究》,沈阳师范大学硕士学位论文,2022 年。

③ 方芳:《转向与重构:20 世纪上半叶中国美育观念史考察》,安徽师范大学博士学位论文,2021 年。

④ 孙绵涛:《教育组织行为学》,福建教育出版社 2012 年版,第 107 页。

⑤ 田海燕:《校本课程开发中的学生学习需求分析》,首都师范大学硕士学位论文,2004 年。

⑥ 肖海艳:《福州市老年大学学员学习需求研究》,福建农林大学硕士学位论文,2014 年。

⑦ T. Hutchinson and A. Waters, *English for Specific Purposes: A Learning-centered Approach*, Cambridge: Cambridge University Press, 1987, p.2.

⑧ 章志光:《心理学》,人民教育出版社 2002 年版,第 72 页。

⑨ 田海燕:《校本课程开发中的学生学习需求分析》,首都师范大学硕士学位论文,2004 年。

会学的研究将需求视为目的或行为范畴,通过在社会中的学习能够选择学习的内容或改变学习强度。① 哲学认为需求是指生活在社会的个体和群体对客观条件的需要,将需求视为对外部条件的依赖。②

综上所述,虽然各个学者对需求的理解存在不同的看法,但这些理解都在某种程度上分析了需求的特性,而且从不同角度为我们理解需求提供了重要参考。笔者认为,需求是个体内在心理所产生的一种反映,从心理学的角度进行理解更为贴切。因此,本书采用心理学的定义,认为需求是指个体在生理上或心理上感到某种欠缺而力求获得满足的一种内心状态。③

2.学习需求

有的学者从心理学的角度进行阐释,徐英俊将学习需求看作学习者在学习上达到某一水平后,对现有状态感到不满足而希望通过学习来改变的一种心理状态。④ 田海燕指出,学习需求是学习者在学习上感到知识的缺失或不平衡,力求通过学习来改变现状,从而获得满足的一种心理状态。⑤

有的学者从内容的角度进行阐释,认为学习需求是指学习者缺少的、能够自学或向他人学习的内容,将学习需求划分为三类:一是表征的学习需求,看似是天生的但实际上可能代表其他意义的事物;二是感受的学习需求,个体认为自身发展必要的需求,但实际上需求可能为真(或假);三是真正的学习需求,学习者真正需要并且欠缺的能够自学或向他人学习获得的知识或经验。⑥ 余卫华认为,学习需求可以从四个角度界定:当下的学习要求和未来的工作要求,为了适应未来社会发展学习相应的内容,学习者在学习、生活或工作中需要做的事,学习者本身依据自身意愿和动机学习的内容。⑦

有的学者从过程的角度进行阐释,Merriam 认为学习者的学习活动受到周围环境的影响,学习需求因进行学习活动所需的工具与个体之间的交互而产生。⑧

基于对以往研究的总结可以得出,学习需求是一个动态和整体的概念,是

① 肖海艳:《福州市老年大学学员学习需求研究》,福建农林大学硕士学位论文,2014 年。
② 韩安贵:《马克思历史观的价值内涵》,广东人民出版社 2001 年版,第 166—169 页。
③ 宋佳丽:《全民终身学习需求趋势研究》,沈阳师范大学硕士学位论文,2022 年。
④ 徐英俊:《教学设计》,教育科学出版社 2001 年版,第 68 页。
⑤ 田海燕:《学校课程开发中的学生学习需求分析》,《中小学管理》2003 年第 12 期。
⑥ 肖海艳:《福州市老年大学学员学习需求研究》,福建农林大学博士学位论文,2015 年。
⑦ 余卫华:《需求分析在外语教学中的作用》,《外语与外语教学》2002 年第 8 期。
⑧ S. B. Merriam, *The New Update on Adult Learning Theory*, San Francisco: Jossey-Bass Inc, 2001, pp.1-102.

学习主体根据期望与现状之间的差距，在学习过程中感到缺乏或不足而需要满足的一种心理状态。

3.全民终身学习需求

韩民认为，终身学习可以划分为三个维度，即纵向、横向和纵深三个维度，分别是学习的终身化、全民化和多样化，这三个维度构成了终身学习体系。① 广义的终身学习需求是指个体因为受到外部条件的影响，为了能够追赶时代变化而学习，此种需求主要从供给的角度提出。狭义的终身学习需求是指个体意识到自身现状难以满足未来变化，被迫地去学习而引起的需要，这种需求由学习者自身确定，根据自身的实际需要来确定学习目标和学习内容等。②

基于对上述学者研究结论的综合分析和提炼理解，本书认为，全民终身学习需求是指各级各类学习主体在一生中，在一定的空间和时间范围内，出于主体发展需要所产生的对某些学习资源和内容感到匮乏和欠缺，对发展目标达成度不够满意的内心状态。其中，“全民”指的是“各级各类学习主体”，“终身”指的是“一生”，“一定的空间和时间”规定的是空间需求和时间需求，“出于主体发展需要”规定的是目的需求，“对某些学习资源和内容感到匮乏和欠缺”规定的是途径需求和内容需求，“对发展目标达成度不够满意”规定的是评价需求。因此，全民终身学习需求由全民终身学习的目的需求、内容需求、途径需求、空间需求、时间需求和评价需求六要素构成。③

二、基于全民终身学习需求六要素的六维趋势模型

本书将以上述六要素为基础，从目的需求、内容需求、途径需求、时间需求、地点需求和评价需求六个维度构建全民终身学习需求趋势预测的六维模型。下面从理论依据、事实依据和模型内容三方面具体阐述。

（一）现有理论的启示

1.终身学习理论的启示

终身学习概念可以追溯到古代，古有“活到老，学到老”的学习思想，终身学习理念在社会上不断发展。20 世纪 70 年代，法国学者埃德加·富尔提出了“终身学习”概念，强调重视学习者，重视学习者的主体性，学习应该是自发的行为，

① 韩民：《教育现代化与终身学习体系建设》，《教育与教学研究》2020 年第 8 期。

② 黄遵红、张培：《终身教育理念下成人学习需求的管理机制建设研究》，《中国成人教育》2020 年第 3 期。

③ 宋佳丽：《全民终身学习需求趋势研究》，沈阳师范大学硕士学位论文，2022 年。

为了完成自身发展目标而进行的学习活动。[1]

高志敏教授认为终身学习理念是一种全新的人类生存方式,是教育实践的主体转移,也是学习者自主性实践的终身、全面的发展过程。终身学习理论可以被视为全民进行终身学习活动的理论基础,能够指引全民更加积极地参与到终身学习中。[2]

综上所述,终身学习理论对全民终身学习需求趋势研究的启示主要包括:(1)学习主体的全面性。终身学习中的学习者可以是不同年龄阶段的人群,也可以是不同职业的人群。按照不同的划分标准,可以将学习者划分为不同的群体。这些群体的学习者是出于个体的需要,为了满足自身多样化的需求而进行学习,只有这样的学习才是真正的全民终身学习。(2)学习过程的终身性。终身学习要求学习活动持续不断地贯穿在人的一生之中,在不断变化的社会中个体需要不断学习,获得新的知识与技能。(3)学习内容的多样性。终身学习的目标是促进个体的全面发展,为了实现这一目标,终身学习的内容应该涉及个体发展的方方面面。[3]

2.年龄分层理论的启示

美国学者马蒂尔达・怀特・赖利从人类学出发提出年龄分层理论(Age Stratification Theory)。年龄分层理论主要包括三个核心要点。首先,社会群体由各年龄段成员构成,同一年龄层的个体具有相近或相同的生理年龄特征。其次,不同年龄群体在生理机能上存有差异,且对应的社会角色和功能有所不同。最后,个体在社会中的角色定位很大程度上是依据其年龄属性进行分配和界定的。年龄分层理论主张将社会成员按照年龄区间进行划分,并结合收入、声望、教育水平、职业地位等多个社会分层维度,对各个年龄组别进行深入的社会学研究和数据分析。通过这种方法,研究者可以更好地理解不同年龄群体在社会结构中的位置、相互关系以及他们在社会变迁中的角色和影响力。例如,在实际应用中,可以将0—100岁的个体大致划分为儿童、青少年、成年人(年轻成人、中年人、老年人)等不同的年龄群体,然后根据不同年龄群体的社会经济特征进行研究。通过对比不同年龄群体在收入、声望等指标上的差异,可以揭示社会资源分配的不平等状况,以及年龄结构变化对社会经济发展的影响。此

① 岳燕:《退休精神:上海老年学习团队带领人角色认同的多个案研究》,华东师范大学博士学位论文,2021年。

② 高志敏:《关于终身教育、终身学习与学习化社会理念的思考》,《教育研究》2003年第1期。

③ 高小军:《我国高校网络教育学习质量研究——基于成人学习者的视角》,华东师范大学博士学位论文,2022年。

外，年龄分层理论还可以帮助政策制定者和教育工作者制定相应年龄段的教育政策、社会保障政策等，以适应不同年龄群体的需求和挑战。[①]

年龄分层理论为按照年龄对人口进行分层分析的教育问题提供了一种分析视角。比如，个体在一生当中，正规学习即在校学习主要集中在前25年，其他时间主要精力用于工作和生活，用前25年的时间学习不足以满足另外时间段的需求，“一次入学、管用终身”的学习形式不能满足个体的追求和社会的发展，所以不能够按年龄顺序指导个体做相应的事。[②] 年轻人学习，中年人工作，老年人休闲，这种建立在年龄标准之上的分离式人生不仅不利于个体的发展，还会阻碍社会的进步。学习、工作和生活是紧密相关的，不是分隔开来的，各种活动应该做到有机结合，消除年龄的限制。学习活动不是年轻人的特权，全民皆可以参与到学习活动当中，真正建立起不同年龄段的个体都可以学习的终身学习体系。[③]

综上所述，年龄分层理论对全民终身学习需求的启示主要包括：(1)对全民终身学习趋势进行研究，以全民为主体，年龄分层理论为整个研究主体的划分提供了一个清晰的视角，对学习者的划分以年龄阶段为标准，调查不同年龄段的学习需求，保证了调研主体的全面性。(2)全民学习不再局限于学前儿童、青少年以及高等教育的学生，而是让愿意学习的个体全部参与到学习活动之中，打破了原本只能在学校学习知识的固有模式，真正构建一个以终身学习为潮流的学习型社会。(3)如何划分年龄段，对不同年龄的群体进行归类，目前的研究较为复杂，还未有一个明确的划分标准，不同时代、不同学科背景下对年龄群体的划分存在较大差异。本书对比了多种年龄群体划分的方法，在此基础上提出了划分标准(见表1-1)。

表1-1 各类年龄段划分标准

2021年联合国世界卫生组织(WHO)年龄划分标准	发展心理学年龄划分标准	中国传统的年龄分段标准
未成年人:0—17岁	乳儿期:0—1岁	童年:0—6岁
青年人:18—65岁	婴儿期:1—2岁	少年:7—17岁
中年人:66—79岁	幼儿期:2—3岁	青年:18—40岁

① 宋佳丽:《全民终身学习需求趋势研究》,沈阳师范大学硕士学位论文,2022年。
② 宋佳丽:《全民终身学习需求趋势研究》,沈阳师范大学硕士学位论文,2022年。
③ 谷贤林:《终身学习思潮的理论基础与价值取向》,《比较教育研究》2018年第12期。

续表

2021年联合国世界卫生组织(WHO)年龄划分标准	发展心理学年龄划分标准	中国传统的年龄分段标准
老年人:80—99岁	学龄前期:3—7岁	中年:41—65岁
	学龄初期:7—12岁	老年:66岁以后
	少年期:12—15岁	
	青年期:15—30岁	
	中年期:30—50岁	
	老年期:50岁以后	

参考以上各年龄分段标准,本书将参与终身学习活动的人群按年龄维度划分为五大类型,从高到低依次是老年群体(61岁及以上,多为退休养老人群)、中年群体(30—60岁,多为工作人群)、青年群体(19—29岁,多为接受高等教育或刚步入职场不久的人群)、少年群体(7—18岁,基础教育阶段)、幼儿群体(0—6岁,学龄前或幼儿园阶段)。这五大年龄群体共同构成终身学习主体。[①]

3.需求层次理论的启示

需求层次理论由美国学者马斯洛提出,此理论认为是动机激发了人们不同层次的需求,促进了人的生长和发展。人的需求可以划分为五个层次,从低到高依次是生理需求、安全需求、归属和爱的需求、尊重需求以及自我实现价值需求。需求处在不同的层次,按照强弱排成一种层次系统,不同层次之间的需求存在着密切联系。马斯洛将需求按照阶梯进行排列,其顺序不是一成不变的,而是相对的,当某种需求被满足后会产生新的更高的需求。[②] 根据该理论思想,需求层次理论对全民终身学习需求的启示是:全民终身学习需求重在满足不同需求层次人群的学习需求,处于不同年龄阶段的人具有不同的需求。因此要注意以下两点:一是同一年龄阶段人群不同层次需求之间具有什么样的关系。例如,青少年的成长和学习需要掌握生存所必须掌握的知识和技能,也就是生理方面的学习需求。青少年在学校中进行学习活动,由于现代社会对学校安全的监控尤为严格,鲜少发生危害学生安全的行为,但在学校之外则相对缺乏严格的安全管理,这就需要青少年拥有相应的防身技术来保护自己的人身与财产安

① 乔雅楠:《时空行为视角下西安市既有居住地段休闲活动空间全龄共享策略研究》,西安建筑科技大学硕士学位论文,2020年。

② 吕莉:《需求理论框架下的中职英语口语教学研究》,苏州大学硕士学位论文,2017年。

全,这是安全方面的学习需求。青少年在基本的生理和安全需求得到满足之后,会激发出更高的归属和爱的需求。在这个时候,青少年会有他人陪伴的需要,会渴望与人们有一种感情深厚的关系,渴望在班集体和家庭中有自己的位置。此时需要掌握适当的社交技巧使自身能够与他人和谐交往,这是归属和爱方面的学习需求。青少年为了获得自己满意的成绩,会付出相应努力来学习学科知识,此时是他们实现尊重、自我实现价值的学习需求。通过上述描述可知,青少年对不同层次的需求程度会略有差异,在满足生理和安全需求的基础之上,对归属和爱、尊重、自我实现价值三个层次上的学习需求愈发强烈。二是在自我实现价值需求这个层次上,不同年龄阶段人群的需求可能存在一定的差异。青少年以学习理论知识考入理想的院校作为实现人生价值的重要手段;在职人群以学习相应的职业技能争取更多的薪酬来实现自身的职业价值;有的老年人可能以学习社交技能拓展自己的社交圈子来实现个人的人生价值,而有的老年人在退休之后依旧坚守职业岗位,继续发挥余热,以此来满足自我实现价值的需求。所以,在相同层次上的需求,不同年龄阶段的人群有可能是相同的,也有可能存在较大的差异。①

4.教育预测理论的启示

教育预测是指以现实为依据运用科学的预测技术对需要预测的领域进行分析。教育预测方法可以对各方面进行分析,如对国家或地区的政治、经济、文化、政策、群众心理以及教育本身发展前景进行深入的综合分析,进而为国家教育事业的发展规划提供一种依据。教育预测的种类有两大类:与教育相关问题的预测和对教育本身问题的预测。教育预测分为四个程序:确定预测目的及期限、搜集资料、选择预测方法、进行预测。根据本书的需要,笔者借鉴孙绵涛的教育预测的方法来分析全民终身学习需求的未来发展趋势。②

上述四种理论虽彼此独立但又相互联系。终身学习理论表明个体在人生过程中,需要在不同阶段进行学习来满足自己不同层次的学习需求。教育预测理论就是在目前既有需求的基础上,运用预测的方式来估计未来全民学习需求会朝着哪个方向变化。这些理论突破了时间以及空间上的限制,使人们能够清晰地认识到终身学习对于个体的发展具有导向作用,学习应贯穿人的一生。通过预测的结论,不同方式的教育会满足不同人的学习需要,打破现有的学习内

① 宋佳丽:《全民终身学习需求趋势研究》,沈阳师范大学硕士学位论文,2022 年。
② 孙绵涛:《教育行政学》,华中师范大学出版社 2007 年版,第 94 页。

容或学习方法上的限制，这样才能促进学习者获得更加全面的发展。[①]

（二）现有研究结论的事实基础

现有主流研究结论从各自侧重点均支持上述六维学习需求是全民终身学习需求的重要构成要件。其中，沈霞娟等从终身学习现状、终身学习需求以及终身学习评价三个维度对西部地区公民的终身学习进行调研，对终身学习现状的调研包括个人的学习认知、学习投入、学习活动、学习动机、学习途径以及信息技术运用等，对终身学习需求的调研包括个人的学习意愿、学习方式、学习内容、学习场所、学习费用以及学习困难等，对终身学习评价的调研包括个人的满意度以及建议等。[②] 崔铭香等认为现代人的终身学习活动因受人工智能技术的影响而纵向发展，人工智能技术与学习者的学习活动深度融合给学习者的终身学习目的、终身学习内容与终身学习方式带来了重大变化，并对以上三个方面的学习需求的发展方向进行了分析。[③] 朱冠华等认为终身学习需求可以划分为学习目的需求、学习方式需求、学习内容需求、学习环境需求、学习资源需求、学习时间需求和学习场所需求等，通过调研分析上述不同维度的学习需求可以有指向性地调研出个体的终身学习需求，解决突出问题。[④] 宋亦芳将终身学习需求划分为学习目的需求、学习内容需求、学习方式需求、学习时间需求以及其他需求，并以此为框架调研生活或工作在社区的学习者的学习需求，进而总结出在社区中学习者的终身学习需求的偏向以及特点。[⑤] 牛楠森等将四维学习理论划分为学习目的、学习内容、学习内驱力以及学习方式四个方面，并通过中西方的学习理论对四个维度的内涵加以解释与论证，最终得出思维学习理论各个维度之间是紧密联系并相互影响的结论。其中，学习目的具有统摄的作用，能够决定学习者的学习内容，能够调节学习者进行学习活动的驱动力，从而决定学习者的学习方式。[⑥] 夏欢欢从评价理念、评价内容、评价方法以及评价结果四个方面对大学生的学习评价的前沿发展趋势进行科学分析并提出了改进未来我

① 宋佳丽：《全民终身学习需求趋势研究》，沈阳师范大学硕士学位论文，2022 年。

② 沈霞娟、张宝辉、李楠等：《我国西部地区公民终身学习的现状、需求与对策研究——以陕西省调查数据为例》，《中国远程教育》2018 年第 7 期。

③ 崔铭香、张德彭：《论人工智能时代的终身学习意蕴》，《现代远距离教育》2019 年第 5 期。

④ 朱冠华、张义兵：《教育信息化 2.0 背景下终身学习体系重构的理念与路径》，《教育与职业》2021 年第 18 期。

⑤ 宋亦芳：《社区学习者终身学习需求的特征分析——基于 2020 年上海社区三类人群学习需求调研》，《中国职业技术教育》2021 年第 18 期。

⑥ 牛楠森、易凌云：《中国校外学习的系统建构——基于四维学习理论视角》，《湖南师范大学教育科学学报》2021 年第 3 期。

国大学生学习评价的策略。[①] 以上几位学者对终身学习需求的划分为本书建立理论框架奠定了事实基础，也是本书所借鉴的终身学习需求的划分方式。

（三）全民终身学习需求的六维预测框架

我们认为全民终身学习需求由学习目的需求、学习内容需求、学习途径需求、学习地点需求、学习时间需求和学习评价需求六个有机要素构成。从六要素入手构建全民终身学习六维模型可以立体地呈现未来全民终身学习的全景式预测图像。其中，全民终身学习目的需求预测是对全民终身学习主体未来将会满足自身哪些方面的发展需要而学习进行描述；学习内容需求预测是对全民终身学习主体未来需要学习什么样的知识、技能和方法进行描述；学习途径需求预测是对全民终身学习主体未来需要什么样的学习资源保障进行描述；学习地点需求预测是对全民终身学习主体未来需要在什么样的地点进行学习的描述；学习时间需求预测是对全民终身学习主体未来需要用什么样的时间来进行学习的描述；学习评价需求预测是对全民终身学习主体未来需要怎样评价自身的学习效果和目标达成度进行描述。那么，为什么要从上述六个维度对全民终身学习需求的变化趋势进行分析呢？

1.六维预测框架是对现有学习需求预测理论的扩展

不同人群在终身学习需求上存在的不同特征，会产生不同强度的学习动机，从而形成不同的学习行为，这也是本书所关注的核心问题。丹麦学者克努兹提出的全视角学习理论重点提出了学习的三个维度，即内容、动机和互动。内容维度回应“学习什么”，动机维度回应“什么促进学习”，互动维度回应“学习环境如何影响学习”，克努兹认为任何学习都包含这三个维度。本书的终身学习需求分析框架在克努兹提出的全视角学习理论基础上，提出了更加全面系统的终身学习需求预测体系，不仅包括全视角学习中的内容维度（终身学习内容维度），而且还将全视角学习中的动机维度（终身学习目的需求）和互动维度（终身学习途径需求、终身学习时间需求、终身学习地点维度）以及终身学习评价需求维度包含在其中。[②]

本书基于克努兹的全视角学习理论构建了涵盖六个维度的终身学习需求模型，这一模型不仅能全面回应不同学习者多元化的终身学习需求，而且与2021年联合国教科文组织发布的《共同重新构想我们的未来：一种新的教育社

---

① 夏欢欢：《大学生学习评价的前沿趋势与中国路径》，《中国高教研究》2022年第2期。

② [丹]克努兹·伊列雷斯：《我们如何学习：全视角学习理论》，孙玫璐译，教育科学出版社2014年版，第27、28页。

会契约》报告理念相通。该报告对"为何学习、如何学习、学什么内容、在何处学习以及何时学习"这五个关键问题进行了重新审视与解答,表明二者在倡导终身学习体系的构建与发展上具有一致性。在此基础上,本书增加了"怎样评价的维度",将终身学习评价需求纳入模型,旨在回答运用哪种学习评价更能够激发学习者的学习动机,满足学习者的需要。基于这一理论创新的终身学习预测六维模型,能够对全民终身学习需求提供更为全景的模拟和描述。①

2.六维预测框架基于全民终身学习内部基本要素之间的递进逻辑关系

六个要素相互联系、相互制约,缺一不可。其中,学习目的需求是核心,学习内容需求是重心,学习途径需求是中介,学习时间需求是条件,学习地点需求是载体,学习评价需求是手段(见图 1-1)。

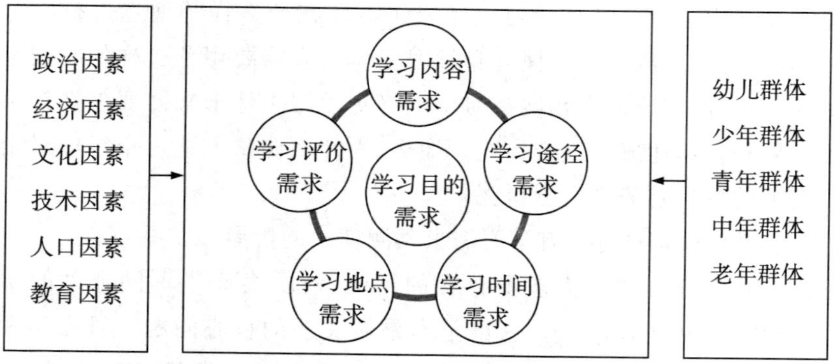

图 1-1 全民终身学习需求分析框架

运用递进逻辑对这六个要素所包含的逻辑关系进行分析,从终身学习需求的产生和发展来看,是先有学习目的需求,再有学习内容需求、学习途径需求和学习评价需求,而要满足上面的四种需求就需要通过实践在一定时空下完成,因此就有了学习时间需求和学习地点需求。因为人们一旦有了终身学习的需求,首先就会有想要进行终身学习的动机,即为什么学。根据学习目的的不同,就会想要选择不同的学习内容以满足不同的学习目的,这就产生了对学习内容的需求,即学什么。在确定了学习内容之后,需要选择一定的途径和评价手段去进行相应的学习,这就产生了对学习途径和学习评价的需求,即怎么学。学习途径和学习评价的不同,决定了学习时间的不同,即何时学。学习目的需求、学习内容需求、学习途径需求、学习评价需求和学习时间需求共同决定了学习

① 宋佳丽:《全民终身学习需求趋势研究》,沈阳师范大学硕士学位论文,2022 年。

地点需求。因为任何需求的满足都脱离不了一定的场所，这就产生了学习地点的需求，即在哪学。在完成了学习活动后，对学习过程的检验也催生出了对学习评价的需求。

上述终身学习需求的六个要素之间确实存在严密的逻辑关系。终身学习需求并非一成不变，在众多影响因素作用下，终身学习理念深入人心，引领全民参与终身学习活动，激发学习者产生紧跟时代变化的终身学习需求。[①]

① 宋佳丽:《全民终身学习需求趋势研究》，沈阳师范大学硕士学位论文，2022 年。

第二章　影响未来全民终身学习需求的主要因素

为了更全面地概括相关的影响因素，本书将未来全民终身学习需求的影响因素按照孙绵涛教授的教育预测方法进行分析，最终将影响未来全民终身学习需求的因素总结为政治、经济、文化、技术、人口以及教育六个方面。在众多因素的影响下，将会推动终身学习向前发展，并激发全民对终身学习的多样化学习需求。本章分别分析了各因素对终身学习需求的影响，并为下文进行主观的想象和分析来构建未来终身学习需求可能变化的方向奠定基础。

一、政治因素对未来全民终身学习需求的影响

广义的政治因素是指对全民终身学习需求具有实际与潜在影响的任何政治力量，如政治制度，有关的政策、法律及法规等；狭义的政治因素是对全民终身学习需求产生影响的国家进行调控的行为。本书的政治因素主要包括国际政治关系、国内政治制度、终身学习和终身教育相关的政策与法律。

终身学习作为“制度化的思想体系”，已经成为国家意识形态的文化主张。[①]我国已经进入学习型社会，其价值观念以及思想意识深深影响全民终身学习行为习惯的养成，逐步演变为众多民众认可的社会文化主流。[②] 政治文化是由生活在社会中的个体或群体学习而形成的关于政治的知识、情感以及价值判断等。这种政治文化的形成与终身学习理论的发展形势不谋而合，国家政治对全民的终身学习需求将产生重要影响，制约和影响终身学习的基本取向、内容、媒

① 宋佳丽：《全民终身学习需求趋势研究》，沈阳师范大学硕士学位论文，2022 年。

② 王冰：《终身学习的国家意志与主体自觉——以天津市为例》，《职教论坛》2014 年第 36 期。

介和途径。[①] 通过阅读2015—2020年以来与终身学习相关的政策，可以看出相关的终身学习政策主要是对学习目的和学习场所起作用，即通过建立和完善相应的终身学习制度和场所，激发人们的学习动机，推动人们终身学习。

和平与发展仍是当今及未来相当长一段时间内的时代主题，同时国家间仍存在诸多竞争，尤其是科技、经济、文化以及人才方面的竞争。虽然国际关系不会直接影响人们的终身学习需求，但是国际社会的竞争和挑衅也会激发我国人民强烈的爱国热情，促使他们投身于学习，增强自身实力。国际竞争不仅可以提升国家对全民终身学习的重视程度，而且可以指引国家为我国人民进行终身学习提供坚实的物质支持，我国人民也应始终树立终身学习理念，将自己的终身学习与国家发展、社会发展挂钩。另外，未来相当长一段时间内的和平与稳定，将为我国人民进行终身学习，更好地满足我国人民终身学习需求和建构终身学习体系提供良好的外部条件。

二、经济因素对未来全民终身学习需求的影响

经济因素是指影响人民终身学习需求的一个国家或地区的宏观经济状况，主要包括经济发展水平、经济结构、人民生活水平等方面的情况，它们中的部分因素成为影响未来终身学习需求的主要因素。[②]

马晓强等学者通过柯布—道格拉斯生产函数方法进行模型拟合计算，对教育与经济的关系进行预测，预测分析了2016—2030年国家财政性教育经费的变化趋势。结果显示，从2016年开始，国家财政性教育经费绝对数量将逐渐呈现出增长的趋势，随着更多的社会力量融入教育，教育经费的来源也愈加广泛。据估计，到2030年，全国的教育经费将达到85万亿元，占GDP的比重将达到4.64%。终身学习的发展不能缺少教育经费的投入，只有凭借强大的经济实力的支持，终身学习的发展才能够实现。终身学习的社会不仅要有教育作为支撑，而且应有丰富的教育资源保障终身学习活动的完成，同时在一定的物质基础上体现社会对终身学习的认同程度。[③]

根据国家统计局2016—2020年全国居民人均收入与居民人均教育文化娱

---

① 汤晓蒙、李晶：《论终身教育发展的社会基础及其影响》，《现代教育论丛》2018年第2期。

② 宋佳丽：《全民终身学习需求趋势研究》，沈阳师范大学硕士学位论文，2022年。

③ 马晓强、崔吉芳、刘大伟等：《中国教育现代化发展的总体趋势和挑战》，《教育研究》2017年第11期。

乐消费支出数据[①],我国居民人均可支配收入以及居民人均可支配工资性收入逐年增加,说明国家经济的飞速发展带动了居民收入水平的提升(见图 2-1)。2020 年的疫情使全国经济发展受到干扰,我国居民人均教育文化娱乐消费支出较上一年出现走低的趋势。但之前的几年间我国居民人均教育文化娱乐消费支出一直呈现逐年增长的趋势,说明在不考虑不可控制因素影响的条件下,我国人均教育文化娱乐消费支出将逐年增长,说明我国居民愈来愈重视教育文化,因而愿意增加在教育文化娱乐消费方面的支出。这也侧面反映居民对于学习的重视程度正在逐年提升,终身学习逐步走进大众视野,更多人愿意将支出应用在教育文化上,将更多的财力和精力投入到终身学习中。[②]

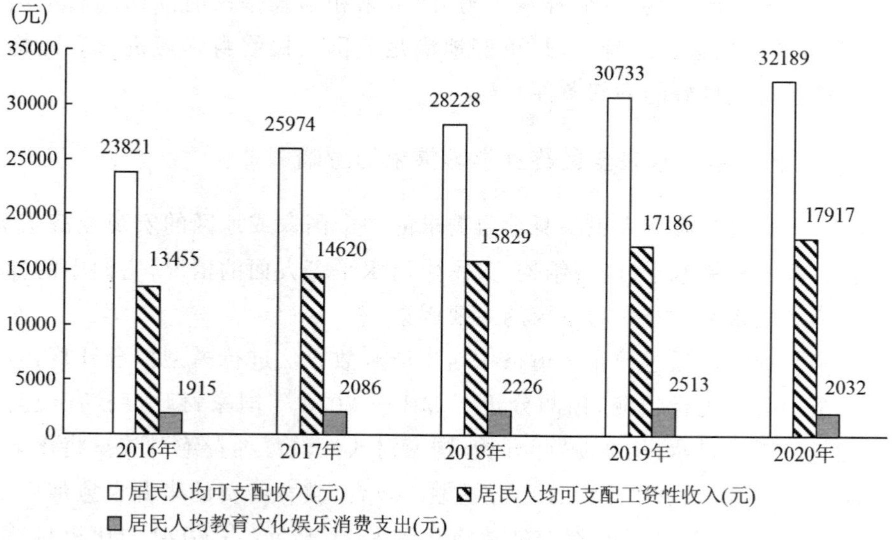

图 2-1　2016—2020 年全国居民人均收入与居民人均教育文化娱乐消费支出情况

经济的发展为终身学习的发展提供了可能,未来教育经费的不断增加和人们收入水平的提升将更能激发不同年龄段学习者的学习动机,激励他们参与到终身学习活动中,同时人们对于接受教育提出了更加高水平的要求,所以经济因素对终身学习需求的变化产生了相应的作用。

① 《全国居民人均收入情况》,国家统计局网站,2024 年 3 月 19 日,https://data.stats.gov.cn/easyquery.htm? cn=C01。

② 《全国居民人均支出情况》,国家统计局网站,2024 年 3 月 19 日,https://data.stats.gov.cn/easyquery.htm? cn=C01。

三、文化因素对未来全民终身学习需求的影响

广义的文化指的是人类在社会历史发展进程中积淀的物质与精神遗产的总集,主要包括物质、制度和心理三个维度。狭义的文化是指人类的精神所创造出的成果,一般泛指知识。文化因素作为一种无形的力量,对终身学习需求产生着潜移默化的影响。不同人具有不同的文化及经验,不仅影响人们在学习过程中目标的确定和行为的选择,而且影响人们对未来终身学习的需求。①

物质文化是指人类经过劳动创造出的物质成果,其对个体的终身学习产生了重要影响。社会文化不断发展,具体表现在个体一生之中总的学习年限的增加以及学习活动终身化的变化趋势。由 2016—2019 年《中国统计年鉴》数据可知,15 岁及以上男性文盲占比呈现逐年降低的趋势,但女性文盲占比呈现逐年升高的趋势,总体而言,我国 15 岁及以上文盲人口占比呈现逐年降低的趋势(见图 2-2)。越来越多的人重视学习对个体发展的重要作用,从侧面也可以反映出社会对扫盲教育的力度在加大,力求减少文盲人数,切实让每一位学习者意识到终身学习的重要性,提升学习者自身综合素质和继续学习的可持续发展能力。

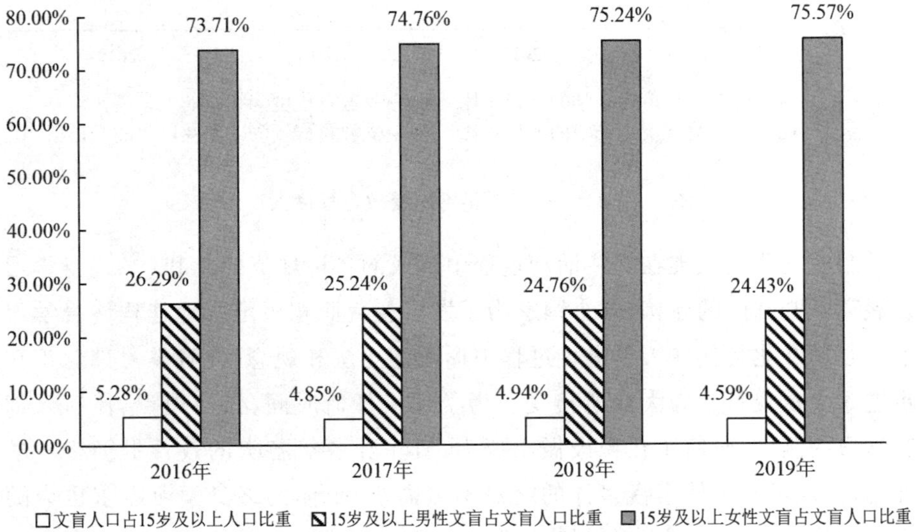

图 2-2　2016—2019 年我国 15 岁及以上文盲(男、女)人口占比

① 夏征农、陈至立:《大辞海·文化新闻出版卷》,上海辞书出版社 2015 年版,第 39 页。

在 2016—2019 年的人口抽样调查数据当中,受教育程度为小学和初中的人口占比呈现逐年降低的变化趋势,而受教育程度为高中和大专及以上的人口占比则表现出先增后减的趋势(见图 2-3)。总体而言,初中人口占比在抽样调查数据中的占比一直都是最高的,说明我国高学历人口在总人数中的占比还有很大的发展空间。国家想要提升国民的整体综合素质,未来要着重培养接受高等教育文化的人才,适当提升高等学历的人群占比不仅对学习者个人有益,而且有利于国家更快、更高质量地向前发展,还激励着更多的学习者延长自身的学习年限参与到高等教育学习中,完成自身的更高标准的学习需求。[①]

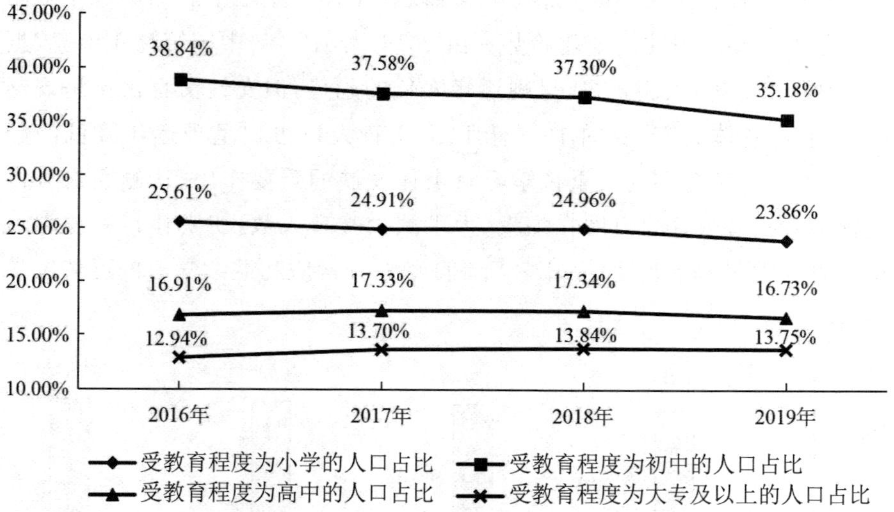

图 2-3 2016—2019 年不同受教育程度人口占比

制度文化指人类在交往活动过程中形成的各种规范的总和。[②] 终身学习的发展离不开制度的建构,各个国家为了发展教育而积极努力地建构终身学习体系。心理文化是指在人类进化过程中形成的想法和观念,终身学习理念正在逐步进入大众视野并为大众所接受。为了建设任何时间、任何地点、任何人都能够学习的制度,政府正在积极做出努力,真正让各级各类的教育贯彻终身学习理念,满足不同个体丰富多样的终身学习需求,个体的终身学习需求也会随着不同时代、不同社会文化而相应地发生改变。[③]

---

① 宋佳丽:《全民终身学习需求趋势研究》,沈阳师范大学硕士学位论文,2022 年。

② 任伟、麻海山:《制度文化在社会主义文化建设中的作用》,《前沿》2007 年第 8 期。

③ 宋佳丽:《全民终身学习需求趋势研究》,沈阳师范大学硕士学位论文,2022 年。

四、技术因素对未来全民终身学习需求的影响

技术因素是指在整个社会面临向信息社会转型的背景下，为人民终身学习提供的发展条件，主要包括知识技术和互联网技术。

技术的发展为人们的终身学习创造了便利条件。从学习途径来看，技术的发展丰富了非正式学习渠道，高等教育领域内非正式学习机会的增加尤其明显。利用网络信息技术与个体的学习环境相结合，使通过交互为不同的学习者提供个性化的学习方案成为可能。此种学习途径不仅能够以个人的实际需求为基础，还能够通过整合网络上的学习资源为学习者提供优质的学习平台，同时帮助个体意识到自身存在的差距。① 从学习场所来看，互联网改变了传统的在教室进行学习的状态，打破了教学的空间限制，使得学习者在任何空间学习成为可能。互联网技术下的学习将线上与线下的学习空间进行了高效整合，学习地点不仅脱离了传统的只能在学校学习的物理空间上的限制，使“教”与“学”能够在不同的空间进行，而且网络空间是能够无限延伸的，不同的学习者可以选择在不同的学习场所进行学习，与此同时不同学习者之间和学习者与教学者之间亦可以进行沟通与交流。② 在互联网技术支持下的“教室”中，不会因为参与学习的学习者数量过多而显得非常拥挤，技术支持下的终身学习活动打破了传统的学校围墙的限制，让处处可学成为可能。在技术发展的过程中，终身学习也逐渐被人们接受，在便利化的学习条件下，未来将激发学习者更加多元化的终身学习需求，为全民的共同发展做出积极贡献。③

五、人口因素对未来全民终身学习需求的影响

人口因素指人口数量、人口质量、人口结构、人口政策、人口分布和迁移等各种因素。由于终身学习的主体是人，没有人，终身学习便不存在，因此人口因素对全民终身学习需求的发展起着影响和制约的作用。④

有学者根据第六次全国人口普查数据测算发现，“十四五”时期，尽管中国人口总量仍将保持温和增长态势，但相较于“十三五”期间人口的增量已经开始下降。到 2030 年，我国总人口规模将达到 14.31 亿的峰值，其后，人口增速和

---

① 兰国帅、张怡、魏家财等：《未来教育的四种图景——OECD〈2020 年未来学校教育图景〉报告要点与思考》，《开放教育研究》2020 年第 6 期。

② 宋佳丽：《全民终身学习需求趋势研究》，沈阳师范大学硕士学位论文，2022 年。

③ 崔有波：《互联网对学习型社会建设的影响研究》，中共中央党校博士学位论文，2019 年。

④ 宋佳丽：《全民终身学习需求趋势研究》，沈阳师范大学硕士学位论文，2022 年。

规模将逐步下降。这说明,在未来一段时期内,我国总人口数量将不断上涨,但是增长幅度较以往有所降低。从终身学习的需求来看,我国人口数量的增加,必然会促使人们有更旺盛的终身学习需求,将会有更多的人加入终身学习行列,这说明未来终身学习需求将会持续增加。①

有学者采用队列要素预测法对"十四五"期间的人口进行预测,分年龄人口的"三段式"比例预测数据显示,0—14 岁儿童人口占比将由升转降,"十三五"期间上升 1.27 个百分点,"十四五"期间预计将回落 0.88 个百分点。15—64 岁劳动年龄人口占比将持续下滑,但降幅收窄,"十三五"期间下降 3.3 个百分点,"十四五"期间预计将下降 1.44 个百分点。反映老龄人口占比的"老龄化系数"加速增加,"十三五"期间提升 1.1 个百分点,预计在"十四五"期间将继续增加 2.3 个百分点。综上所述,我国已经逐步迈入老龄化社会,未来将面临严峻的人口老龄化问题。这一人口结构的深刻变化将对全体社会成员的终身学习需求产生重大影响。面对漫长的职业生涯,人们需要持续不断地学习,才能应对未来生活、工作不断发生的变化。因此,这将大大激发人们的学习动力,进行持续一生的学习。②

六、教育因素对未来全民终身学习需求的影响

教育因素是指一切与教育现象相关的因素,如教育形态、教育观念、教育内容、教育模式等。

未来教育形态的转变,将会极大影响人们的终身学习需求。从学习目的来看,人们不断提升其信息素养、学习素养,以顺应未来教育的发展。从学习内容来看,未来互联网使用技能将成为公民必备的基本素养。因此,这将影响人们对于未来学习内容的选择,使学习内容偏向于提升其自身信息素养、数据思维等方面。同时,新形态的教育也为人们在选择学习内容方面享有更大的自主权提供了条件。从学习途径来看,疫情的冲击促使线上学习成为教育的新的可能。在未来,线上学习和线下学习将会紧密结合,既能使人们通过网络进行学习,也能使人们通过实地场所进行学习,大大丰富了人们对于多种学习途径的选择。从学习时间来看,信息技术和教育的结合将会使人们的学习更加便利,

---

① 杨舸:《我国"十四五"时期的人口变动及重大"转变"》,《北京工业大学学报》(社会科学版)2021 年第 1 期。

② 杨舸:《我国"十四五"时期的人口变动及重大"转变"》,《北京工业大学学报》(社会科学版)2021 年第 1 期。

能够在一天当中的任何时段进行学习，并且使人们在碎片化的时间也能进行学习，大大满足人们在智能时代对于学习的需求。从学习场所来看，新的教育形态也会催生出新的学习环境，重视人工智能在终身学习领域的创新应用，打造出智能的学习环境，使人们真正能够时时可学，协同构建运用技术学习的新的学习生态。

综上所述，政治、经济、文化、技术、人口和教育既是终身学习发展的基础，也在某些方面制约着终身学习的发展。一般而言，经济因素是影响全民终身学习需求的决定性力量；在政府的倡导下，终身学习逐渐成为被大众接受的学习理念；文化是隐藏在终身学习需求背后的因素，在人们的思想与观念中对终身学习需求产生潜移默化的影响；技术因素为终身学习提供了更高的技术支持；人口因素与教育因素也共同影响着全民终身学习需求的变化趋势。[①] 总体而言，终身学习对于我国居民来讲已经是大势所趋，未来无论是国家还是社会包括个人都会认同终身学习理念，并将这一理念作为自己的行动指引，各方共同努力打造终身学习型社会，终身学习观念的形成也会推动社会不断向前发展。国家政治意识形态、社会经济的发展、文化的繁荣以及家庭、个人等因素催生了更具多样性的终身学习需求，众多影响因素同时也为终身学习的发展助力，终身学习逐渐与这个时代相融合。[②]

① 汤晓蒙、李晶：《论终身教育发展的社会基础及其影响》，《现代教育论丛》2018 年第 2 期。

② 宋佳丽：《全民终身学习需求趋势研究》，沈阳师范大学硕士学位论文，2022 年。

第三章　未来全民终身学习需求的实证研究

为了全面捕捉未来全民在终身学习过程中的各种需求和期望，我们将通过实证研究的方式，对不同年龄层终身学习需求进行探索，并进一步讨论如何构建和完善未来全民终身学习体系，以满足不同学习者的需求和期望。

一、问卷设计

本章运用问卷调查和实证研究的方法调研未来全民终身学习需求。梳理已有的文献和国内外成熟的关于学习需求的问卷，拟定问卷的维度，找出终身学习需求的构成要素，设计问卷题项，然后寻求专家建议，经过多轮修正和改进后，最终将本书的维度确定为终身学习目的需求、终身学习内容需求、终身学习途径需求、终身学习时间需求、终身学习地点需求以及终身学习评价需求这六个维度。问卷最终由两个部分构成，一是对不同年龄段的个体进行人口学和社会学信息的调查，需要考虑学习者的性别、年龄、职业、受教育程度以及家庭收入情况等方面的信息，从而了解学习者所处的环境与生活情况；二是关于未来15年后处于与被调查者相同年龄阶段的学习者的学习目的、学习内容、学习途径、学习时间、学习地点以及学习评价需求的调查。最终确定17道问卷题目（见附录二）。因为幼儿无法直接接受调查，所以选择从幼儿家长和幼儿教育从业者两个视角对幼儿群体的终身学习需求进行观测。问卷结构清晰、综合性强，有利于揭示未来不同年龄段群体学习需求的差异性与共性，得出未来全民终身学习需求的变化趋势。

全民对于未来15年终身学习需求的预测是衡量未来全民终身学习需求变化趋势的重要指标。本书通过封闭性的需求选择对被调查者进行考查，通过设置李克特量表来保证选项具有较高区分度，便于后期的数据分析。

二、问卷抽样调查情况

本书发放的正式调查问卷经过预调查的检验，问卷信度和效度得到了保证。为了保证研究的代表性和科学性，采用随机抽样的方法，选取了全国不同地区、不同年龄段的群体作为本书的样本。这种在全国范围内开展的调查能够在一定程度上反映出我国不同年龄段居民对于未来终身学习需求的期望，扩大了调查的范围，增加了不同地区的数据来源，客观预计未来 15 年处于相同年龄阶段学习者的终身学习需求。抽样调查通过问卷星软件发放电子问卷的形式进行，本次调查发放问卷 2836 份，最终回收问卷 2836 份，回收率 100%；对回收的问卷进行仔细筛查后，最终可以进行分析的样本为 2836 份，问卷有效率为 100%。对回收的有效样本采用 Excel、SPSS 23.0 进行数据分析。

三、信效度检验

整理好回收的调查问卷数据后，我们先进行效度分析，再进行信度分析，以保证本问卷研制的科学性、合理性，为后续的数据分析奠定基础。

（一）效度分析

为了检验发放的问卷的有效性，通常采用因子分析法对问卷调查得到的结果与要达到的目标间的符合程度进行结构效度分析，即效度分析。本书采用的是 KMO 检验和 Bartlett 球状检验。

本书使用 SPSS 23.0 对未来全民终身学习需求调查问卷的所有题项进行探索性因子分析，幼儿群体问卷检验得到 KMO 的结果为 0.977，非幼儿群体问卷检验得到 KMO 的结果为 0.987，其中各个维度指标 KMO 检验结果均达到 0.7 以上，远远大于 0.5 的判定标准。同时 Bartlett 球状检验的显著性均为 0.000，显著性水平明显小于 0.05，表明各维度指标适合做因子分析。在对未来全民终身学习需求调查问卷的不同指标做主成分分析之后，最终得到幼儿群体数据累计方差贡献率 97.658%，非幼儿群体数据累计方差贡献率 98.617%，表明未来全民终身学习需求调查问卷中，各个维度的题项均有较高的效度（见表 3-1、表 3-2）。

表 3-1 未来各类终身学习需求探索性因子分析结果(幼儿群体)

	KMO	Bartlett 球状检验显著性
终身学习目的需求	0.911	0.000
终身学习内容需求	0.892	0.000
终身学习途径需求	0.944	0.000
终身学习时间需求	0.800	0.000
终身学习地点需求	0.937	0.000
终身学习评价需求	0.937	0.000
累积解释	97.658%	

表 3-2 未来各类终身学习需求探索性因子分析结果(非幼儿群体)

	KMO	Bartlett 球状检验显著性
终身学习目的需求	0.943	0.000
终身学习内容需求	0.946	0.000
终身学习途径需求	0.953	0.000
终身学习时间需求	0.837	0.000
终身学习地点需求	0.941	0.000
终身学习评价需求	0.952	0.000
累积解释	98.617%	

(二)信度分析

信度是测量问卷的可靠性和稳定性。本书采用克朗巴赫(Cronbach)α 系数检验方法检验问卷的信度。在收回问卷后,对幼儿群体以及非幼儿群体问卷数据进行整理分析。将两套数据分别导入 SPSS 23.0 进行统计处理,将测量的数据从终身学习目的需求、终身学习内容需求、终身学习途径需求、终身学习时间需求、终身学习地点需求、终身学习评价需求六个维度进行可靠性分析,结果表明,各量表的系数值均在 0.8－0.96 之间,说明未来全民终身学习需求调查问卷各个量表所得出的信度结果符合要求(见表 3-3、表 3-4)。幼儿群体的信度为 0.875,非幼儿群体的信度为 0.918,说明两套问卷均具有较高的可信度。

表 3-3　未来终身学习需求调查问卷(幼儿群体)信度分析结果摘要

变量	题数	Cronbach's Alpha	总 Cronbach's Alpha
终身学习目的需求	10	0.965	0.875
终身学习内容需求	10	0.964	
终身学习途径需求	12	0.955	
终身学习时间需求	4	0.916	
终身学习地点需求	4	0.919	
终身学习评价需求	10	0.950	

表 3-4　未来终身学习需求调查问卷(非幼儿群体)信度分析结果摘要

变量	题数	Cronbach's Alpha	总 Cronbach's Alpha
终身学习目的需求	10	0.950	0.918
终身学习内容需求	10	0.950	
终身学习途径需求	12	0.967	
终身学习时间需求	5	0.901	
终身学习地点需求	6	0.908	
终身学习评价需求	10	0.957	

四、调查问卷的结果分析

采用描述性统计分析方法,对样本基本资料进行描述,统计各个选项的频次并分析百分比,了解选项的基本分布情况;运用统计学中的方差分析法,判断不同维度学习需求的差异性和倾向性问题。在对数据进行统计的过程中,借助SPSS软件对相关数据进行计算与分析。

针对回收的2836份有效问卷的结果,我们主要从三个方面进行分析:一是调查对象的基本信息,二是幼儿群体以及非幼儿群体对于未来15年终身学习需求的预测,三是针对不同年龄段的学习者对于未来学习需求的差异性分析。

(一)调查对象基本信息的描述性统计分析

为了全面了解不同年龄阶段群体对于未来15年的终身学习需求,我们对非幼儿教育从业人员的调查者从年龄段、性别、文化程度、职业、家庭月收入五个方面进行调研,并对调研结果进行描述性统计分析,其中幼儿父母样本629

份,非幼儿群体样本 2157 份,有效样本共计 2786 份。[①]

从年龄段来看,针对幼儿群体的调查中,年龄段处于 19—28 岁的幼儿父母亲有 74 人,处于 29—60 岁的幼儿父母亲有 555 人;针对非幼儿群体的调查中,处于 7—18 岁的学习者有 185 人,处于 19—28 岁的学习者有 189 人,处于 29—60 岁的学习者有 1742 人,处于 60 岁以上的学习者有 41 人。总体来看,不同年龄段的被调查者均有涉及,保证了调研群体年龄段的全面性,提升了结果的可信度。

从性别来看,针对幼儿群体的调查中,幼儿的父亲有 167 人,幼儿的母亲有 462 人;针对非幼儿群体的调查中,男性有 533 人,女性有 1624 人。总体来看,调研对象中男性有 700 人,占比为 25.1%,女性有 2086 人,占比为 74.9%,被调查对象中男女性别均有涉及(见图 3-1)。

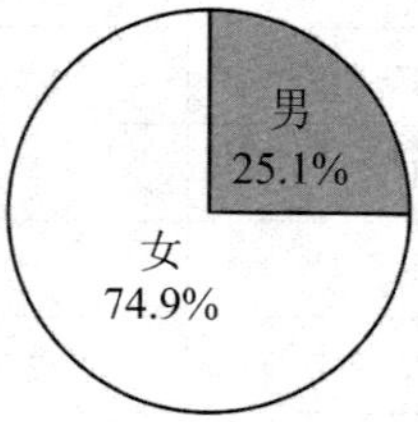

图 3-1　性别分布

从文化程度来看,在 2786 名被调查者中,文化程度是高中及以下的人数最多,有 1435 人,占比为 51.5%;本科文化程度的人数次之,有 688 人,占比为 24.7%;研究生(博士)人数最少,有 12 人,占比为 0.4%(见图 3-2)。

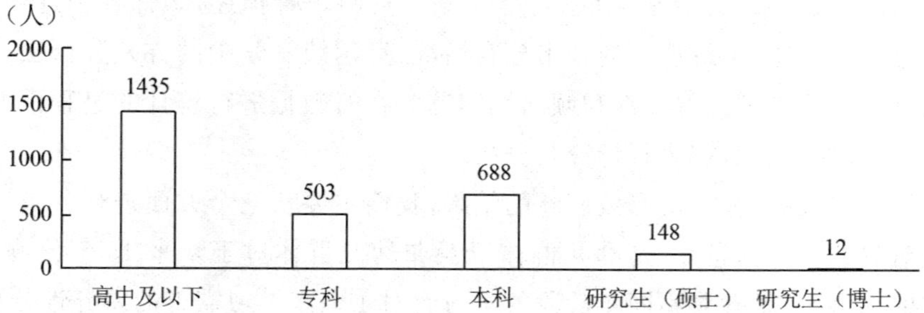

图 3-2　文化程度分布

从职业来看,在 2786 名被调查者中,其他职业的人数最多,有 977 人,占比

① 还有 50 份幼儿教育从业者问卷,因样本量过小,未进行分析。

为 35.1%；离/退休人员人数最少，有 34 人，占比为 1.2%（见图 3-3）。各行各业的从业人员均有涉及，增加了本书的可信度。

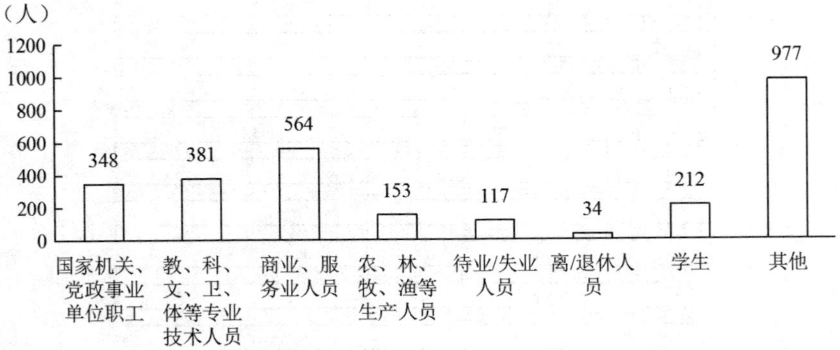

图 3-3　职业分布

从家庭月收入来看，在 2786 名被调查者中，家庭月收入在 5000 元以下的人数居多，有 1327 人，占比为 47.6%；家庭月收入为 10000 元以上的人数最少，有 329 人，占比为 11.8%（见图 3-4）。

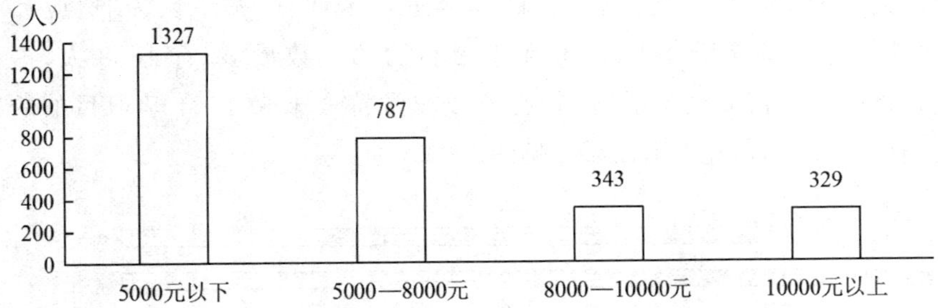

图 3-4　家庭月收入分布

（二）未来全民终身学习需求预测结果分析

我们发放并回收了 2836 份有效调查问卷，其中针对幼儿群体回收的调查问卷共 679 份，针对非幼儿群体即青少年、中年、老年群体回收的调查问卷共 2157 份。我们分别对两组调查问卷的数据进行了整体分析。

1.未来全民终身学习目的需求分析

在针对幼儿群体调研的问卷中，我们对“您预期未来 15 年 0—6 岁幼儿的学习目的将是什么”的问题进行了调查，其中认为“树立正确三观”比较符合或非常符合未来 15 年幼儿的学习目的的人数最多，有 603 人，占比为 88.8%；认为“满足兴趣爱好”比较符合或非常符合未来 15 年幼儿的学习目的的人数次之,有599人,占比为88.2%(见图3-5)。

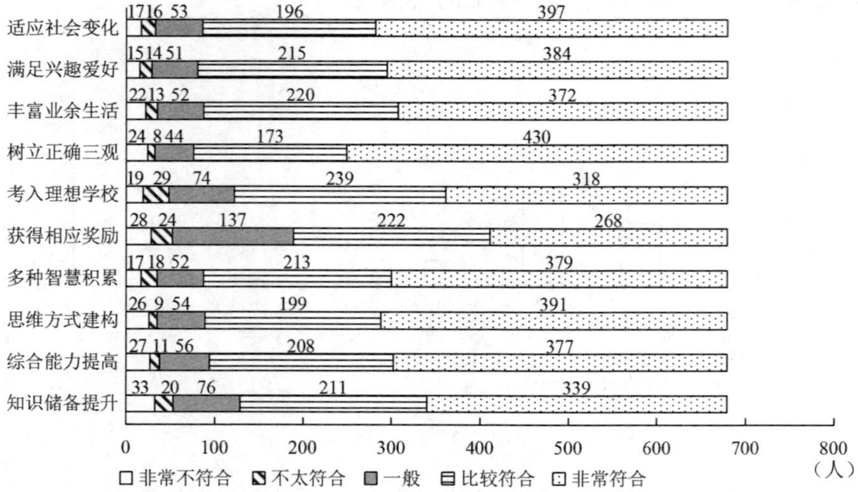

图3-5　未来终身学习目的需求预测(幼儿群体)

在针对非幼儿群体调研的问卷中,我们对"您预期未来15年处于您目前年龄阶段的人的学习目的将是什么"的问题进行了调查,其中认为"适应社会变化"比较符合或非常符合未来15年学习目的的人数最多,有1638人,占比为75.9%;认为"丰富业余生活"比较符合或非常符合未来15年学习目的的人数次之,有1612人,占比为74.7%(见图3-6)。

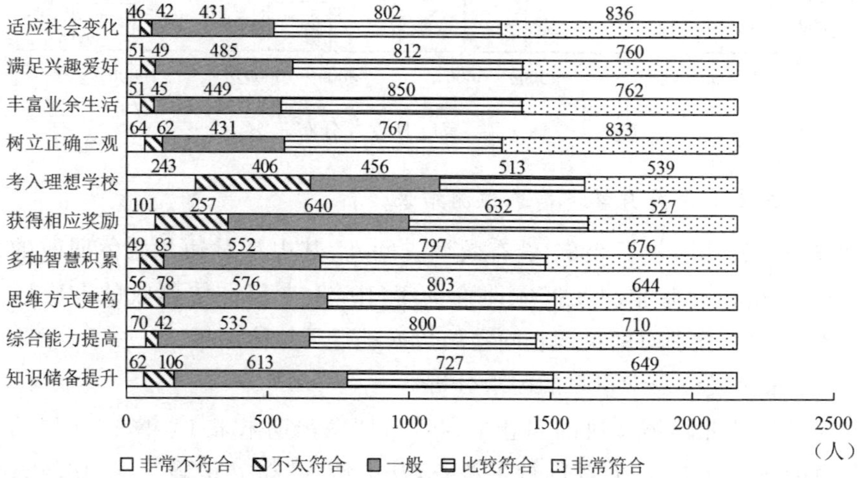

图3-6　未来终身学习目的需求预测(非幼儿群体)

综上分析，以“适应社会变化”作为未来终身学习目的的人数占比最多，未来全民将以掌握知识为基础，为了适应社会变化而选择进行终身学习；“丰富业余生活”和“满足兴趣爱好”两种学习目的是根据学习者的个人内在需要和个性发展所选择的，未来全民学习目的需求将侧重于对个人兴趣和内在激励的满足。

2.未来全民终身学习内容需求分析

在针对幼儿群体调研的问卷中，我们对“您预期未来 15 年 0—6 岁幼儿的学习以哪些内容为主”的问题进行了调查。从学习内容性质层面看，认为以“培养良好习惯的学习内容”和“生活自理能力的学习内容”比较符合或非常符合为 15 年后幼儿的学习内容的人数最多，占比为 91.5%，说明未来幼儿将更需要培养良好习惯和自理能力；认为“促进身心健康的学习内容”比较符合或非常符合 15 年后幼儿的学习内容的人数次之，占比为 91.3%。从知识呈现层面看，绝大部分的被调查者认为“以趣味性呈现的学习内容”和“有明确性主题的学习内容”比较符合或非常符合 15 年后幼儿的学习内容，占比分别为 89.5% 和 85.9%（见图 3-7）。

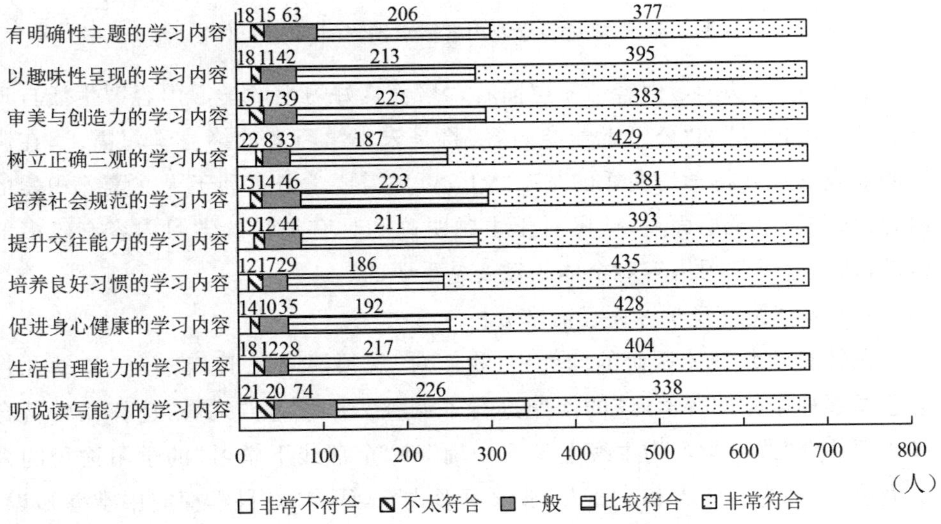

图 3-7　未来终身学习内容需求预测（幼儿群体）

在针对非幼儿群体调研的问卷中，我们对“您预期未来 15 年处于您目前年龄阶段的人的学习目的将是什么”的问题进行了调查。从学习内容性质层面来看，认为比较符合或非常符合以“公民素养类内容”为 15 年后学习者的学习内容的人数最多，占比为 71.1%；从知识呈现层面看，69.4%和 67.6%的被调查者认为“生活技能类内容”和“职业发展类内容”比较符合或非常符合 15 年后学习者对于学习内容的需求(见图 3-8)。

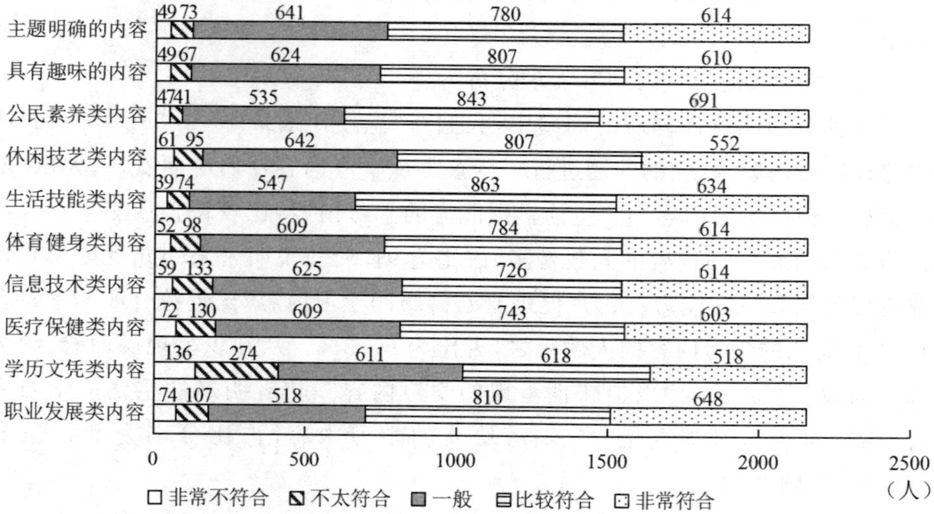

图 3-8 未来终身学习内容需求预测(非幼儿群体)

综上分析，从学习内容性质层面看，“培养良好习惯的学习内容”“生活自理能力的学习内容”和“公民素养类内容”将是未来学习者的终身学习需求，在满足职业发展和获得学历文凭的基础之上，更加需要学习有利于人文素养积累的内容；从知识呈现层面看，全民对于主题明确和具有趣味的学习内容有较多的需求，认为这类学习内容对个体的发展是重要的。

3.未来全民终身学习途径需求分析

在针对幼儿群体调研的问卷中，我们对“您预期未来 15 年 0—6 岁幼儿将会选择哪种途径进行学习”的问题进行了调查。从学习方式看，选择比较符合或非常符合“线下学习为主线上学习为辅”和“全部线下学习”的学习途径的人数最多，分别为 562 人和 410 人；从学习形式看，认为“在科学探究中掌握知识”比较符合或非常符合未来幼儿学习途径需求的人数最多，占比为 87.3%(见图 3-9)。

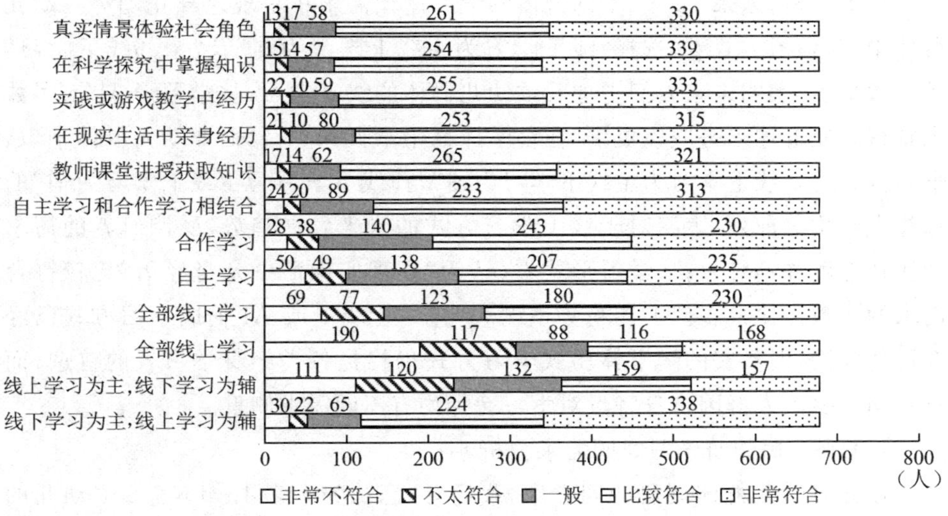

图 3-9　未来终身学习途径需求预测(幼儿群体)

在针对非幼儿群体调研的问卷中,我们对“您预期未来 15 年处于您目前年龄阶段的人将会选择哪种途径进行学习”问题进行了调查。从学习方式看,选择比较符合或非常符合“线上学习为主,线下学习为辅”和“线下学习为主,线上学习为辅”的学习途径的人数最多,分别为 1085 人和 1254 人;从学习形式看,认为“在现实生活中亲身经历”比较符合或非常符合未来个体学习途径需求的人数占比最多为 66.1%(见图 3-10)。

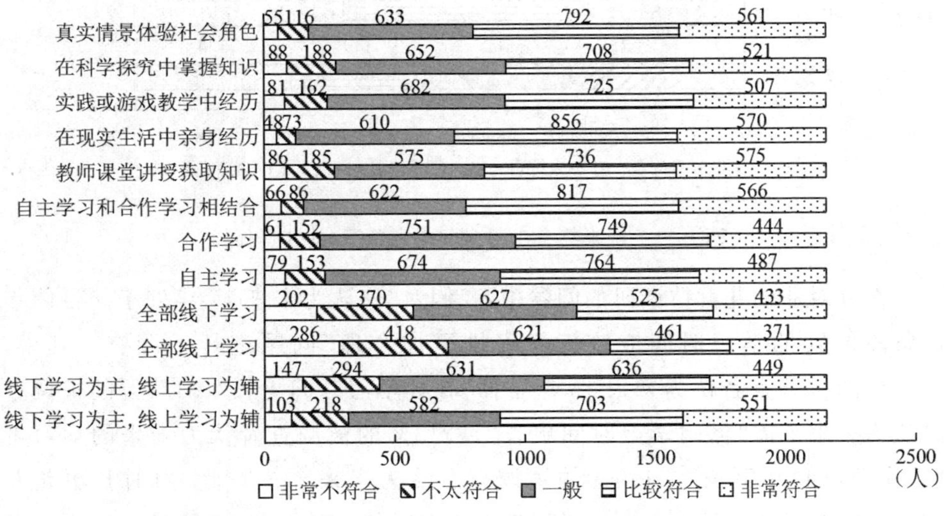

图 3-10　未来终身学习途径需求预测(非幼儿群体)

综上分析,未来15年,不同群体的学习途径需求将呈现差异化趋势。幼儿群体中,从学习方式看,选择“线下学习为主线上学习为辅”及“全部线下学习”的人数最多,表明未来人们更加看重幼儿群体的线下学习;从学习形式看,多数人觉得幼儿群体未来应该更多“在科学探究中掌握知识”。而非幼儿群体中,从学习方式看,“线上学习为主线下学习为辅”与“线下学习为主线上学习为辅”的选择人数均居前列,表明对于线上学习方式的未来发展趋势,受调研者的需求和所持态度并不统一;从学习形式看,认为“在现实生活中亲身经历”比较符合需求的人数占比最多。上述趋势预测表明,尽管线上或AI辅助学习方式已经在迅速发展,但真实的线下体验式学习方式仍将是各类终身学习者的首选,而且不同年龄段人群因自身特点对学习途径均有不同需求侧重。

4.未来全民终身学习时间需求分析

在针对幼儿群体调研的问卷中,我们对“您认为未来15年0—6岁幼儿的学习时间应该怎样安排更加合理”问题进行了调查。其中,61.4%的被调查者认为未来15年幼儿“在校学习时间更长”,59.9%的被调查者认为未来幼儿“休闲学习时间更长”,47.6%的被调查者认为未来幼儿“总学习时长更长”,74.2%的被调查者认为不同的幼儿总学习时长应是不同的(见图3-11)。

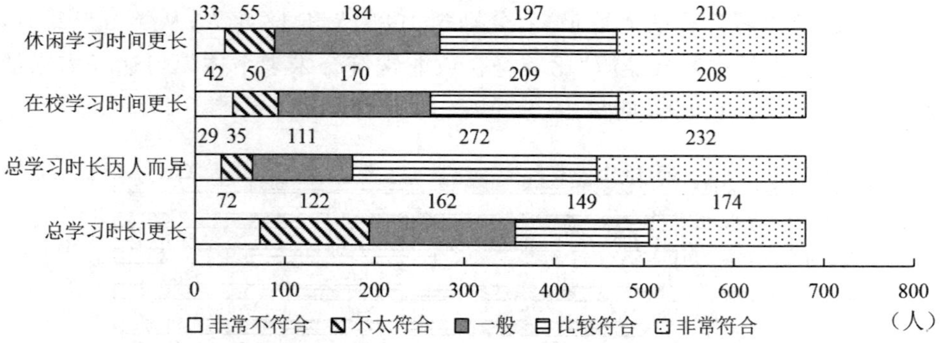

图3-11 未来终身学习时间需求预测(幼儿群体)

在针对非幼儿群体调研的问卷中,我们对“您认为未来15年处于您目前年龄阶段的人的学习时间应该怎样安排更加合理”问题进行了调查。其中,43.6%的被调查者认为未来15年个体“在校学习时间更长”,51.7%的被调查者认为未来个体“休闲学习时间更长”,52.3%的被调查者认为未来的学习者“工作学习时间更长”,41.9%的被调查者认为未来个体“总学习时长更长”,64.4%的被调查者认为不同的学习者总学习时长应是不同的(见图3-12)。

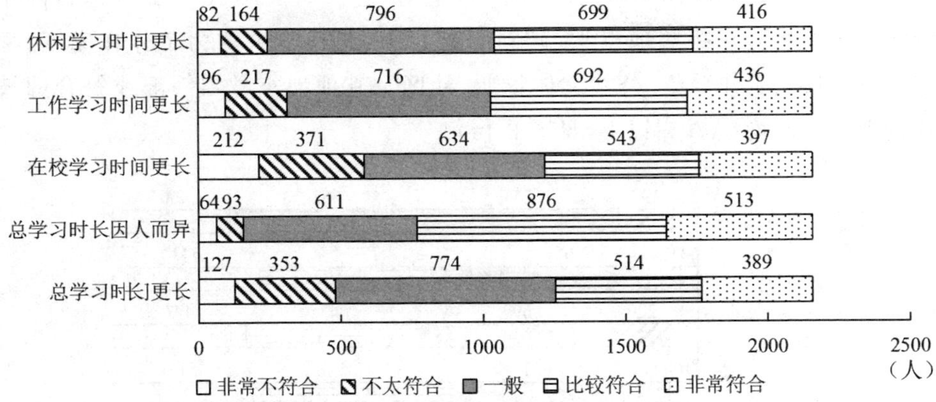

图 3-12 未来终身学习时间需求预测(非幼儿群体)

综上分析,未来全民认为工作时间、休闲时间以及在校时间均可以进行终身学习活动,未来的学习者将打破传统的固定时间学习的束缚,选择更为灵活的时间进行学习。同时,针对不同的学习者总的学习时长也会是有差异的,不能一概而论,但从总体来看未来全民的学习时长将呈现增加的趋势。

5.未来全民终身学习地点需求分析

在针对幼儿群体调研的问卷中,我们对"您预期未来 15 年 0—6 岁幼儿将会在哪些地点学习"问题进行了调查,其中认为 0—6 岁幼儿在家庭、学校、培训机构、公共文体场所、社区以及其他地点学习一般或符合的被调查者的比例均在 70%以上(见图 3-13)。

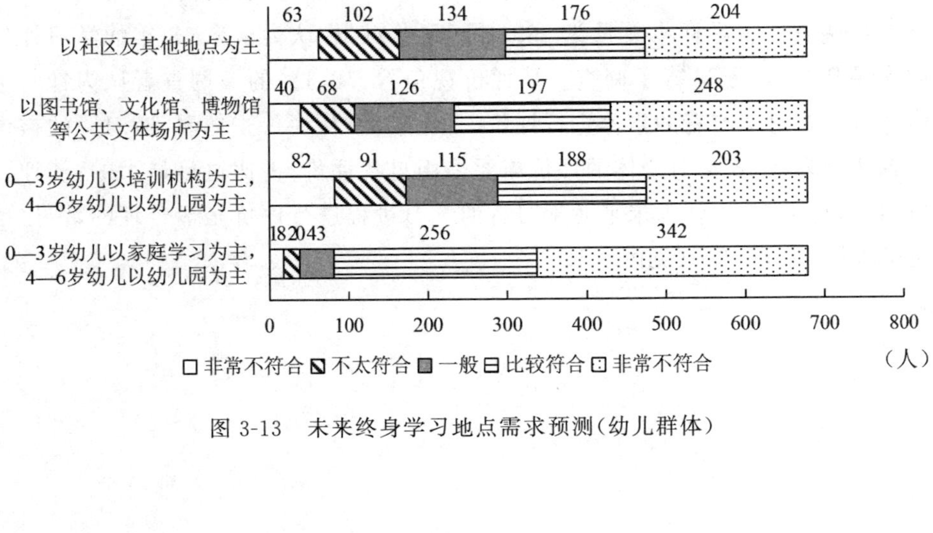

图 3-13 未来终身学习地点需求预测(幼儿群体)

在针对非幼儿群体调研的问卷中，我们对“您预期未来15年处于您目前年龄阶段的人将会在哪些地点学习”问题进行了调查，其中认为个体在家庭、学校、培训机构、工作单位、公共文体场所、社区及其他地点学习一般或符合的被调查者的比例均在70%以上（见图3-14）。

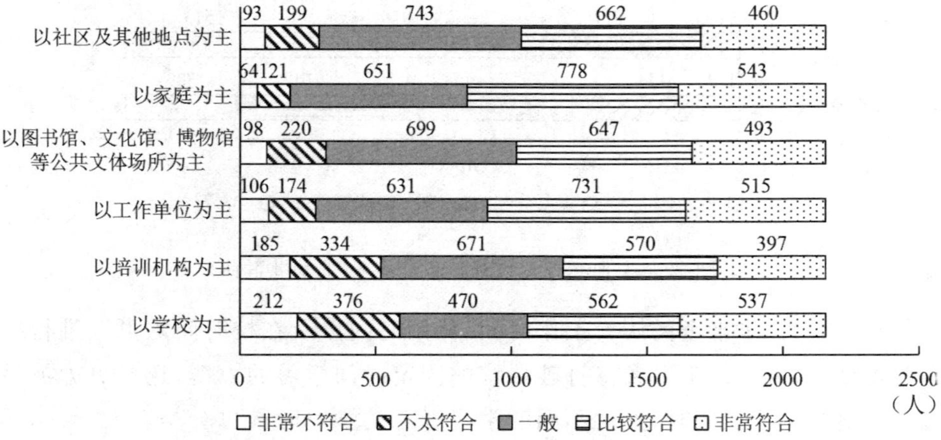

图3-14 未来终身学习地点需求预测（非幼儿群体）

综上分析，未来全民的学习地点对学校、培训机构、工作单位、公共文体场所、家庭、社区及其他地点均有需求，认为各个地点均能满足学习需要，总体来看未来全民的学习地点将呈现多元化的趋势。

6.未来全民终身学习评价需求分析

在终身学习评价需求维度方面，对幼儿群体以及非幼儿群体采用同一个问题进行调查。本题样本总量为2836份，问卷对“您认为未来15年的学习评价应该是什么”问题进行了调查。从评价视角看，72.4%的被调查者认为针对个体评价需要对学习者的素养进行评价，占比最大；从评价主体看，67.1%的被调查者认为未来15年对个体的评价需要采用自我评价，占比也是最大的；从评价目的看，有1895人认为未来对学习者的学习过程进行评价是最合理的，占比也是最大的，为66.8%（见图3-15）。

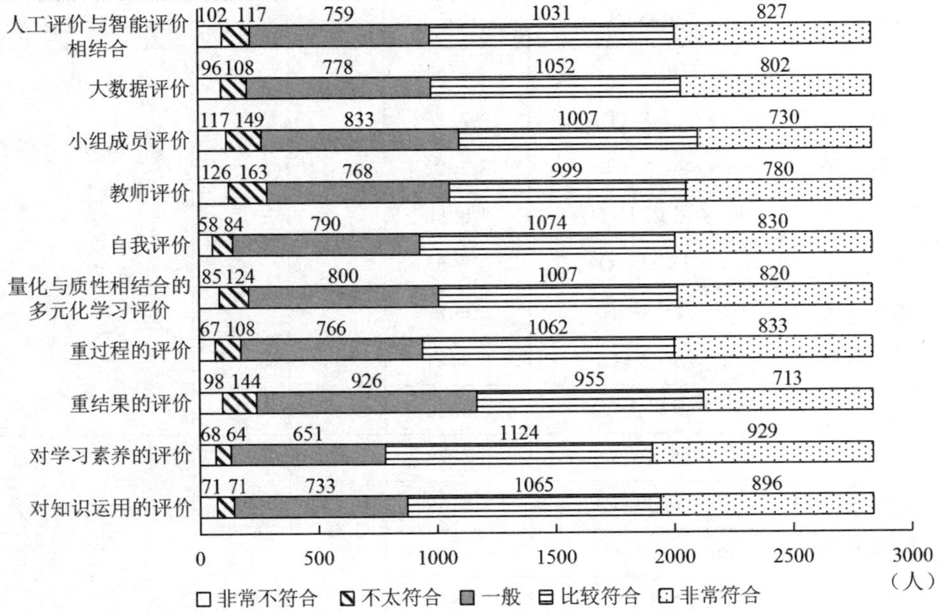

图 3-15　未来终身学习评价需求预测(全民)

五、不同年龄学习者终身学习需求的比较分析

非幼儿群体的问卷是针对 7—18 岁、19—28 岁、29—60 岁、61 岁以上群体进行的调研,本部分为了比较不同年龄群体对不同维度的终身学习需求的差异,因而对非幼儿群体中不同年龄学习者在终身学习目的需求、内容需求、途径需求、时间需求、地点需求、评价需求六个方面进行单因素方差分析,分析结果如表 3-5 所示。

表 3-5　不同年龄终身学习需求情况比较分析

因变量	年龄	均值	F	P	事后比较 LSD 法
终身学习目的需求	7—18 岁(A)	3.4861	3.370	0.012	A>D*
	19—28 岁(B)	3.8626			
	29—60 岁(C)	4.0800			
	61 岁及以上(D)	4.1862			

续表

因变量	年龄	均值	*F*	*P*	事后比较 LSD 法
终身学习内容需求	7—18 岁(A)	4.0361	3.457	0.028	B>D*
	19—28 岁(B)	3.7275			
	29—60 岁(C)	3.9022			
	61 岁及以上(D)	4.0966			
终身学习途径需求	7—18 岁(A)	3.7083	3.780	0.035	A>D*
	19—28 岁(B)	3.6077			
	29—60 岁(C)	3.9481			
	61 岁及以上(D)	3.6322			
终身学习时间需求	7—18 岁(A)	3.7278	3.375	0.603	n.s.
	19—28 岁(B)	3.8132			
	29—60 岁(C)	3.9422			
	61 岁及以上(D)	3.6414			
终身学习地点需求	7—18 岁(A)	3.9769	1.823	0.126	n.s.
	19—28 岁(B)	3.6542			
	29—60 岁(C)	3.8630			
	61 岁及以上(D)	3.9080			
终身学习评价需求	7—18 岁(A)	3.9194	4.482	0.220	n.s.
	19—28 岁(B)	3.8736			
	29—60 岁(C)	3.8067			
	61 岁及以上(D)	3.7379			

注:* 代表 $P<0.05$,** 代表 $P\leqslant0.01$。

通过单因素方差分析的结果显示,不同年龄学习者在终身学习目的需求、终身学习内容需求和终身学习途径需求方面三个方面存在显著性差异。采用最小显著差异法通过事后多重比较分析发现,7—18 岁和 61 岁及以上年龄群体在终身学习目的需求以及终身学习途径需求方面存在显著差异,19—28 岁和 61 岁及以上年龄群体在终身学习内容需求层面存在显著性差异,说明不同年龄段的群体在终身学习目的、内容以及途径需求上的选择具有较为明显的差别。[①]

① 宋佳丽:《全民终身学习需求趋势研究》,沈阳师范大学硕士学位论文,2022 年。

第四章　全民终身学习需求趋势展望

基于访谈和问卷调研分析结果，本章将对未来的学习需求趋势进行展望，根据理论研讨部分所构建的分析框架，从学习目的需求、内容需求、途径需求、时间需求、地点需求、评价需求预测分析结果。面向2035，全民终身学习需求显著变化，不仅反映了学习观念的更新，还体现了科技进步对教育领域的深远影响。

一、全民终身学习目的需求预测

人类进行任何活动都是以目的为内在动力去支撑人们完成各项活动的，终身学习活动也不例外。在学习目的的指引之下，全民通过学习活动来达成限定的目标。全民进行学习活动的学习目的主要有两方面，一方面是完成自身的发展，另一方面是满足社会对个体的需要。前者是内在的学习目的，是指学习者内心对于终身学习的一种追求，基于个人兴趣、学习习惯等展开的终身学习活动；后者是指外在的学习目的，在一定的社会压力下，如政治、经济、文化等带给学习者的压力，指引着学习者通过学习来完成既定的目标。本部分将从学习者的学习观念、学习动机以及学习理念三个层面对全民终身学习目的需求的变化趋势进行分析。

（一）学习观念由“学以致用”向“学以致慧”转变

未来的学习者会更加注重通过学习来丰富自身的知识修养，达到“学以致慧”的目的。不同年龄阶段的学习者进行终身学习活动的动机是不同的。学习动机多样性表现为不同人群的学习观念有较为显著的差异。未来全民进行学习活动将超越原有的“学以致用”与“学以致知”的学习观念，在此基础上更加注重积累学习者的智慧，意识到智慧对个体的重要性，这将是未来全民学习目的需求的主要变化趋势。在过去的学习观念中,学习者以积累知识为学习目标,知识可以通过教师的讲授获取。在未来,学习者更注重智慧的积累。智慧不能直接通过传授获得,而是需要以一定的知识底蕴做基础,了解客观事物及其变换规律,在已有认知的基础上,对习得的知识进行思考、钻研和比较,从而增长智慧。未来学习者的学习观念将以增长智慧为目的。学习者通过学习活动反复钻研习得的知识和积累的经验,与所见的事物和现象有机结合起来,不断增长智慧,从而达到学习的最高境界。这是进行终身学习活动的最终目的,也是未来全民进行学习活动的主要学习观念。

未来学习者的学习目的需求将是智慧的提升,通过在主体与主体、主体与客体之间建立联系,将获得的知识与现实情境实现有效融通,最终达到提升智慧的目的。学习者运用已经获得的知识解决现实中的实际问题,以实现知识的最大价值,积累智慧。运用知识解决问题、积累智慧将是未来终身学习的主要目的,也是对教育工作者提出的更高要求。未来学习者进行终身学习活动将是主动地、带有明确目的地参与到终身学习活动中,学习他们感兴趣的知识,以现实生活为基础,学习新的技能和概念,对习得的知识加以反思并重新建构,提升智慧,从而为未来的生活和工作做准备。

未来培养智慧型学习者的学习活动将在智慧课堂进行。智慧课堂以人的智慧成长为导向,以学生为中心,目的在于促进学习者的智慧发展,它也将是学生进行学习活动的主阵地。将学习者由知识型人才培养成具有高智慧的人才,是转型的必由之路。智慧型的学习是知识转化为智慧的学习过程,在这一过程当中,完成了将知识转化为智慧的一种内隐式变革。知识转化为智慧的过程不是一蹴而就的,而是经历多次转化才得以完成的。智慧的积累经历了从掌握知识到发展能力、锻炼思维,再到以能力激发智慧、以思维创造智慧的过程。未来的学习者将通过智慧课堂吸收所学知识,进而与个人的认知深度融合产生相应的学习认知结果,掌握能够陈述知识和回忆知识的能力,并且能够运用所学的知识指导个体支配自身的行为。丰富的学习资源以及多样化的学习情境引导学习者运用不同的策略进行学习,有利于学习者提高自身的理解能力和分析能力,促进学习者多层次的智慧技能的提升。运用知识锻炼思维是更高层次的学习过程,思维的开阔以知识的积累为基础,同时也促进学习者深度学习知识。知识的深度学习不仅可以调动思维,还能够发展学生的思维框架,推动知识与思维的共同发展。思维是智慧的外在表现,智慧是思维的升华,学习者拥有敏捷的思维是积累智慧的有效手段。在未来的终身学习中,智慧的积累需要创立思维训练的学习环境，辅助学生养成良好的思维品质，创造勇于探究、挖掘事物内在联系的思维。学习者不仅能够体会到思维的乐趣，还能够享受到思维的智慧。[①]“转识成智”的学习过程摆脱了原有重知识的观念，将知识从能力、思维转化为智慧，最终完成了智慧的积累，这将是未来全民进行终身学习活动的主要学习观念。[②]

（二）学习动机由“外在服从”向“内在激发”转变

当前，人们认识到终身学习社会已经到来，必须通过学习才能赶上时代的变化。但是有部分学习者无法感受学习的快乐，只是单纯地为了适应外部世界被迫地进行学习，缺乏主动性，因此学习活动对于这部分学习者来说就会成为一种负担，他们不能够将全部精力投入到终身学习活动中，学习效果甚微。这种学习体验不是现在才有的，而是从学生时代就开始产生了，小学、初中、高中、大学甚至研究生阶段都是一种外在服从的学习动机。学习者为了取得更高的成绩或考取更好的院校来激励自己学习，而不是基于内心的兴趣，学习犹如奴役一般，缺少了乐趣。在职人员为了谋生开始学习，也不会意识到学习的乐趣，而是把学习当成一种苦差事。为了服从、适应社会环境而进行的学习活动，这种学习动机有一定的被动性。

未来学习者的学习动机将会发生巨大变化，未来的学习者会为了自身的成长而主动进行终身学习活动，内在激发的学习动机包括个体内部的驱动因素，如兴趣爱好、满足感、好奇心等。这种学习动机是自我设计的成果，也是一个不断完善和建构的过程。未来的终身学习将不再是为了服从外部世界和外部激励，而是学习者自觉主动地依靠自身的思考、摸索，基于自身兴趣而选择进行的终身学习活动，强调自我在动机激励学习过程中的能动作用。

学习者主动性越强，终身学习的品质也会随之增高，这也是促进终身学习品质提升的重要因素。内在激发的学习动机脱离了传统的被动学习模式，具有自主化、个性化的特征，这种学习动机会对学习效果产生重要影响。要想取得好的学习效果就要重视对内在学习动机的满足，未来学习者的学习动机必然走向内在激发的道路。当人们面对挫折和失败的时候，个体形成反思的品质，认识到自身存在的不足，为了弥补自身的缺憾而展开学习和探索之路，实现自我价值。这时个体能够通过自觉学习获得知识和技能，不再有人进行专门引导，

---

① 宋佳丽：《全民终身学习需求趋势研究》，沈阳师范大学硕士学位论文，2022年。

② 王星、李怀龙：《智慧课堂赋能学生智慧发展的动力机制与运行逻辑》，《现代教育技术》2021年第11期。

一切都需要靠个体进行摸索。主导学习者学习的动机发生了转变,此时已经从外在的求知转变为内在的探索,终身学习的内涵更加全方位,从生存发展到社会生活的方方面面均有涉及。

人生没有固定的成功标准。人一旦踏上探索生命意义的征程,就不可能停止,探索过程即学习过程将伴随人的一生,所以个体必须在不断的探索与内在的求知中才能够持久地完成终身学习活动。内在激发是个体为了满足自己的需要自愿进行行为调控的一种动机,这种动机不是因为外在因素的刺激而做出的选择。当内在动机得到满足时,个体就会在学习过程中收获颇丰,学习效果也会相应提升。[①] 人在早期阶段即在校学习阶段的学习动机可能是适应外部的社会,但是在后期的学习生活中会更加注重满足内心的愉悦与兴趣而选择自己愿意学习的内容,以此实现人生的价值。[②]

不可否认,外部动机会对全民终身学习产生正向的促进作用,但盲目地使用物质激励会形成一股追求功利的风气。社会如果想要更加快速地向前发展,需要依靠学习者自身意识的觉醒,内在动机的激励才是未来全民学习动机变化的发展方向。未来学习者的内在动机对终身学习的作用效果将远远超过外部动机。个人的发展不能仅仅依靠外部的激励和制约,还要根据现实的需要激发自身内在的学习动力,指引自己完成终身学习活动。学习者要随着社会角色经验的积累,追随自己的内心,以实际需要为中心,为自己的发展指明前进的方向。此时,学习者已经不再为了外界环境而学习,而是感知自己的使命,拥有强大的内驱力指引着自己自主地、连续不断地迎接各种挑战和解决各种困难。[③]

(三)学习理念由"追赶潮流"向"个性发展"转变

终身学习已经成为大势所趋,众多学习者参与到终身学习活动中。但是通过终身学习活动,个体是真正学习到自身所需要的知识,还是盲目地追随潮流、漫无目的地学习,这是未来终身学习效果评价的重要方面。在目前的学习过程中不乏这种现象,他人选择学习的内容会被众多个体争相追捧,个体不考虑自身学习类似内容是否对本人有较大益处而盲目地争相模仿,不仅是对学习资源的低效利用,而且会造成本末倒置的结果,浪费宝贵时间。[④]

---

① 宋佳丽:《全民终身学习需求趋势研究》,沈阳师范大学硕士学位论文,2022 年。

② 王洪才:《终身学习:现状、突破与未来》,《广东开放大学学报》2015 年第 1 期。

③ 李璐:《自适应学习的内在动机对大学生自主学习效能影响的实证研究》,《江苏高教》2021 年第 11 期。

④ 宋佳丽:《全民终身学习需求趋势研究》,沈阳师范大学硕士学位论文,2022 年。

随着科技的发展，人们的闲暇时间逐渐增多，人们对于美好生活的需要也在逐渐增加，在满足人类基本生存即马斯洛需求层次理论较低层次需求的基础之上，人们更愿意追求自身发展和丰富精神世界，满足更高层次的需求，实现个体的精彩生存。[①] 未来全民终身学习的理念将会向学习者个性发展的方向发生转变。在满足社会性需求的基础之上，人们会产生更高层次的个性发展的需求。在相同的环境中，不同学习者的学习目的可能存在一定的差异，但都是为了其个性的发展而确定的。

个性化的学习活动在获取新知识的同时还要强调通过学习活动辅助学习者感受人文的关怀，在学习中彰显和提升自身的个性，发挥创新能力，实现个人的价值。让学习者的个性得到充分发展的需要将是未来学习者的主要学习需求，这种需求不是仅仅追求某一方面的内容，它具有多重特征，此种需求是将知识、思想、情感价值观等融合为一体的过程。[②] 首先，学习者要掌握知识，只有掌握了扎实的理论功底才能够培养学习者的创新能力，提升竞争力。其次，注重良好学习习惯的培养，有了好的习惯才能有好的学习成果，拥有科学的思想，学习者才能掌握自我学习的良好方式，适应时代的发展。最后，让学习者的情感和价值观得到发展，在不断探索学习的过程中了解自然、认识社会、体验人生，让学习者成为有广阔视野和独特个性的人才。[③] 因此，在满足社会性需求的同时进一步追求个体的价值，谋求个性化发展将是未来全民终身学习需求的重要变化趋势。这一趋势反映了未来全民终身学习需求的发展方向，同时也要求教育者能够以学生的个性发展为中心，选择合适的教学方式促进学生的个性发展。这不仅为教育者带来了巨大的发展机遇，也为教育的改革带来了全新的挑战。

二、全民终身学习内容需求预测

本部分将从全民的学习内容性质、学习内容呈现两个层面对全民终身学习内容需求的变化趋势进行分析。

（一）内容性质由“功利性”向“人文性”转变

当今社会，学习者在学习内容的选择上偏向于考取理想院校、有利于职业发展等把知识当作工具的学习内容，大多数学习者是为了学习而学习。在这种

① 崔铭香、张德彭：《论人工智能时代的终身学习意蕴》，《现代远距离教育》2019 年第 5 期。
② 黄悦：《终身学习与个性化学习》，《科教导刊》（中旬刊）2013 年第 14 期。
③ 黄悦：《终身学习与个性化学习》，《科教导刊》（中旬刊）2013 年第 14 期。

状态下，学习者有明确的方向，愿意去学习对自身生存有利的内容，但长此以往，学习者会失去批判和创新能力，一味地认同现实而缺少了对美好生活的向往。这样的学习活动带有一定的功利性，容易产生不良的学习风气。当然，功利性的学习内容并非全是弊端，它不仅可以辅助学习者找到心仪的工作、改善生活状态，还可以获得相应的物质激励。但是单纯地学习功利性的内容，不仅助长了追名逐利的社会风气，还不利于学习者的身心发展。

未来全民在终身学习内容的选择上，更加注重能够提升自身综合素质和文化素养，能够获得满足感和幸福感的更具人文性的学习内容。知识的选择源于学习者内心的追求和热爱，能够使学习变成促进个体素质提升的有力工具。工具性的学习内容与人文性的学习内容紧密联系，不可偏废。未来全民对于知识性质的需求，将是在功利性知识的基础上，朝着工具性和人文性协同发展的方向变化。

人文性知识可以为人文文化创造巨大价值，作为人在现实文化中的内在灵魂，它在人的素质发展结构中具有重要地位。学习人文知识基本上不会让学习者获得直接的生存技能，也不会与经济发展产生直接联系，但是却可以带给学习者一种全新的体验，不仅会给学习者带来思想上的启迪，还会给学习者带来精神上的丰盈。这不仅促进学习者人格的形成，也有利于人的全面发展。人文知识与个体的生活实际有机结合，内化为人的性格、品质和修养，会使个体对家庭、社会和国家产生强烈的责任感，有同情心和使命担当，能够为我国社会主义事业的发展奠定人才基础。另外，学习人文性知识，提升自己的知识储备，包括文学、艺术、历史、哲学、科学以及伦理学等，能够帮助个体处理好与他人、自然和社会之间的关系，指导学习者的行为，帮助个体更有尊严地生活和工作，从而为社会的发展做出更多的贡献。

在竞争日益激烈的环境下，人们的压力也随之增大，要以人文主义的观念去探索新的学习内容，运用灵活的学习方式学习人文性的知识。面对纷杂的学习内容，学习者不仅要考虑学习内容是否有助于自己的生存，而且也需要考虑是否能够提升个人的素质。因此，人文性的学习内容将会逐渐走入全民的学习生活中，避免了在面对众多学习内容时选择上的不知所措，人文性的知识帮助全民树立正确的人生观和价值观，这是功利性的学习内容所无法达到的作用。也正是因为个体意识到自身缺乏人文知识，领略到人文知识对于个体发展的重要意义，所以才产生了对于人文性知识的学习需求，才在学习时超越了自己，陶冶了道德情操，提升了格调，更加明确了人生的意义，能够用健全的判断事物的能力和分析问题的能力找到自身在这个世界上的生存价值。因此，在未来人类的终身学习活动中，人们对于人文性的知识内容需求将逐渐增加，功利性的知识与人文性的知识相互支持，共同协调好个体与人和社会之间的关系，既不能丢掉原有的实用性知识内容的学习，也要考虑到学习者对于人文关怀的需求，统筹好人和社会的价值追求，实现共同发展。

（二）内容呈现由“枯燥性”向“趣味化和主题化”嬗变

时代在进步，人们对学习内容的呈现方式提出了更高要求。传统的知识是通过课本进行传递的，不可否认书本知识的权威性，但是对于学习者来讲传统的书本知识是枯燥的，缺少了激发学习的动力，具有一定的局限性。未来全民对于知识呈现形式的需求将朝着“趣味化和主题化”的方向发生转变。例如，在人文与社会科学知识的学习上，单纯地注重通过课本传递知识，将不利于知识的传播，为了更好地让学习者体会我国的传统文化、民族精神和社会主义核心价值观等，未来对知识的表现形式提出了增添趣味性和主题性的要求。在互联网时代，全民皆可通过互联网充实自身的生活和学习，未来使用网络的用户将基于自身的特征和审美选择更具趣味化的学习内容，人们长期处于高压和激烈的竞争之下使得全民对带有趣味性的学习内容产生天然的偏爱。网络科技的发展将使知识的呈现形式更具趣味性，符合大众的品味，娱乐化的叙事形式在知识的领域逐渐传播，文化的传播消除了通俗知识与高雅知识之间的界限，使全民更易接受和吸收全新的知识，未来全民对于学习内容在表达方式上呈现趣味性的需求将逐渐增强。

未来全民对于学习内容的需求也会朝着主题化的方向变化，是区别于传统学习内容的另一特征。一方面，由于未来学习者的学习和工作节奏将逐渐加快，学习者在选择学习内容时将倾向于主题凝练、内容精悍的知识；另一方面，随着信息技术的逐渐普及，人们在浩瀚的网络世界中面对海量的信息，获取所需的知识需要耗费时间以及精力，大众的注意力以及注意力的稳定性将会变弱，缺乏主题性的知识将不利于引起学习者的注意，使学习者的注意宽度变小，所以主题化的知识将极大程度地帮助学习者找到真正需要的知识，将是未来学习者的知识呈现形式需求。[①]

因此，过去传统的、枯燥的知识将不再能够满足全民的学习需求，未来呈现出来的知识将朝着带有趣味性和主题性的方向变化，学习者能够从不同的学习

---

① 宋佳丽：《全民终身学习需求趋势研究》，沈阳师范大学硕士学位论文，2022 年。

视角和深度有针对性地学习知识,激发起学习兴趣,在拓宽了自身知识面的同时锻炼了思维模式,提升了个体的整体修养。①

三、全民终身学习途径需求预测

本部分将从全民学习方式、学习形式两个层面对全民终身学习途径需求的变化趋势进行分析。

(一)学习方式从"传统课堂"向"混合学习"转向

在传统的教育中,学校是学生学习的主要场所,所以形成了以学校为中心的传统学习模式。随着互联网技术的发展,新型学习方式逐渐涌现,现代信息技术已经融入人们生活,体现出现代感和时代特征。线上学习已经走入了大众的学习生活,使用手机、电脑等移动终端设备进行学习的人越来越多,线上学习方式对终身学习的发展起到了助推作用。去中心化、具有开放性的新媒体技术可以优化传统的学习方式,实现学习资源分布更加均衡、学习时间和地点更加自由的线上学习。在信息化浪潮的助推下,网络学习、微学习以及移动学习等线上学习方式逐渐被大众熟知并推广使用。线上学习方式可以实现成百上千的人共同学习精品课程,实现真正的学习资源共享和优势互补。优质的网络课程能够实现课程管理、线上互动以及效果评价等功能,网络本身具有互动性,线上学习将网络元素引入课堂,此种学习方式可以改变学习者不愿在课堂上发言的困境,改善学习者在课堂上的表现。学习者进行学习活动的时空范围更加自由,也丰富了进行终身学习活动的方式,让学习资源得到最大化利用。

在互联网技术没有进入人们的学习生活时,学习时间、空间以及学习内容等要素之间的联系是相对比较弱的,各要素之间呈现出孤立的样态。目前,随着互联网技术的使用,全民普遍接受以互联网为基础,将多种学习方式进行混合,以便人们完成学习任务,达成学习目的。未来 15 年,人们将愈来愈需要形成多方式混合的学习方式。学习不仅仅局限于传统课堂,而是充分利用互联网将多种学习方式进行整合,打破时空的限制,学习多种资源。② 因此,仅仅依靠传统课堂将不能满足全民的终身学习需求,在线学习亦将为丰富个体的学习方

---

① 董彦良:《大数据时代成人碎片化学习:趋势、痛点与提升路径》,《中国成人教育》2020 年第 16 期。

② 宋佳丽:《全民终身学习需求趋势研究》,沈阳师范大学硕士学位论文,2022 年。

式注入新鲜活力。[①]

学习型社会的到来，对全民的知识储备要求逐步加强，以学校为中心的传统课堂已经无法满足个体对终身学习的需要，打破传统物理学习空间的限制、不受地点和时间限制的线上学习更能够满足人们的学习需求。因此，虚实结合的混合式学习方式将是未来全民选择学习方式的发展趋势。未来全民的学习将走出教室，依托于科技在线上进行学习活动，真正实现每一个人都能学习、在任何时间都可以学习、在各个地点都能够学习。

面对2020年突如其来的疫情，全国大部分学校开展了线上教学或混合的教学模式，线上学习使学生居家学习成为可能。疫情结束后，在线学习仍然受到大众的广泛运用，加速了如“慕课”“微课”等线上教育平台的发展，推动了如生活技巧、专业技能等线上教育视频的兴起，丰富了学习资源的数量及种类。混合式学习离不开现代科学技术的支持，与传统线下学习方式完美结合，帮助学习者拓宽学习的范围，强化知识深度。未来学习者对于移动学习的需求将逐渐增加，颠覆了传统的学习形式，完成线下课堂学习任务后，线上学习的方式将是全民进行随时随地学习的首选，线上学习方式将更加有利于学习者随时随地学习。线上线下学习融合，不仅是学习形式颠覆性的预演，也意味着依赖于新媒体技术发展的学习需求将会以全新的形式出现，为全民的终身学习活动助力。

因此，未来全民进行终身学习的方式需求将朝着线上与线下相结合的混合式学习方式变化，通过技术手段打通学习知识的链条，利用线上网络资源和平台以及线下传统课堂学习，通过多方合作建立混合式的学习机制，调动学习者的学习热情，真正体验到学习给自身带来的喜悦与满足。学习者根据自身实际条件选择适合的学习方式，线下的传统课堂给予学习者更加真实的学习体验，线上的多媒体平台给予学习者更加多样化的选择，混合式的学习方式给予学习者更大的便利去学习所需内容。[②]

（二）学习形式从“个体学习”向“协同学习”转向

个体学习方式是以学习者为主体，学习者自己做主，以自我为中心，不受他人支配，独立自主地学习，通过教师的教授学习新知识的一种学习方式。传统的学习形式是学习者在教师的引导下被动地接受知识，缺乏横向的交流与沟

① 钱小龙、宋子昀：《终身学习者在线学习的自我调节：理论指引、逻辑关系和实践方案》，《中国电化教育》2021年第11期。

② 宋佳丽：《全民终身学习需求趋势研究》，沈阳师范大学硕士学位论文，2022年。

通。过去"过于强调接受学习"、以个体为单位的学习倾向不再完全适应于当今社会,而是要倡导学生主动寻求知识创新、寻求适合学习者发展的新型学习形式。①

未来全民终身学习形式的需求将会朝着自主学习、探究学习、深度学习、合作学习和研究学习相融合的协同方向转变。② 全民需要通过协同学习的方式,建立学习共同体,以相同的学习任务作为载体,在参与全面、个性化、多元化的小组合作中,学习者同步学习,探讨深层问题,分享观点,互相帮助,适时获取教师的指导,优化课堂品质,提升学习效果。在协同学习的过程中,个体既要把控自己的学习,也要与他人共同合作,形成共同体,学习自身不擅长的知识与技能,解决小组共同面对的问题和困难。学习形式的转变是一个长期的过程,从接受式学习转变为协同式学习,降低了学习者在自学时的孤独感,不同学习形式之间相互影响、取长补短、相互融合,深化学习思维,在分享与协作过程中获得充分支持和交流,实现能力提升和自我成长,完成学习目标。协作学习与传统的独立接受式的学习有着本质上的差别,相同的学习内容在协同学习形式的环境下,学习者的学习可能会有更加明显和优质的学习效果。因为在合作的过程中,主导权掌握在学习者手中,学习者作为课堂的主人,探讨问题、解决问题,小组成员间的知识经验、认知能力不完全相同,通过合作相互学习他人长处,补齐自身存在的短板,能够优化学习知识的效果,提升学习效率。自主学习与合作学习的新型协同学习形式结合了不同形式的优点,取长补短,发挥优势,促进学习者的学习实现纵深发展。合作学习与其他学习方法结合创造出全新的学习方式,如踊跃展示、限时讲授、小组讨论等,不仅能够让每一位学习者参与其中,而且培养了学习者的团队协作与沟通能力。

学习形式的协同表现在学习者与教师之间的协同、一起学习的伙伴之间的协同以及学习者与机器之间的协同。具有学习的意愿是个体进行终身学习活动的首要前提,学习者愿意学习和想学习,引导自己主动参与到终身活动中。首先,学习者与教师的协同是教师引导与教育学生,将学习者看作课堂的主人,重视学生的主体性,教师从拥有知识的人转变为学生成长的培养者,将学习者培育为具有极高综合素质的全能型人才。其次,一起学习的伙伴间的协同是小组形式的合作型学习形式,合作学习形式以学习者为中心,以学习效果为保障,

① 钟启泉:《最近发展区:课堂转型的理论基础》,《全球教育展望》2018 年第 1 期。

② 孙佳林、郑长龙:《自主学习能力评价的国际研究:现状、趋势与启示》,《比较教育学报》2021 年第 1 期。

将个体行为转为群体行为，小组学习形式是传统面授学习的首选。合作学习是指以学习者的个人经历为基础，以协作和分享的模式完成既定目标，调动学习者学习的主观能动性，提升学习者在合作中的归属感和责任感。同时，能够在轻松和谐的学习氛围下培养学生团结合作、勇于创新的思想和品质，不仅有利于个体学术知识的积累，还为学生的生存发展提供了坚实基础。最后，人机协同是指人工智能为学习者提供更多的学习设计和学习资源，不仅能够充当学习者的学习辅助角色，还能够充当学习伙伴并辅助个体完成学习任务。

未来全民对学习形式的需求将从传统的接受式学习向自主、合作融合的协同式学习转变，协同学习不能离开传统的学习方式而独立存在，同教育者、学习者、人工智能不断探索合作学习与其他学习形式的有效融合与切换，将是未来学习者的学习形式需求。协作式学习对学习者深度学习具有积极意义，优化课堂状态，焕发出全新活力，展现出更多的学习形式，缓解了缺少情感交互的困境，使学习成为“有感情”“有温度”的活动，更多人愿意参与到有交流的协同学习中，推动终身学习不断深入。

四、全民终身学习时间需求预测

未来全民在学习时间选择上将由“固定”向“自由”转变。在过去传统的学习方式下，人们选择在固定的时间段完成知识的学习，如在学校的时间学习或在工作的时间学习新的技能，这些时间往往是固定不变的。个体在一生当中可以用于学习的时间是有限的，而人一生当中接触的事物十分复杂，用于学习的时间往往被分裂开来。在以往的学习活动中，大众往往不太注意选择学习时间，大都按部就班地完成自身应该学习的知识，缺乏对学习的主动性和学习时间选择上的联结性，导致学习者学习效率低下。

在未来，全民对于终身学习时间选择的需求将会朝着自由化的方向转变。学习者将以一种无处不在、利用闲散时间学习的方式学习，这更加契合未来全民终身学习的状态，学习无时不在。尤其互联网的发展使学习者随时随地学习成为可能，利用互联网共享学习资源，使得人人能够参与到终身学习中，每一位学习者都有平等地参与到学习中的权利。线上学习将个体碎片化的时间进行有效整合并加以利用，碎片化的学习时间或长或短，学习时间的选择上更加自由方便，使得学习频率上升。[①] 未来学习者需要在休闲时间多次地学习积累知

① 宋佳丽：《全民终身学习需求趋势研究》，沈阳师范大学硕士学位论文，2022 年。

识,通过反复地学习和复习加深对知识的理解,养成时时皆学的良好学习习惯。[①]

终身学习是时代对学习者提出的要求,全民为了跟上时代的脚步,积极响应终身学习理念,挣脱了传统的只能利用在校时间进行学习的束缚,使学习成为生活中非常普遍的一种活动。全民利用闲暇时间参与到终身学习中,实现了学习时间的无边界和自由化,学习者根据自身的实际情况确定合理目标,安排合适的时间学习知识,学习者运用有限的时间获得学习成果,不仅对学习者学习内容以及学习途径的选择具有指导性的意义,同时也提升了终身学习的效率。[②] 未来学习者需要自由化的时间学习,面对多样化的学习内容,合理利用自身时间,科学管理自由时间,在有限的时间内收获更多知识,养成持之以恒的良好学习习惯,通过不断地积累实现由量到质的飞跃。[③]

五、全民终身学习地点需求预测

未来全民的学习场所需求将由“单一”向“多元”转变。学校机构从诞生之日开始就成为学生学习的主要场所,对学习者的学习以及成长起到重要作用。学校向学生传递“官方知识”,包括客观的真理、科学的知识、道德规范以及行为准则等,通过教师的教导,引导学习者掌握知识,使知识得到传播和延续,从而实现学习者的成长和发展。

学习活动对个体的积极作用决定了学习将贯穿人类生命的整个过程,学习将无时无刻不伴随在个体的全部活动场域。未来随着社会发展,将对个体的综合能力提出更高要求,学校学习将不再完全满足学习者的学习需求,未来的学习空间将不再仅仅局限于学校场域,会打破传统的学校场所学习的地域限制。未来全民对于终身学习场所的需求将朝着学校场所、家庭场所、社会场所的多元化学习场所变化,未来学习者需要在多种空间内共同学习,如在日常生活中学习、在工作场所内学习等,将学习者的学校学习与日常生活和工作相联系,在社会活动的参与过程中体验获得知识的愉悦。物理场所是显性的、真正存在的物质空间,这种基于不同场所的终身学习打破了传统学校学习的单一化限制,缩小了理论与实践之间的差距,在做中学、在学中做,而非简单的课堂学习中的

① 江国学、谷镇、马金钟:《“互联网+教育”环境下预科学生泛在化学习方式探究》,《吉林省教育学院学报》2021年第8期。

② 曾浩:《终身学习视域下的中小学教师无边界学习》,《河北大学成人教育学院学报》2021年第3期。

③ 张青卫、王丹阳:《新时代构建学习大国的四重向度》,《观察与思考》2021年第6期。

知识灌输，如在电影院、社区活动中心、博物馆和企业等地点学习，使学习活动无处不在，处处可学。[①]

未来学习者不仅可以在传统的学校机构中进行正式学习，也可以在多元场所进行非正式学习，丰富终身学习的地点。在现实的物理情景中，真实学习不仅可以发生在非正式学习场所内，也可以发生在正式的学校课堂内，并对多种不同的学习场所进行深度融合。传统的学校学习与教师、校园相联系，课本与教师成为传播知识的载体，学习者在校内花费了大量的时间和精力完成了课本知识的学习。但由于学习场地的局限性，在课堂之外提取和运用知识是有些吃力的，在一定程度上造成习得的知识与知识运用间的割裂，也很难满足学习者对于课堂外知识的需求，所以学校之外的场所学习对于未来学习者来讲是必不可少的。如何弥补学校学习的真实性缺失，同时满足学校之外的学习场所的需求，需要从多方面考虑为学习者提供多元化的学习场所，满足未来全民对于终身学习的需求。

未来全民对学习场所的需求可以划分为学校、家庭以及社会学习场所的需求。在未来，学习空间的界限将逐渐变得模糊，不同的学习场所将为学习者提供一个庞大的学习空间。学校为学生提供知识的学习空间，在这一领域内，教师通过课堂讲授和操练，帮助学生掌握固定的学习内容；家庭作为正式的、制度化的学习场所，通过积累的学习资源与教育的多种策略联合，使学习者在家庭中学习成为可能，让学习者承担学习的责任，帮助学习者学习所需知识、解决问题；社会场所是指走出校园和家庭之外的学习场所，包括社区学习空间、图书馆、博物馆等公共场所、成人教育、技术证书培训、工作单位等，这些社会场所帮助学习者经历社会生活、洗涤心灵、升华精神，让个体在不断变化的场所中学习不同的知识，在激烈竞争的环境下不被社会淘汰，适应不同的环境，使终身学习成为全民的不懈追求。[②] 不同学习场所通过学习者的不同学习需求联系在一起，学习活动可以随时随地发生，在不同的学习场所进行随意切换。在哪个场所学习，就根据实际需要进行灵活调整，使学习者可以在不同的学习场所内自由穿梭，通过不同场所的置换满足不同个体的多样化、个性化学习需求，实现资源的最大化利用，更好地实现在不同场所内知识和信息的交流与互通。[③]

---

① 宋佳丽：《全民终身学习需求趋势研究》，沈阳师范大学硕士学位论文，2022 年。

② 邱德峰、李子建：《学习者身份：迈向终身学习的学生身份新图像》，《全球教育展望》2020 年第 5 期。

③ 廖婧茜：《未来学习空间的场域逻辑》，《开放教育研究》2021 年第 6 期。

六、全民终身学习评价需求预测

学习评价是根据一定的标准,运用一定的方式和技术对学习者的学习进行价值判断,帮助学习者明确学习现状与学习目标之间存在的差距,激发学习者更加努力地完成既定学习目标,促进自身发展。本部分将从全民学习评价目的、学习评价主体、学习评价视角三个层面对全民终身学习评价需求的变化趋势进行分析。

(一)评价目的由"总结性"向"诊断性"转变

总结性评价是在学习活动结束后运用量化的测评方式检验学习者的学习情况,此种评价目的是对学习者近阶段的学习成果进行评价,评价结果具有公正性和可比较性的特征,对于人才的选拔具有重要意义。[①] 目前构建的评估标准并不健全,过于注重学习成果的总结性评价,导致单一的评价体系受到众多人的追捧。[②] 但重视结果的总结性评价存在一定弊端,重视成绩的评价方式会在学习者中形成"唯分数论"的风气,忽视了学习者在过去时间里做出的努力和未来的可能性,"得高分者得天下"的理念在传统教育中占有很大比重,学习者将更多精力放在学习考试知识上,而忽略了其他方面的养成。[③] 一方面,对学习成绩的评价缺乏整体性,片面、割裂地看待成绩而忽略了教师的教和学生的学是一种互动过程;另一方面,单纯评价结果忽视了学习者在学习过程中的努力,这样的评价方式具有片面性,对学习结果的片面追求导致了评价内容的狭隘。只通过学习评价了解学习者知识点的吸收程度,对学习者的情感体验缺乏关心,会引发学习者人格发展问题,更会导致学习评价的工具化和功利化倾向。

以学习成绩评价学习者的方式将不再适用于未来社会,未来对学习者的学习成果评价不仅要重视结果,还要重视对学习过程的评价。通过对学习过程的监控找出学习者自身存在的不足,对学习者在学习过程中存在的问题加以诊断指导。在终身学习背景下,未来全民对于学习评价方式的需求将朝着重视诊断性评价的方向发展,对学习者的评价不是取得什么样的分数,而是通过学习创造了什么、建构了什么,以及发现了什么问题、如何改进。诊断性学习评价可以从四个方面加以理解:第一,评价的价值取向包括对目标、过程、主体的评价;第

---

① 宋佳丽:《全民终身学习需求趋势研究》,沈阳师范大学硕士学位论文,2022 年。

② 阙明坤、王云儿:《我国建设高水平民办高校的动因、瓶颈及对策》,《现代教育管理》2022 年第 2 期。

③ 魏善春:《学习评价的过程性阐释》,《现代教育管理》2021 年第 3 期。

二,从评价的空间来看,包括课堂内和课程外的评价;第三,从评价的内容来看,包括对学习动机、学习策略以及学习者情感、态度价值观等的评价;第四,对在学习过程中使用的学习方法进行评价。

诊断性评价有两个特点:一是全程化。诊断性评价是对整个学习过程的评价,是长期发挥作用的,通过阶段性反馈帮助学习者找出问题并找到解决方案,提升学习效率。二是生成性。个性化学习要求过程性评价标准具有生成性,尊重学生的主体性特征。如果评价标准随机生成,则会导致评价结果缺失公平性,不能客观反映学习者的进步,在个性化评价中发现不同个体的闪光点,促进个性化发展。通过对学习者在学习过程中的表现来诊断学习者的学习成果,一方面可以在过程评价中锻炼学习者的综合素养,培养创新能力;另一方面,给予学习者以无限的可能和无法预知的附加价值,这种价值只能在过程中产生。

诊断性评价不仅以过程的形式存在,还以过程的形式展开。关注学生在学习过程中的动态、综合性表现,体现时间上的“连续性”,对学习的评价发生在整个学习过程中,在过程中对学生进行考查,包括时间“连续性”和空间“活动性”的一个个事件的评价,不再只关注教育内容本身,更注重对学习者在学习过程中参与程度的评价。从过程的角度出发审视学习评价,对学习成果进行实时反馈,不以固定的标准和要求评价学习者,赋予学习者更多发展的可能,促进学习者的成长。学习者能够通过多种评价了解自身存在的不足与问题,找出问题所在并加以改正进而找到努力方向。

诊断性评价也非常适用于混合式学习,充分利用线上和线下的技术分析,对学习结果进行阶段性反馈,学习者能及时根据评价结果进行调整。这种评价方式不是简单地堆积和累加,而是相互渗透和共同发展。

诊断性评价将是未来全民终身学习需求的重要方面,在终身学习背景下学习者更加需要科学、合理的评价方式反馈学生的学习效果,改进学习者的学习方式,指导学习者的学习方向,过程性评价对学习者的思维的训练以及创新能力的培养将起到积极的促进作用。

(二)评价主体由“人工评价”向“融合评价”转变

传统评价手段包括教师评价、学习者自评以及小组成员互评等人工评价手段。按照量化的学习成绩可以明显区分学生的学习能力和学习效果,但对于学生的努力程度以及学习过程的评价不能有明显的测评。未来人工智能的普遍应用也将为学习者的学习评价提供助力,应用人工智能技术手段为全面评价学生提供支持,未来全民对终身学习评价的手段需求将朝着智能化的技术方向发展。未来运用大数据评价学习者的学习将是重要手段,不仅能够对学习者当前的学习状态得出简单和客观的结论,也能够帮助学习者选择更为科学的学习方式和运用高效的学习策略,引导学习者的未来发展方向。运用大数据的技术可以收集不同学习者在学习过程中的数据并进行分析和处理,包括课程的内容、交互活动课后作业阶段测试等,它不仅能够判断出学习者的学习风格,还能够预测和分析学习者的兴趣爱好、学习能力以及专业发展方向等,可以为学习者的未来发展制订一套科学的学习路线和合理的规划。与此同时,通过大数据对学习者的学习过程进行监控,也为教师的教学工作提供了便利,辅助教师对学习者的学习状态、学习难度进行初步预判,并根据学习者当前和未来的需要及时地对教学方案进行精确调整。

大数据的评价方式毋庸置疑是线上学习的主要评价方式,通过人工智能技术为学习评价提供虚拟的评价空间、人人平等的评价理念和数据互通的学习评价平台,对学习者的学习行为进行记录和评价,帮助学习者了解当前阶段的学习状况。它消除了评价主体单一的弊端,提高了多样的评价主体参与到学习评价当中的积极性,为学习评价方式提供了新的视角。通过大数据搜集到的信息对学习者进行测评,运用可视化的方式将精确的评价结果加以反馈,得出客观、准确的结论。[①] 大数据具有较强的分析能力以及监控功能,虽然暂时不能完全替代人工评价学习者学习结果的手段,但是可以作为了解学习者当前学习状态、结果的良好助手,充当辅助个体学习的角色。[②]

在终身学习背景下,未来全民对于评价手段的需求将朝着人工评价与智能评价相融合的方向变化。多元化的学习评价手段突破了传统学习评价的时间和空间的限制,学习评价的实施更加及时和高效,并且赋予了多个主体参与到学习评价中的权利,对学习者的学习行为和过程进行量化和质化的分析,预估学习者未来的发展方向和目标。智能评价和人工评价应该相互联系、互为补充,共同测评学习者的学习效果。教师不能盲目地将自身的评价让位于人工智能的评价,但也不能否认人工智能对学习客观和专业的评价作用,应将人工评价与智能评价进行有机融合,优化整体评价手段。学习评价不仅对学习成绩进行量性测评,还应包含对思维活动和情感活动的监测,防止评价维度和评价主体的单一化倾向,将学习者自我评价、教师评价、同伴评价和大数据评价包含在总体评价中,避免学习评价成为人工评价或智能化评价的垄断行为,对传统的

① 宋佳丽:《全民终身学习需求趋势研究》,沈阳师范大学硕士学位论文,2022 年。
② 崔铭香、张德彭:《论人工智能时代的终身学习意蕴》,《现代远距离教育》2019 年第 5 期。

教师评价方式进行颠覆性的创新，实现线上评价与线下评价数据的有机整合，从学习内容、学习方式、学习态度、学习成绩等方面做出综合全面的评价，为学习评价的生成提供丰富的数据支持，真正达到以学习者为中心进行智能化评价的目标，为学习评价的手段变革赋能加力。深入融合的评价手段不再过度关注评价者的身份，所有人都可以参与到学习评价中，强化了评价者的评价目标定位和服务意识，通过多元化的评价手段促进学习者对新知识的“内在建构”，培养学习者的学习兴趣，提升学习效率。因此，人工与智能深度融合的评价方式将是未来学习者的学习评价手段需求，也是评价手段变革转型的新的成长点和新的发展趋势。

(三)评价视角由“知识评价”向“素养评价”转变

传统的评价视角具有浅表化的特点，重视对知识掌握程度的评价。由于评价主体的能力差别以及评价导向的影响，对学习成果的评价呈现出浅表化的样式，将作业完成度、正确率、认真程度以及考试成绩等作为评价学习者学习的主要评价指标，目的是对学习者的知识掌握程度以及学习态度进行科学公正的评价。但是将学习者的作业或考试成绩作为评价学习者学习状态的唯一方式，缺乏针对性，难以顾及学习者情感问题。这可能与评价主体即教师的工作压力存在一定的联系。教师难以将更多的时间精力投放在学习者连续的学习过程中，学习者本人以及小组成员之间可能能力有限，教师也愿意将答案作为评价学生的标准。同时，以考试成绩为导向的评价方式，也使教师更愿意通过测评的方式对学习者回答问题的对错进行评判。以上原因导致学习评价浅表化现象。

未来全民对于学习评价视角的需求将会朝着评价学习者学习素养的趋势转变。未来的学习评价将不仅仅按照统一的固定标准答案来评价学习者，而是以学习者完成作业时搜集的准备资料以及个人思考为参考，在学习过程中学习者表现出的创造性思维和新奇的观点等学习素养将作为评判的主要依据。[①] 动态把握学习者学习等方面的情况从而收集到个体学习的相关信息，并据此设置符合我国学习者学习成果的评价指标体系。[②] 重视学生素养的评价不是指忽视对学习者知识掌握程度的评价，而是需要在此基础之上增加对学习者学习素养的评价。知识是能力、素养的载体，通过明确学习者对知识的掌握程度和学习过程，能够充分体现学习者的学科素养。未来人工智能将被引入学习者的整个

---

① 宋佳丽:《全民终身学习需求趋势研究》,沈阳师范大学硕士学位论文,2022 年。

② 皮江红、徐立蒙:《终身学习导向下的教师教育改革:欧盟措施及启示》,《现代教育管理》2019 年第 12 期。

学习过程中,在这种情境下,系统能够对学习者的行为进行记录,通过大数据和长期积累的经验对学习者的整个学习过程进行评价。此种学习评价将学习者的学习素养评价包含在内,客观地评价学习者的核心素养,同时智能系统评价联结教师、学习者等对学习者完成作业过程的评价,对作业完成过程进行描述和评价,对学习者的认知过程、学习情感等进行监督与反馈,为选拔性考试提供参考,更能真正实现对学习者的学习素养进行全面和客观的评价。因此,未来对学习者的评价视角需求将向学习者的学习素养方向转变,以科学全面的评价视角评价学习者,更能激发学习者的学习动力,达成其学习目标。[①]

---

① 刘辉、李德显:《谁可以是作业评价的主体——兼论人工智能时代作业评价之变革路径》,《当代教育科学》2021年第9期。

第二篇

服务全民终身学习的教育实施体制改革前瞻性展望

第五章　服务全民终身学习的教育实施体制改革理论构建

为了构建服务全民终身学习的教育实施体制改革趋势分析的理论框架，本章将从概念界定、理论基础、事实基础三个层面，分实施机构和实施制度两个方面，对服务全民终身学习的教育实施体制改革趋势的分析框架进行理论构建。

一、概念界定

（一）正规学习

正规学习与正规教育是一组相对应的概念，其主体分别为受教育者和教育者。以下通过对正规教育概念的梳理，归纳总结正规学习的概念。《教育大辞典》认为正规教育的实施者是人类社会，实现的主要地点是学校。在学校学习已经成为人们为了适应社会生产和社会生活并促进个人社交而必须完成的第一项活动。正规教育的时间因需求而异，正规教育需要与需求紧密结合。瑞典学者托斯顿·胡森在《国际教育百科全书》中认为，正规教育是有组织的教育体系，由年级和学科共同组成，从儿童教育到高等教育，不仅包含学术学习，而且包含各种专业技能的学习，还包括多种专门教学机构进行的全日制的职业培训和技能培训。[①]

本书认为正规学习是指学习者在正规学习机构进行学习的行为。具体表现在学习观念、学习性质、学习目标、学习途径和学习功能的变化上，表现在学习内容、方法、过程和学习培养模式的探索创新上，表现在学习结构体系的丰富性、融通性和学习制度的弹性化、个性化、多样化上。

---

① ［瑞典］托斯顿·胡森：《国际教育百科全书》（第 9 卷），李维译，贵州教育出版社 1990 年版，第 67、383、391 页。

（二）非正规学习

非正规学习与非正规教育是一组相对应的概念，其主体分别为受教育者和教育者。以下通过对非正规教育概念的梳理，归纳总结非正规学习的概念。[①]托斯顿·胡森在《国际教育百科全书》中认为，非正规教育不是专门的教育领域、系统或学科，而是一种特殊的教育方式。[②] 蓝建在《终身学习背景下的教育公平与效率：国际视野》中指出，非正规教育结构松散、时间灵活、目标直接；组织更分散且更易于根据当地情况进行相关活动；针对性更强，以学习者为中心，而不是教师；讲究具体的经验而不是抽象的理论，学习者不受年龄的限制，其内容仅限于特定学习者可以练习的特定知识和技能；有许多不同的发起人、管理者和资金来源，包括几乎所有政府部门和各种非政府组织。[③]

本书认为，非正规学习是学习者在正规学习之外进行的具有选择性、组织性、系统性的以能力提升为主要目标的学习行为。非正规学习的形式包括家庭学习、社会学习、社区学习、继续学习、老年学习、课外辅导机构学习等。

（三）非正式学习

非正式学习与非正式教育是一组相对应的概念，其主体分别为受教育者和教育者。以下通过对非正式教育概念的梳理，归纳总结非正式学习的概念。[④]美国学者菲利普·库姆斯在《世界教育危机》中首次提出了非正式教育的说法。非正式教育是个人在日常生活中的学习，可能来自旅行、可能来自亲友、可能来自阅读、可能来自广播，这些都是在生活中学习和技能积累的过程。非正式教育是无组织、无系统，甚至在某些时候是无意识的，但是它占据了人生命学习全过程的很大一部分。[⑤] 美国教育专家 Victoria J. Marsick 关于非正式学习的含义被国外公众所认同，他们认为，非正式学习（包括附带学习）可能以制度化的形式出现，但通常不是在课堂上的或是具有固定结构的。[⑥] 王琳琳和杨明全关于非正式学习的观点是，在非正式的环境、无固定的地点、无固定的学习方式以

---

① 陈思文：《未来全民终身学习实施制度改革前瞻性研究》，沈阳师范大学硕士学位论文，2021 年。

② ［瑞典］托斯顿·胡森：《国际教育百科全书》（第 9 卷），李维译，贵州教育出版社 1990 年版，第 391 页。

③ 蓝建：《终身学习背景下的教育公平与效率：国际视野》，上海交通大学出版社 2012 年版，第 87—88 页。

④ 陈思文：《未来全民终身学习实施制度改革前瞻性研究》，沈阳师范大学硕士学位论文，2021 年。

⑤ ［美］菲利普·库姆斯：《世界教育危机》，赵宝恒等译，人民教育出版社 2001 年版，第 22－23 页。

⑥ 转引自黄娥：《非正式和非正规学习成果认证的内在价值反思》，《成人教育》2018 年第 1 期。

及教学方式，多数是无意发生的学习活动。[①]

本书认为非正式学习没有明确教育者与受教育者，它指的是每个人日常生活经验和环境中学习积累知识的行为。它既无组织也无系统，例如人们通过参观图书馆、文化馆、体育馆、美术馆等场所获取知识的过程，或者通过自主学习服务平台、虚实融合的技术平台、大数据、多媒体、云计算、区块链技术、移动互联网、物联网等信息技术发展自身素养的过程，都属于非正式学习。

（四）终身学习实施机构

本书中的"终身学习实施机构"特指服务全民终身学习需求的学习实施机构，是指在持续一生的学习过程中为满足每个社会成员的学习需求，提供学习服务、实施教学活动的机关、团体和内部组织。其内涵是服务全民终身学习而实施学习功能、提供学习服务的机关、团体，外延包括正规、非正规和非正式学习实施机构。本书中的正规学习实施机构按照机构内工作任务的不同划分为课程研发实施机构、科研实施机构、教学实施机构和技能学习实施机构。非正规学习实施机构包括社会、社区、家庭、老年和继续学习实施机构。非正式学习实施机构包括各类科普场馆等。

1.正规学习实施机构的概念

本书认为正规学习实施机构必须被国家教育行政部门认可，目的是对学习者的身体和心理发展做出正确引导，并且是由专门的人来负责的有目的、有计划、有组织的统一培养和学习活动的学习机构。正规学习实施机构也可被称为学历教育实施机构，它规定了学习者入学的条件，包括入学年龄、毕业标准和学习年限等。正规学习实施机构具有制度性、统一性、标准性和连续性。

2.非正规学习实施机构的概念

本书认为，非正规学习实施机构指的是发生在校外环境中的有组织的、为成人和儿童有选择地提供的、以能力提升为主要目标的学习机构，包括家庭学习实施机构、继续学习实施机构、社会学习实施机构、老年学习实施机构和社区学习实施机构等。

3.非正式学习实施机构的概念

本书认为，非正式学习实施机构指的是学习活动发生在日常生活或工作等环境中实施学习功能、提供学习服务的机构，它不需要专门的教室或者专门的

---

① 王琳琳、杨明全:《非正式环境下的学习与学校课程的有效整合》,《教育科学研究》2018 年第 10 期。

场所来进行学习，它可能来源于日常生活和工作，可能来源于在教育环境中获取到的资源，也可能是来源于与家人或者同事、朋友的谈话。它包括“有形”的各类公益性机构，如图书馆、博物馆、科技馆、文化馆、体育馆等，以及“无形”的网络服务平台，如自主学习服务平台、虚实融合的技术平台 App 等。[①]

（五）终身学习实施制度的概念

本书认为，全民终身学习的学习实施制度是指服务每个社会成员、贯穿其一生的持续学习过程，要求各种教育场所和机关在实施教育学习功能、提供教育学习服务的过程中共同遵守的行动准则以及维持机构开展教育教学活动的整套规则，包含正规学习实施制度、非正规学习实施制度以及非正式学习实施制度。

终身学习实施制度的内涵即为服务全民终身学习针对教育实施机构而制定的办事规程和整套规则。外延包括对实施机构施加影响以及实施机构自身内部设定的一系列制度、政策、规则、措施等。

学习实施制度从层面上看包含宏观和微观两部分：宏观层面制度主要指国家、政府、教育管理部门等主体对实施机构施加的影响和规范，包括法律、制度、政策、规章等；微观层面制度主要指教育实施机构主体本身为教育功能施加、提供学习服务而设定的一系列制度、规则、措施、办法等。本书仅从微观制度层面进行探讨。

1.正规学习实施制度的概念

本书认为，正规学习实施制度指的是要求正规教育机构在实施学习功能、提供学习服务的过程中共同遵守的行动准则以及维持机构开展学习活动的整套规则。这里的正规教育机构指的是由教育行政部门认可的，以影响入学者的身心发展为直接目标，由专职人员承担的有目的、有组织、有计划的全面系统训练和培养活动的教育机构。通俗意义上指的就是各级各类学校。

2.非正规学习实施制度的概念

本书认为，非正规学习实施制度指的是要求非正规学习机构在实施学习功能、提供学习服务的过程中共同遵守的行动准则以及维持机构开展学习活动的整套规则。这里的非正规学习机构指的是在正规学习制度以外有组织进行的，为成人和儿童有选择地提供的，以能力提升为主要目标的学习机构，包括家庭教育机构、继续教育机构、培训教育机构和老年教育机构等。

---

① 宋佳丽：《全民终身学习需求趋势研究》，沈阳师范大学硕士学位论文，2022年。

3.非正式学习实施制度的概念要求

本书认为,非正式学习实施制度指的是要求非正式学习机构在实施学习功能、提供学习服务的过程中共同遵守的行动准则以及维持机构开展学习活动的整套规则。这里的非正式学习机构指的是为学习者提供从日常生活经验和生活环境中学习、积累形成知识技能的机构,包括“有形”的各类公益性机构,如图书馆、博物馆、科技馆、文化馆、体育馆等,以及“无形”的网络服务平台,如自主学习服务平台、虚实融合的技术平台 App 等。

二、服务全民终身学习的教育实施体制改革理论分析框架

(一)理论基础

1.终身学习理论

终身学习的理念极大地扩展了传统教育的范畴。它不再局限于某个特定的教育阶段,而是贯穿个人的整个生命历程。这种学习模式强调学习者作为主体,将学习过程视为一种持续且主动的探索活动。终身学习具有五方面基本特征,即学习主体的主动性、学习过程的连续性、学习时机的灵活性、学习地点的多样性和学习目的的明确性。终身学习不仅改变了教育的时间和空间概念,更重要的是提升了学习者的主体地位,使学习成为一种主动、连续且有意义的活动。这种学习模式有助于个人不断适应和引领变化,实现自我发展和终身成长。正如国际教育发展委员会前主席埃德加·富尔在《学会生存——教育世界的今天和明天》一书中关于终身学习的论述,生存本身就是一个不断进步和学习的过程。学习作为一个持续的过程,与个人的生存和发展紧密相连。在不断变化的世界中,终身学习是人们适应变化、实现自我提升的关键。

2.教育预测理论

教育预测使用合理的技术与方法,研究未来一定时期内教育的变动以及发展方向,为教学计划、政策制定和教育决策的实施提供全面的背景资料。从一般意义上讲,质量与数量结合的预测比单纯的主观推测更全面、更科学,具有更积极的意义和更大的实用价值。①

教育预测利用现代预测手段对一个国家或地区的政治、经济、文化等多方面展开关于教育发展前景的分析,是一种综合分析的方法,在教育计划的制定中具有特别重要的意义。教育预测的两种类型分别是关于教育本身的预测和

① 林斯坦:《教育预测浅谈》,《教育评论》1986 年第 2 期。

有关教育问题的预测。[①] 它主要分为四步:确定预测的目的和时限,收集数据,选择预测方法并进行预测。[②] 本书以孙绵涛教授的教育预测理论为基础,对未来学习制度的发展进行预测。

3.教育体制论

教育体制是教育机构与教育规范的结合体或统一体。各级各类教育机构与相应的教育规范相结合,形成了不同层级和不同类型的教育体制。教育机构与教育规范之所以必须结合而且有可能结合,不仅是因为教育机构只有与教育规范相结合才能得到社会环境的认同和支持,而且是因为教育机构的目的和功能主要是由教育规范来限定的,教育机构建立的过程也是教育规范形成的过程。[③]

教育机构指的是教育实施机构和教育管理机构。教育实施机构包括家庭教育机构、学校教育机构和社区教育机构。教育管理机构指的是教育行政机构和学校内部的管理机构。教育规范是建立并维持教育机构正常运转的规章制度。[④]

教育体制基本要素结构如图 5-1 所示。

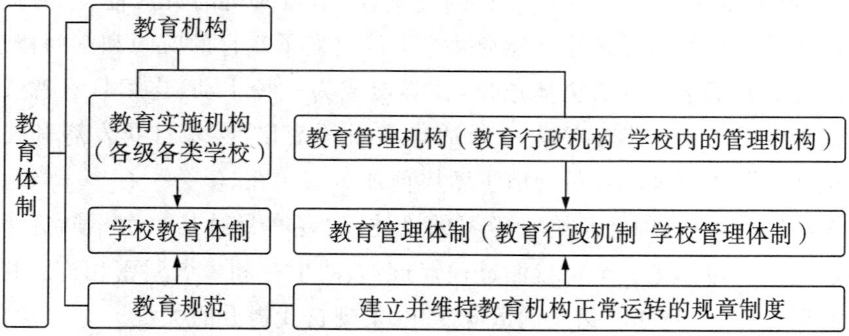

图 5-1 教育体制基本要素结构

本书以孙绵涛教授的教育体制论为理论基础,构建“学习实施制度”,即维持“学习实施机构”正常运转的规章制度,与学习管理制度有所区别。

① 陈思文:《未来全民终身学习实施制度改革前瞻性研究》,沈阳师范大学硕士学位论文,2021 年。
② 孙绵涛:《教育行政学》,华中师范大学出版社 2007 年版,第 94—100 页。
③ 孙绵涛:《教育体制理论的新诠释》,《教育研究》2004 年第 12 期。
④ 孙绵涛:《教育体制理论的新诠释》,《教育研究》2004 年第 12 期。

(二)事实基础

1.文献分析

法国教育家保罗·朗格朗最初提出终身教育这个理念的时候,是希望每个人不要局限在一生只接受一次的教育,应与社会快速发展的新需求相匹配而不断完善自身。在我们的学习中,正规学习、非正规学习以及非正式学习涵盖了我们全部的学习方式,它们既包含了在学校和职业院校中的学历教育,又包含了在家庭、社会、社区等非正规机构中进行的学习,同时也包含了无意识地通过日常活动学习到的知识。以上三种学习方式囊括了所有的学习情况。①

英国学者迈克尔·奥斯本在其著作《学习型城市——发展包容、繁荣和可持续的城市社区》一书中提出:构建学习型社会是终身学习的目标,从纵向上看,学习持续一生;从横向上看,学习发生在人所处的家庭、社区、院校、工作场所、文化活动及休闲娱乐等各个场景中。② 他认为终身学习囊括了发生在人们在各种环境下的所有活动,将学习活动归类到正规学习、非正规学习与非正式学习之中。

联合国教科文组织总干事伊琳娜·博科娃在《让学习伴随终生——上海国际终身学习论坛文集》的序言中提出:"终身学习覆盖了所有类型的学习机会,包括幼儿园、小学、中学、大学教育。然而,终身学习不只是正规学校教育,还包括校外青少年和成人非正规和非正式学习。"③

林良章在《终身教育学——理论与实践》一书中系统阐述了终身教育的分类,认为若以制度为标准,终身教育可以分为"正规教育、非正规教育与非正式教育"。④

以上三位学者都将终身学习划分为正规学习、非正规学习、非正式学习,也是本书所采取的划分方式,这种划分方式被学术界广泛认可。本书以制度为划分标准,将面向未来的全民终身学习实施制度改革划分为正规学习实施制度、非正规学习实施制度和非正式学习实施制度。

---

① 陈思文:《未来全民终身学习实施制度改革前瞻性研究》,沈阳师范大学硕士学位论文,2021 年。

② [英]迈克尔·奥斯本、[澳]彼得·凯恩斯:《学习型城市——发展包容、繁荣和可持续的城市社区》,苑大勇译,教育科学出版社 2016 年版,第 1—2 页。

③ [保加利亚]伊琳娜·博科娃:《序二　努力为所有人提供终身学习机会》,郝克明主编:《让学习伴随终生——上海国际终身学习论坛文集》,高等教育出版社 2011 年版,第Ⅲ页。

④ 林良章:《终身教育学——理论与实践》,中国轻工业出版社 2019 年版,第 57 页。

2.问卷与访谈分析

本书以问卷调查和访谈为事实基础,通过发放问卷、与学者访谈的形式了解未来全民终身学习实施制度改革发展的趋势。第一,发放问卷,调查人们对未来全民终身学习实施制度改革的需求,共发放问卷 210 份,回收有效问卷 200 份。第二,访谈了一位教育学学者,围绕本书研究问题对学者进行了访谈(见附录一)。通过对调查问卷的整理与分析以及对学者的访谈,为未来全民终身学习实施制度的改革提供方向,使研究更具有真实性。

(三)未来全民终身学习实施机构改革的理论分析框架

首先,从未来全民终身学习实施机构的需求入手,分析学习者个体方面的素质、经济、家庭、工作等因素和需求之间的关系,然后根据需求在应然层面上设计以前瞻性为导向的全民终身学习实施机构改革基本理论框架,如图 5-2 所示。

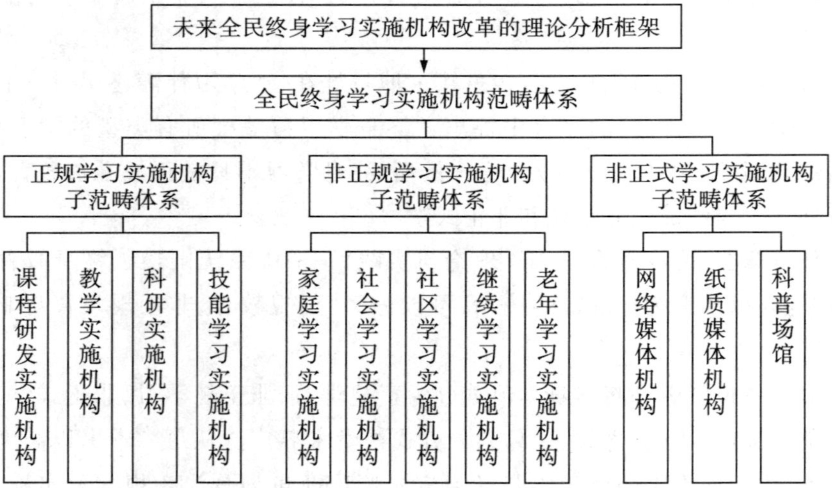

图 5-2　全民终身学习实施机构改革基本理论框架

1.全民终身学习实施机构范畴体系

韩民提出终身教育体系指能满足全民学习、终身学习的教育体系,由正规学习、非正规学习和非正式学习组成,涵盖了所有学习形式。① 社会成员的学习行为贯穿他成长的每个阶段,是终身学习体系的最根本特征。②

① 韩民:《中日韩终身教育体系建设比较研究》,《终身教育研究》2017 年第 8 期。
② 任杨阳:《未来全民终身学习实施机构改革前瞻性研究》,沈阳师范大学硕士学位论文,2021 年。

因为社会职业岗位有多种不同的需求，存在于正规学校之外的其他培训机构也是由教师引导学生进行有组织和有计划的学习活动，但是其与正规学校相比没有那么规范，所以出现了这种是正式的学习但却不是正规的学习的形式。非正式学习还包括家庭和社会学习，虽然这种教育不是由教育机构牵头进行教学活动，但也是教育者对学习者进行有目的的教授。因此，目前的教育主要分为三种：正规教育、非正规教育和非正式教育。[①] 学者们对终身教育类型的划分还有很多，但大部分学者都是通过这三种方式进行划分的。因此，本书面向未来的全民终身学习实施机构改革也从正规学习实施机构、非正规学习实施机构和非正式学习实施机构三个方面进行划分。

2.正规学习实施机构子范畴体系

在中国知网、超星图书馆以"正规学习实施机构""正规教育机构""正规教育"等为题名或关键词进行检索之后，分析发现正规学习在大方面上离不开课程、科研、教学和技能。有学者对未来正规学习实施机构发展做出了预测：学习本质更加自主，内容更加定制，时间更富弹性，机构更加开放，形式更为丰富。在对沈阳某大学 B 教授进行访谈之后，B 教授认为对于正规学习实施机构的范畴划分，从课程研发、教学、科研和技能学习方面划分已经基本可以涵盖正规学习实施机构的范围。因此，本书从正规学习实施机构的工作类型对正规学习实施机构的子范畴体系界定为课程研发实施机构、科研实施机构、教学研究实施机构和技能学习实施机构。[②]

3.非正规学习实施机构子范畴体系

我国大部分学者认为非正规教育的形式包括家庭、社会、社区、继续和老年教育等。而在教育机构方面，孙绵涛认为教育实施机构主要包括家庭教育机构、学校教育机构和社区教育机构。[③] 综合以上学者的研究成果，本书认为非正规学习实施机构从学习形式的不同上可以划分为家庭学习实施机构、社会学习实施机构、社区学习实施机构、继续学习实施机构、老年学习实施机构。

4.非正式学习实施机构子范畴体系

在中国知网、超星图书馆以"非正式学习实施机构""非正式教育""非正式教育机构"等为题名或关键词进行检索之后，可以发现大部分学者认为非正式

---

① 欧阳珺茜、杨广晖：《对终身学习与终身学习体系的科学涵义的分析与界定》，《学理论》2010 年第 11 期。

② 任杨阳：《未来全民终身学习实施机构改革前瞻性研究》，沈阳师范大学硕士学位论文，2021 年。

③ 孙绵涛：《教育现象的基本范畴研究》，《教育研究》2014 年第 9 期。

学习包括各类带有公益性质的机构,比如图书馆、博物馆等科普场馆以及网络、传统媒体等。因此,本书将非正式学习实施机构的子范畴划分为网络媒体机构、纸质媒体机构和各类科普场馆。

(四)未来全民终身学习实施制度改革的理论分析框架

要构建面向未来全民终身学习实施制度改革的理论框架,首先要辨析以下几种概念之间的关系:一是学习实施制度与学习实施机构的关系,二是学习实施制度改革与终身学习体制改革的关系,三是学习实施制度改革对学习实施机构改革的协调作用。其次要分析为什么本书要从这几个子范畴来构建终身学习实施制度改革。

1.学习实施制度与学习实施机构的关系

由于体制是机构与制度的统一体,机构与制度相互联系、共同作用,因此,全民终身学习的实施体制是全民终身学习实施机构和实施制度的统一体。全民终身学习实施机构是全民终身学习实施制度的载体。与此同时,学习实施制度指的是建立并维持学习实施机构正常运转的必要保障。在服务全民终身学习需求的过程中,只有学习实施机构与学习实施制度相结合,才能构成完整的全民终身学习实施体制。

2.学习实施制度改革与终身学习体制改革的关系①

在实施体制的两个基本要素中,实施机构是实施体制的载体,实施制度是实施体制的核心。没有实施机构,制度就失去赖以存在的组织基础。没有实施制度,机构也就无法建立,即使建立了也难以正常运行。② 终身学习实施体制改革的内涵是学习实施机构和学习实施制度的改革,其核心就是学习实施制度的改革,即对学习实施机构职责权限制度的改革。因此,本书从制度是体制的核心入手来进行终身学习体制的改革。终身学习实施体制想要改革,就必须进行终身学习实施制度的创新变革,只有核心要素改变了,整个体制才能发生改变。

3.学习实施制度改革对学习实施机构改革的协调作用③

学习实施制度指的是建立并维持学习实施机构正常运转的制度。学习实施制度规定着机构的职责权限和机构内人员的岗位责任。④ 机构建立的过程也是制度形成的过程,因此我们可以说,学习实施机构改革的过程也是学习实施

① 陈思文:《未来全民终身学习实施制度改革前瞻性研究》,沈阳师范大学硕士学位论文,2021 年。
② 孙绵涛:《关于体制改革与制度创新关系的思考》,《晋中学院学报》2009 年第 6 期。
③ 陈思文:《未来全民终身学习实施制度改革前瞻性研究》,沈阳师范大学硕士学位论文,2021 年。
④ 孙绵涛:《关于体制改革与制度创新关系的思考》,《晋中学院学报》2009 年第 6 期。

制度改革的过程。这也就是说，学习实施机构改革了，学习实施制度也必须进行改革。那么当学习实施制度改革时，是否学习实施机构就必须得改革呢？对于这种情况要做具体分析。第一，要看改革什么制度，第二，要看机构是改革还是变革。当要改革的制度涉及机构的性质、职能或涉及机构的生存和发展时，这时制度的改革必然引起机构的改革。当然，这种改革是一种变革性的改革，而不是一般的改革。当要改革的制度没有涉及机构的性质、职能或机构的生存和发展时，这时机构就不会随之改革即变革，而还保持相对的稳定性。如只是出台一些机构工作方面的新的制度，这只是对机构制度的一种完善，而机构不一定会发生变革，这时制度与机构的改革就不一定是同步的。如果把机构内某些制度的改革也看作是机构的改革的话，也只是机构改革中的某些制度改革而已。从这个角度来说，制度的改革也引起了机构的改革，制度改革与机构改革也是同步的。[①]

制度理论认为，机构总是存在于一定的环境之中，为了得到环境的支持和在环境中得以生存，机构必须与环境保持一致。[②] 在未来全民终身学习的新环境下，新的环境诞生了新的需求，会发生两种情况：一种情况是某些学习实施机构的性质、职能会改变，一些新机构会产生、旧机构会消亡，这时学习实施制度的改革就必然要引起学习实施机构的改革；另一种情况是只是面向新的需求出台一些机构工作方面的新制度，这时规范与机构的改革就不一定是同步的了。在未来的新环境、新需求下，这两种变革都会产生，但无论怎样变革，制度都要保障组织正常运转，要把组织中的人与人、人与组织协调好，这样才能协调和保障机构的正常运转。

4.终身学习实施制度子范畴的理论构建

前文已经说明了本书为什么分为正规学习、非正规学习以及非正式学习三大范畴来构建未来终身学习实施制度改革。以下对正规学习实施制度子范畴的构建、非正规学习实施制度子范畴的构建、非正式学习实施制度子范畴的构建进行说明。

(1)正规学习实施制度子范畴的构建

本书从课程研发、教学、科研学习以及技能学习四个子范畴划分正规学习实施制度改革。首先，要说清楚什么是正规学习。在前文的论述中，认为正规学习就是在正规教育机构中进行的学习行为。这里的正规教育机构就是学校。

---

① 孙绵涛：《体制论》，《南阳师范学院学报》2009 年第 2 期。

② 任增元：《制度理论视野中的大学行政化研究》，大连理工大学博士学位论文，2012。

其次,需要说明什么是实施制度,要说明什么是实施制度就先要说清楚什么是实施机构。基于教育体制论,学习实施机构即各级各类学校,但不包含学校内部的管理机构。因此,针对正规学习实施机构所制定的学习规范就是正规学习实施制度。

在界定了正规教育实施制度含义的基础上,接下来需要论证为什么从课程研发、教学、科研以及技能学习四个子范畴划分。面向未来展望,本书认为各级各类学校目前针对课程研发的制度非常少,基本上都是国家统一发放的学习材料,没有独具特色的课程,或者有独具特色的课程却没有健全的课程研发制度。未来,人们的学习需求越来越多元化,统一固定或类似的课程无法满足多元的学习目的,必然需要完善课程研发的学习实施制度。[①] 在与学者的访谈中也涉及了这个问题,Y 教授认为,正规学习应完善课程研发的学习实施制度,以保障未来学习者可以学习到更具特色的、能够满足多种学习需求的课程。

在正规学习中,教师传授很重要,学习者所处的学习阶段越低,对教学的依赖性就越强,因此未来的教学实施制度改革也尤为重要。在与 Y 教授的访谈交流中,Y 教授提出未来的教学手段应该更加科技和智能,教学要更加具有针对性和多元性。本书也如此认为,更加多元化、个性化、科技感十足的教学实施制度应在未来得到完善。

科研机构当前在正规教育中绝大部分只存在于高校,未来高校的科研平台应该帮助更多的学习者,为他们提供学习资料。科研是高校的一个亮点也是重点,未来高校科研机构的学习实施制度有待完善,以帮助更多的学习者进行学习。因此,本书认为正规学习实施制度中理应包含科研学习实施制度。

在正规教育中,职业技术学校也是正规学习机构中的重要一环,在未来如何对技能学习进行培养,需要更加完善的技能学习实施制度来加以引导和支撑,为职业技术院校指明改革方向。

综上所述,是本书从课程研发、教学、科研学习以及技能学习四个子范畴划分正规学习实施制度改革的原因。

(2)非正规学习实施制度子范畴的构建

本书梳理了大量文献资料,通过对文献的整理分析发现,非正规教育没有正规教育在时间和空间上的特殊限制,因此其包含的内容更加广泛。本书将非正规学习实施制度分为家庭学习实施制度、社会学习实施制度、社区学习实施制度、继续学习实施制度、老年学习实施制度、辅导机构学习实施制度。以上几

① 陈思文:《未来全民终身学习实施制度改革前瞻性研究》,沈阳师范大学硕士学位论文,2021 年。

类基本涵盖了非正规学习的全部途径。①

林良章在《终身教育学——理论与实践》中提道:“关于终身教育学科体系建构,可以从终身教育概念出发进行建构。从纵向来说包括:生命化教育是重点,学前教育是起点,学校教育是基础,继续教育或成人教育(包括老年教育)是主力军等方面,在这里,生命化教育是总的要求,其他方面是分的要求。从横向来说包括:学习型组织建设(社区、公司、城市、农村、单位等)、社区教育、远程教育等。其中,学习型组织建设是关键;社区教育是终身教育的主阵地(老年教育是突破口、妇女教育是重要的一个方面)。远程教育是终身教育的最佳途径和重要手段。职业(技术)教育、成人教育和继续教育是终身教育在不同阶段的一定层面的不同表达形态或方式。这种粗略的建构,还需要不断完善。”②

吴遵民提出,以终身教育理念为导向的现代国民教育体系应由两个主要部分组成:一是制度化的,以知识教育为主的教育形态,它以正规的学校教育为主要表现形式;二是非制度化的,以自主的、自愿的、自由的乃至自助型的教育形态为主,它以各种学校外的非正规教育及非正式教育为主要表现形式。其中,非正规教育是对有组织的教育机构以外所从事的教育活动的统称,如农民教育、成人识字计划、社区教育计划等。③

(3)非正式学习实施制度子范畴的构建

本书认为,未来非正式学习平台的实施制度重点应关注线上学习与线下学习的有机融合,尤其是数字化教育趋势背景下线上学习资源供给以及科普场馆教育职能的完善。在此基础上满足不同人群、不同学习需求的平台建设与完善,进而实现服务全民终身学习的各项制度改革。同时,也要注重非正式学习成果的转化,这是促进非正式学习发展的重要手段,可以激发全民终身学习的热情。因此,将非正式学习实施制度划分为非正式学习成果的认证制度、网络媒体学习的实施制度改革、纸质媒体学习的实施制度改革以及科普场馆学习的实施制度改革。④

① 陈思文:《未来全民终身学习实施制度改革前瞻性研究》,沈阳师范大学硕士学位论文,2021年。

② 林良章:《终身教育学——理论与实践》,中国轻工业出版社2019年版,第26页。

③ 吴遵民:《关于完善现代国民教育体系和构建终身教育体系的研究》,《中国教育学刊》2004年第11期。

④ 陈思文:《未来全民终身学习实施制度改革前瞻性研究》,沈阳师范大学硕士学位论文,2021年。

未来全民终身学习实施制度改革基本理论框架如图 5-3 所示。

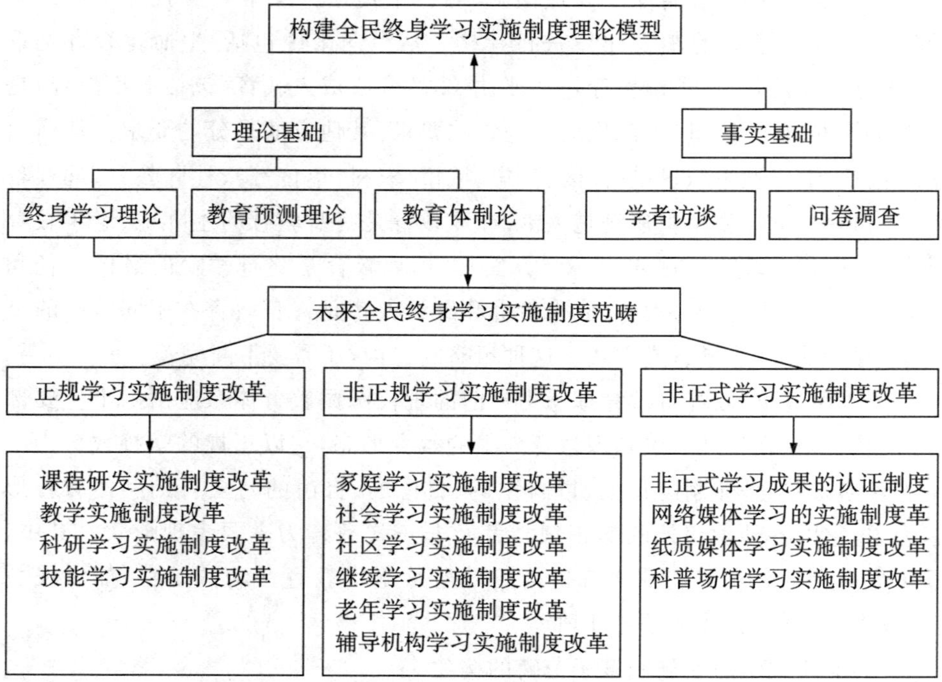

图 5-3　未来全民终身学习实施制度改革基本理论框架

第六章　未来全民终身学习实施体制需求预测

基于服务全民终身学习的教育实施体制改革趋势分析的理论框架，本章将从更为具体的现实实践层面，通过问卷调研、数据分析和需求预测等方法，探讨全民终身学习对实施体制改革提出的新需求。

一、问卷设计与检验

面向未来，终身学习实施制度发展与改革是理论界和教育工作者都面临的重大问题。当前我国正处于信息高速发展的大数据时代，在未来终身学习的发展趋势也必然与信息化息息相关。近 20 年的教育实践研究表明，学习正在逐渐走向现代化、数据化、智能化。同时，终身学习也必然会逐渐走向个性化，从学习者自身的真正需求出发去构建学习实施制度。从新时代社会的发展需求和国家战略发展的高度来看，建立终身学习体系将成为未来社会优化的重中之重。在社会活动中，每个人都可以学习，可以在任何地方学习，可以在任何想学习的时间学习。这不仅可以促进人的全面发展，实现生活价值，而且可以增进社会组织的内部发展和创造力。这是社会极为深刻的变化，也是社会进步的重要标志。

（一）问卷研制

本书将未来全民终身学习制度改革划分为正规学习实施制度改革、非正规学习实施制度改革与非正式学习实施制度改革三个维度进行问卷设计与调查。设计问卷共经历了三个阶段：第一阶段，根据划分的三大维度的核心内容与问题，梳理了大量关于本书确定的三个维度的相关学术文献，搜索查阅现有研究成果与其所运用的问卷工具和量表设置，进行归纳总结。第二阶段，对问卷所选问题进行了多次推敲修改，问卷拟面向相关研究者、学生、家长、普通社区居民、老年人发放,研究问卷的结构以及对各维度的支持形成问卷初稿。第三阶段,对问卷初稿进行预测,征求相关研究学者的意见,再通过反馈修改问卷内容,形成最终版的调查问卷。

（二）问卷抽样调查情况

本书选取相关研究学者、学生、家长、普通社区居民、老年人作为调查对象,调查以上几类人员对于未来全民终身学习实施制度改革的需求(见附录三)。本书发放问卷2329份,最终回收有效问卷2329份,回收率100%。回收的有效问卷通过Excel进行数据录入,使用SPSS 23.0对回收问卷做了信度与效度分析。

（三）问卷信效度检验

1.效度分析

研究效度是研究品质的标杆,研究效度代表了研究结果的可靠性和普遍性。本书借鉴了吴明隆对效度的解释,效度(Validity)是研究中的测验,能够测出该测验所想要测出来的心理或行为特质的程度。本书主要运用了探索性因子和验证性因子的分析方法,检验本书的效度。探索性因子分析结果中KMO值为0.988,sig值0.000,均达到显著性的指标。按照特征值大于1的标准提取因子,总解释率79.072%,如表6-1所示。

表6-1 问卷效度分析结果

	观测变量	KMO	Bartlett球状检验显著性
正规学习实施机构	Q8—Q9、Q14—Q16	0.934	0.000
非正规学习实施机构	Q10—Q11、Q17—Q19	0.962	0.000
非正式学习实施机构	Q12—Q13、Q20—Q22	0.970	0.000
正规学习实施制度	Q23—Q25	0.971	0.000
非正规学习实施制度	Q26—Q29	0.974	0.000
非正式学习实施制度	Q30	0.870	0.000
累积解释	79.072%		

2.信度分析

信度分析检验量表工具检验所测结果的一致性和稳定性,信度值越高,说明问卷的内部一致性越好。本书利用 SPSS 23.0 软件进行信度分析。

本书主要用的信度检验方法主要是 α 内部一致性系数。α 系数在 0.80 以上测验结果才比较具有使用的价值。统计分析结果表明,各分量表及总量表的 α 系数均在 0.70 以上,说明问卷具有较高的一致性和稳定性。由此可判断,该量表所测量出的信度结果是令人信服的(见表 6-2)。总体问卷信度值为 0.992,各测量项目中问卷信度值均大于 0.75,说明问卷具有较高的信度。[①]

表 6-2 问卷信度分析结果

	项目数量	α 系数
总问卷	93	0.992
正规学习实施机构	13	0.924
非正规学习实施机构	24	0.968
非正式学习实施机构	21	0.980
正规学习实施制度	15	0.985
非正规学习实施制度	16	0.986
非正式学习实施制度	4	0.964

二、未来全民终身学习实施机构改革需求预测

未来全民终身学习对学习实施机构提出的新需求分为对正规学习实施机构提出新需求、对非正规学习实施机构提出新需求、对非正式学习实施机构提出新需求。

(一)未来全民终身学习对正规学习实施机构改革提出新需求

科学技术的不断进步日益影响着我们的学习和生活,互联网、大数据与正规学习实施机构更加融合,因此正规学习实施机构服务职能的广度和深度必然发生深刻变化。经过发放问卷并对数据进行整理,对全民终身学习正规学习实施机构需求预测得出结论。

1.未来教学实施机构更加注重满足学生的课外学习需求并为教室重新赋能

① 陈思文:《未来全民终身学习实施制度改革前瞻性研究》,沈阳师范大学硕士学位论文,2021 年。

在不久的将来,在固定时间和固定地点学习的这种传统学习模式将会随着科技的发展而被革新。学习时间和空间的改革能够满足未来社会和学习模式的需求。多样的、丰富的学习模式更有利于学生根据自身情况定制适合自己的、独特的、自由的、开放的、弹性可变的教室空间,不受时间和空间限制,随时可以接受教育。①

在针对"未来的幼儿园、小学、中学和大学是否需要为学生课外随时学习提供服务"的问题中,超过46%的人认为需要,11.3%的人认为非常需要,只有26%左右的人认为不需要或不太需要(见图6-1)。因此,未来教学实施机构应更加注重满足学生随时想学的课外学习需求,以进一步提升学生学习的积极性和主动性。

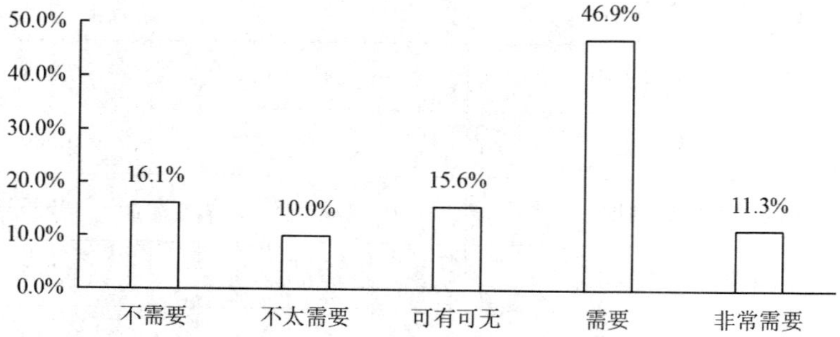

图6-1 未来学习是否需要为学生课外随时学习提供服务

此外,在被问及"未来各大中小学需要使教室同时具备哪些学习辅助功能"时,有超过81%的人认为未来教室需要或非常需要具备教师办公的功能,超过86%的人认为需要或非常需要具备课堂观摩的功能,超过92%的人认为需要或非常需要具备实验实践的功能,超过88%的人认为需要或非常需要具备资源远程共享的功能(见图6-2)。由此可见,未来各大中小学的教室应当具备多重功能,以使教室更好地满足不同群体的学习需要。因此,应注重为教室重新赋能,使其更好地为终身学习个体服务。

① 任杨阳:《未来全民终身学习实施机构改革前瞻性研究》,沈阳师范大学硕士学位论文,2021年。

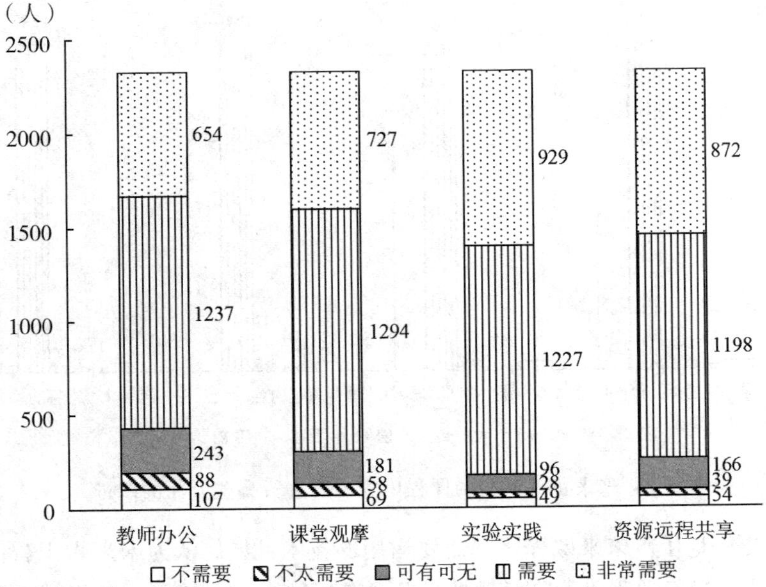

图 6-2　未来教室需要同时具备哪些学习辅助功能

2.未来课程研发实施机构更加注重课程的交互性和研发的智能性

大数据时代新型学习模式正从传统的工业文明时期“三个中心”学习模式向以互联网为依托、教育者进行指导的学习者自发性学习、创造性学习、研究性学习方向转变。这种新型学习模式需要以互联网为依托才可以在未来茁壮发展。这种学习模式发展的趋势走向，恰好是现在正处于优势地位，而且终将逐渐演变为更加成熟的智能学习系统和人机共生模式。[①]

未来正规学习实施机构的课程研发在内容上将更加注重课程的交互性和体验性，以改变现有的单线式的学习模式，并且在课程研发上将采用更加智能的技术，以满足学习者的个性化学习需求。在调查研究中，针对“未来正规学校的课程内容需要进行哪些方面的改进”问题，有超过 93％的人认为应增强课程目标的可操作性，有接近 94％的人认为应增强课程内容的体验性，还有超过 93％的人认为应增强课程内容的交互性和整合性（见图 6-3）。因此，在未来，课程研发实施机构应注重对课程目标和课程内容进行进一步的优化和改进，使课程目标更加容易考核和实施，使课程内容更加符合学生的学习发展规律，给予学生更好的学习体验。

① 任杨阳：《未来全民终身学习实施机构改革前瞻性研究》，沈阳师范大学硕士学位论文，2021 年。

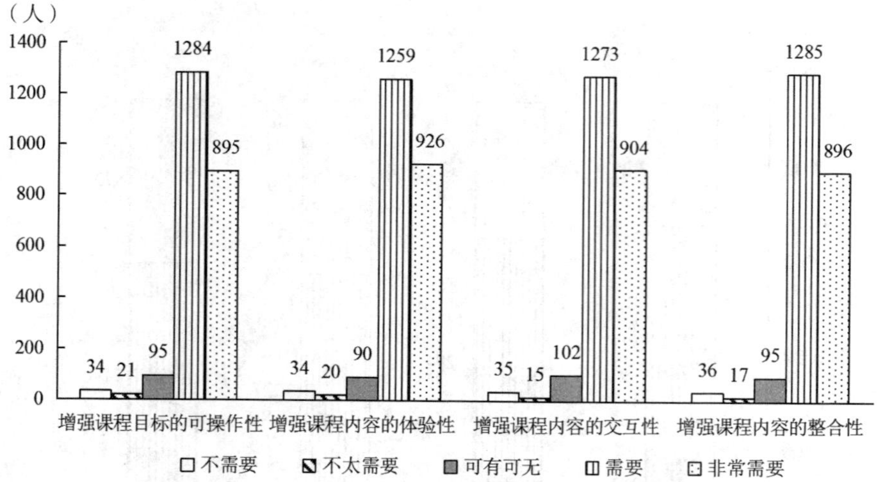

图 6-3　未来正规学校的课程内容需要进行哪些方面的改进

为了更好地了解未来课程研发需要运用的技术,以"您认为未来人工智能需要采用哪种方式进行课程研发"进行提问,发现有超过 90%的人认为需要或非常需要使用"物联网+云计算"进行课程研发,有 91%的人认为需要或非常需要使用"AI+大数据"进行研发,还有超过 91%的人认为需要或非常需要使用"5G+全息技术"进行研发(见图 6-4)。由此可见,未来课程研发技术将更加智能化,同时注重使用多重技术进行联合开发,使课程内容更加科学合理,同时能够便于收集学生的学习数据,方便进行学习诊断和学习改进,以智能化技术为终身学习赋能。

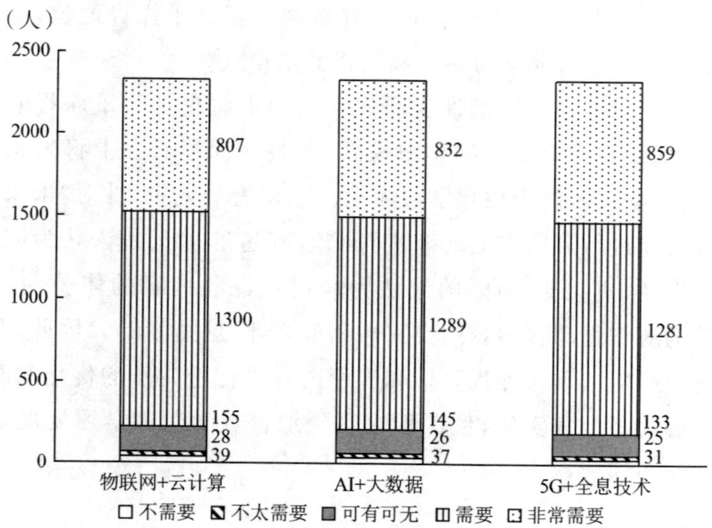

图 6-4　未来人工智能需要采用哪种方式进行课程研发

3.未来科研实施机构将更加注重科研成果的推广和转化

众所周知,科研成果的成功推广和转化是科研取得重大成功的实际表现,这既意味着科研取得了重大进展与突破,也意味着科研成果的成功落地和使用,能为国家和社会创造更大的价值。因此,科研成果的推广和转化对科研实施机构来说至关重要。在问及"未来大学是否需要内设专门负责科研成果推广和转化的专门机构"的问题时,有超过83%的人认为需要,其中有21.4%的人认为非常需要(见图6-5)。由此可知,未来科研实施机构应注重推广和转化科研成果,切实提高科研成果的转化率和使用率,为社会和人民提供更便利更高质量的生活奠定基础。

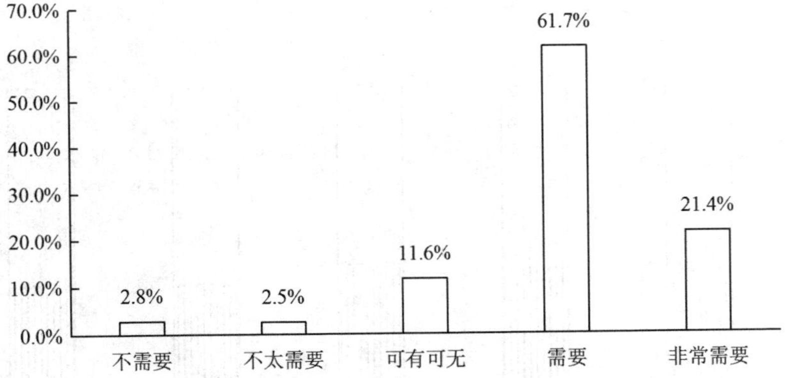

图6-5 未来大学是否需要内设专门负责科研成果推广和转化的专门机构

(二)未来全民终身学习对非正规学习实施机构改革提出新需求

未来的非正规学习实施机构不只局限于固定场所,任何场景都可能成为学习地点,信息技术和智能在线学习的快速发展为学习地点的延伸奠定了基础、提供了帮助。朱漪提出了"无缝学习"的概念。无缝学习即求学的人在想学习的时候,可以在各式各样的环境中随时随地学习,而且可以以电脑、手机等智能设备为手段达到快速学习的目的。无缝学习的方法包括向教师、父母、专门人员学习,以及个人学习、社区学习、团队学习等。无缝学习的环境是学习因素的高度整合。无缝学习可以使学习资源进一步优化,促进个性化学习的发展,使学习者主动进行学习。另外,无缝学习也给学生带来了挑战,即学习应该怎样设定学习的目标、自我调节和自己掌握学习的进度,进而成为一个优秀的主动学习者。为了更好地了解个体对非正规学习实施机构的需求,本书从社会学习实施机构、家庭学习实施机构、继续学习实施机构和老年学习实施机构等方面进行了问卷调查[①],调查结果包括如下几个方面。

1.未来社会学习实施机构的课程与教学将更加注重多元化和数字化

在问及“您认为未来校外培训机构需要提供哪些个性化的课程服务”时,有近80%的人认为应提供体劳技能类课程,近85%的人认为应提供艺术素养类课程,超过85%的人认为应提供家庭教育类课程,超过87%的人认为应提供情绪管理类课程,还有近88%的人认为应提供思维训练类课程(见图6-6)。可见,未来终身学习者将更加倾向于学习家庭教育类、情绪管理类以及思维训练类课程,学习需求更加多元化和个性化。因此,社会学习实施机构应更加注重提供多元化和个性化的课程内容,以更好满足个体学习者的相关学习需求。

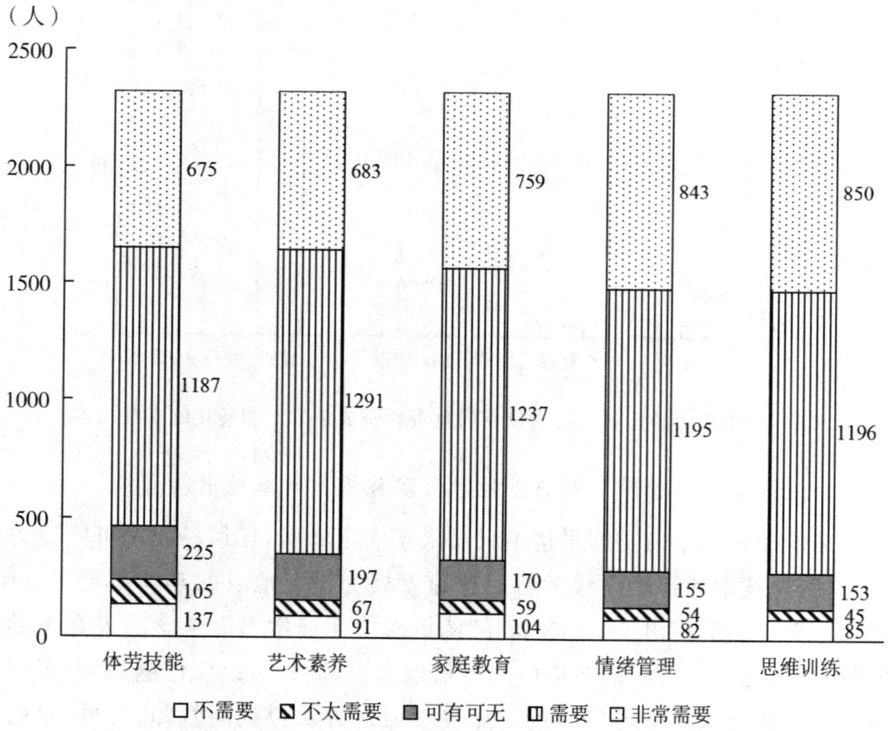

图6-6 未来校外培训机构需要提供哪些个性化的课程服务

此外,为了更好地了解个体学习者未来所期望的教学方式,特意进行了提问,即“您认为未来校外教育培训机构是否需要采用以下更加数字化的教学方式”。在收集到的回答中,有75%以上的人认为应采用项目式教学,有80%以

① 任杨阳:《未来全民终身学习实施机构改革前瞻性研究》,沈阳师范大学硕士学位论文,2021年。

上的人认为应采用精准化教学，有76%以上的人认为应采用人机协同教学，还有80%以上的人认为应采用交互式教学(见图6-7)。足以看出，未来个体学习者所期望的教学方式将与目前大不相同，他们更加倾向于有个性化、有任务性、有针对性以及交互性的教学方式。因此，未来社会学习实施机构应朝这些方向努力，提供更加多样化和数字化的教学方式。

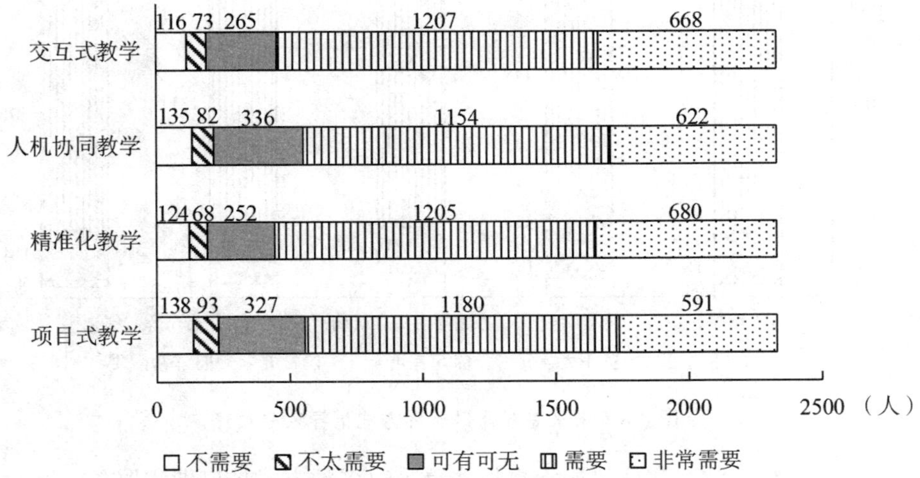

图6-7　未来校外教育培训机构需要采用哪些更加数字化的教学方式

2.未来家庭学习实施机构将更加专业化和多样化

父母是孩子的第一任老师，家庭是孩子一生中待的时间最长的地方，也是受影响最深的地方。因此，良好的家庭教育对孩子的健康成长至关重要。随着我国义务教育的全面普及和国民文化素质的大幅度提高，越来越多的人注意到了家庭教育的重要性，越来越多的家长投入到了家庭教育的学习中，为进一步提高家庭教育质量奠定了基础。但是，目前家庭教育的学习实施机构还不健全，可供选择的有质量保障的机构非常有限。为了更好地了解大众对家庭学习实施机构的未来选择，提出了“您认为未来需要通过以下哪种方式指导家庭教育”的问题。调查结果显示，超过85%的人选择科普场馆，超过76%的人选择母婴学校，超过84%的人选择家庭学习指导机构，85%的人选择网络学习平台，近87%的人选择高校课堂(见图6-8)。可以看出，大众需要更加专业化和多样化的家庭学习实施机构，并且可以看到未来高校在家庭教育学习方面将会有更加突出的贡献。因此，未来家庭学习实施机构将以专业化和多样化为导向，在不断专深精进的过程中，以更为丰富的形式为个体提供更多不同的选择。

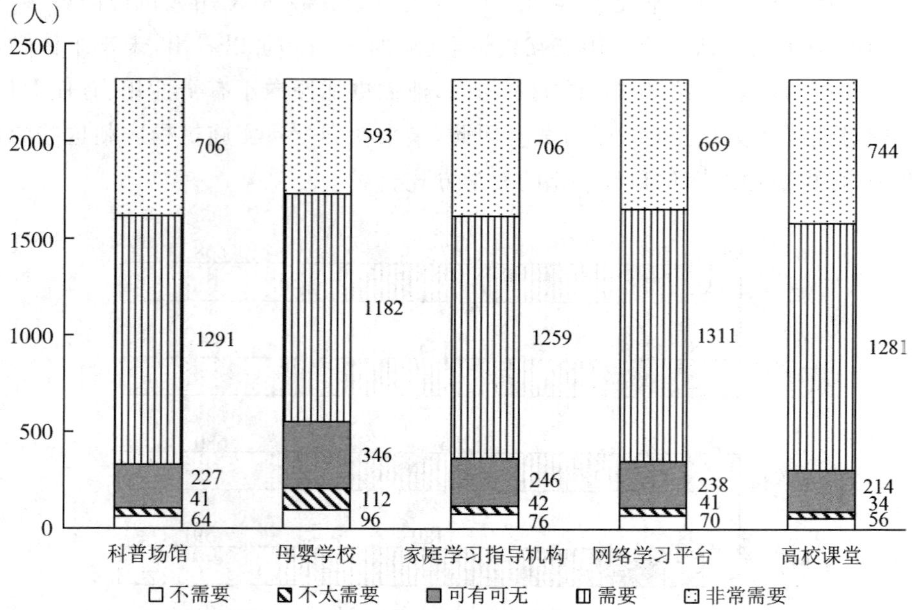

图 6-8　未来需要通过哪种方式指导家庭教育

3.未来继续学习实施机构将更加注重采取多种方式推广课程服务

在未来继续学习实施机构将越来越多，各学习实施机构间竞争力将变大，这就需要各学习实施机构大力增加客户信度，提升客户忠诚度，使客户更加明确、清晰地感受到机构为学习者付出的努力。因此，未来继续学习实施机构将更加注重运用多种方式推广课程服务，把教学的过程和服务的过程传递、展示给个体，把机构对学习者所做的一切价值显性化，以带来溢价效应和流量。为了更好地了解个体未来更倾向于何种课程服务推广方式，进行了相应调查。在调查结果中，88%以上的人选择精准化推广，81%以上的人选择视频推广，78%以上的人选择直播推广，88%以上的人选择体验式推广，近 90%的人选择知识传播或科普式推广（见图 6-9）。由此可见，未来视频和直播仍是重要的推广方式之一。但是也可以看到，未来大众越来越注重课程推广的体验感和针对性，并且知识性的传播将更加受到大众的青睐。为了迎合未来大众喜欢和接受的课程服务推广方式，未来继续学习实施机构应以知识性推广为主，以其他推广方式为辅，将多种推广方式相结合，以达到更好的推广效果。

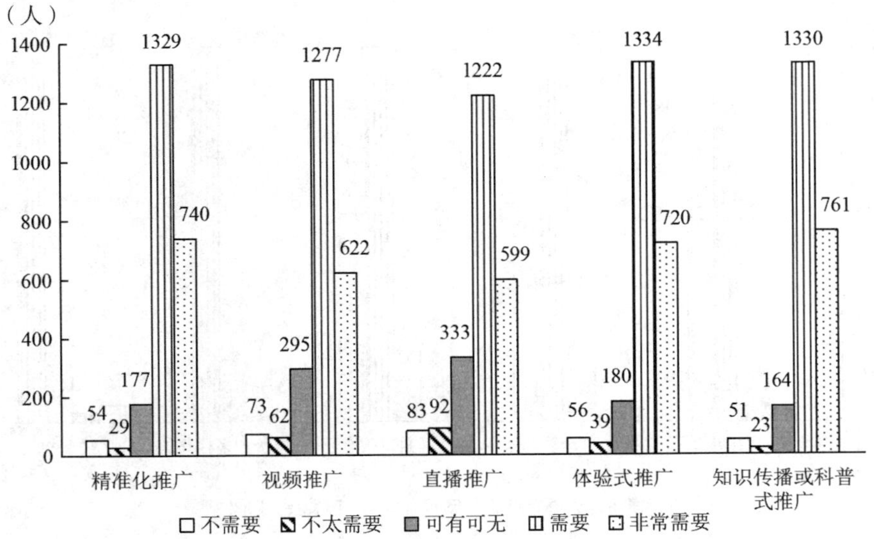

图 6-9 未来继续学习机构需要采用哪种方式推广课程或教育服务

4.未来老年学习实施机构将更加专业化和共享化

按照联合国标准，一个国家或地区的 65 岁及以上老年人口占比一旦超过 7%，即可被认定为进入“老龄化社会”，而占比超过 14%则意味着进入“老龄社会”，若占比超过 20%则迈入“超老龄社会”阶段。根据国家统计局统计数据，截止到 2021 年底，中国 65 岁及以上老年人口总数达到了 2 亿，占总人口比例达到了 14.2%，标志着中国正式进入“老龄社会”。这意味着未来老年人群体将越来越庞大，他们的终身学习需求应该引起更多关注。因此，老年学习实施机构也应得到进一步丰富和健全，以满足老年群体不同的学习需求。为了更好地了解构建完善的老年学习实施机构应具备哪些条件，我们设计了“您认为未来老年学习机构需要具备以下哪些办学条件”的问题。在收集到的回答中，超过 87%的人认为需具备专业化的教师队伍和多元化的办学主体，超过 90%的人认为应与社区共享教育资源并提供多层级和多样化的学习内容，超过 86%的人认为应具备线上线下相结合的学习方式（见图 6-10）。可以看出，未来老年学习实施机构应具备专业的师资队伍、多元的办学主体、共享的教育资源、多样的学习内容以及便利的学习方式，这也意味着未来老年学习实施机构将从业余性的或附生性的学习实施机构变为更加专业化的独立的学习实施机构。

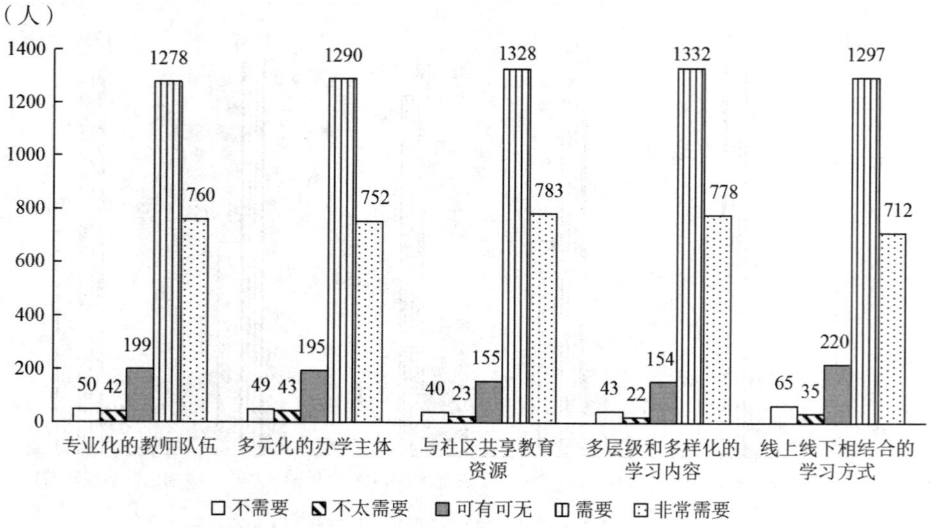

图 6-10　未来老年学习机构需要具备哪些办学条件

(三)未来全民终身学习对非正式学习实施机构改革提出新需求

2020 年,受疫情影响,线上服务优势凸显,促进了非正式学习实施机构的数字化改造,这一举措为学习者学习文化、进行文化交流提供了一个全新的平台。这种潮流是必然的,它的前景也是不可估量的,因此“线上展览”“线上直播”“线上活动”等服务在各个展馆开展。随着生活的不断提高,人们的需求也从简单的吃饱穿暖转变为更高层次的精神文明的需求。要满足人们对精神世界的向往,更要加速推进科学技术的发展,加速推进展馆数字化。信息技术的快速发展,使学习内容的数字化生产和转化高效而便捷,推动着学习方式从物理式的读书、记笔记、听广播、看电视拓展到数字化、电子化。① 如智能手机和平板电脑已渐渐成为人们学习的常用工具,这为个体想随时随地学习提供了便利条件,也加速了非正式学习实施机构的进一步改变。本书根据非正式学习实施机构类型的不同,分为网络学习平台、纸质媒体机构和科普场馆三类,其中科普场馆主要包括图书馆、科技馆、文化馆等,以进一步了解大众未来对非正式学习实施机构的期望。

1.未来网络学习媒体将更加注重提供智能化服务和多元化传播

随着科学技术的高速发展,学习者对互联网的操作越来越熟练,网络学习

① 任杨阳:《未来全民终身学习实施机构改革前瞻性研究》,沈阳师范大学硕士学位论文,2021 年。

媒介一定会被更广泛运用，而且将会成为学习者未来学习的主要平台之一。曾有学者指出，在19世纪，我们的阅读以作家的创作为主；20世纪则以记者为主，主要通过记者的描述获取消息；来到科技高速发展的21世纪，最受欢迎的方式就是以网络为载体的线上学习。因此，有必要了解大众期望未来网络学习媒体提供何种学习服务。调查结果显示，93％以上的人认为应提供优质教学资源的共建共享，92％以上的人认为应提供教学数据、学习数据的分析、挖掘和可视化，91％以上的人认为应智能管理教学活动和提供智能可视化学习评价（见图6-11）。可以看到，学习者个体未来更注重网络学习媒介优质教学资源的共享、学习数据的可视化和智能化的学习评价。这意味着未来网络学习媒介应深入挖掘和分析个体的学习数据，并以人工智能为抓手，智能化地为学习者提供有针对性的学习评价和学习建议。

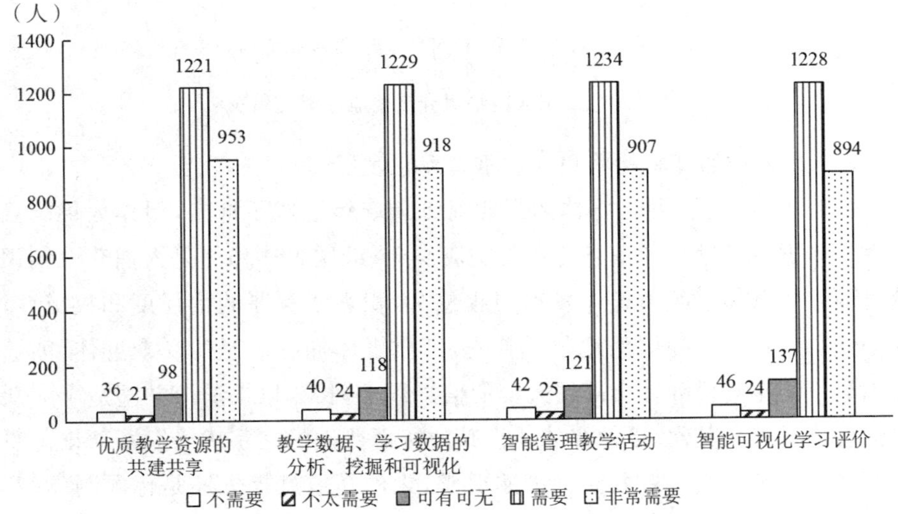

图6-11　未来网络学习平台需要为学习者提供哪些服务

此外，为了进一步了解提升网络学习媒介的推广和传播效果，特对未来大众可接受的网络学习媒介传播方式进行了调查。发现87％以上的人认为未来网络学习媒介应以云技术平台为主要支撑和实现传播内容定制化，89％以上的人认为应实现传播渠道多元化，88％的人认为应实现传播方式视频化（见图6-12）。因此，未来要想有效提升网络学习媒介的传播效果，应从传播技术、内容、渠道和方式多方面入手，进行系统规划，尤其是应注重采取多类传播渠道进行精准传播。

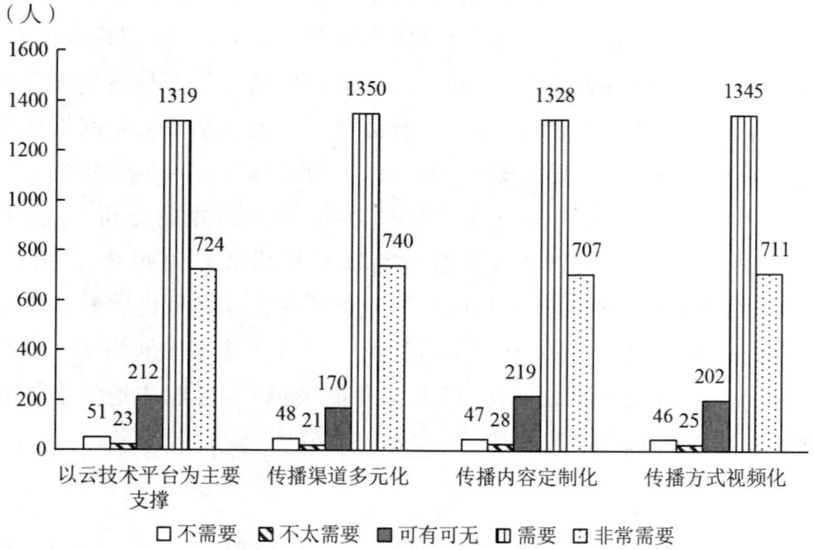

图 6-12　未来网络媒介需要具备哪些特征

2.未来纸质媒体机构将更加注重智库化发展

尽管电视广播、网络媒体的兴起对纸质媒体造成了冲击,但作为传统且长久以来占据主导地位的信息传播与交流媒介,纸质媒体仍然是人们获取知识和信息的重要载体。纸质媒体发展历程悠久,积累了深厚的信任度和权威性,已在公众心中树立了稳固的地位。首先,纸质媒体拥有广泛的受众群体,能够轻松满足不同年龄段和社会阶层人群的信息需求,长久以来适应并塑造了大众获取信息的习惯。其次,纸质媒体凭借其独特而严谨的文字优势脱颖而出。每一篇新闻报道都对文字有着高标准的要求,无论是信息提炼还是标题制作,都有着独树一帜的风格,这使得读者在获取新闻资讯的同时,能够深刻体验到文字所带来的艺术美感和思想深度。① 因此,纸质媒体在未来较长一段时间内并不会随着网络媒体的发展壮大而消亡,反而可能借助新兴的互联网技术开辟一条新的发展道路。纸质媒体作为目前大众学习资料的主要载体,我们有必要对其未来发展进行一定的关注。在问及"您认为未来纸质媒体需要做出以下哪些改变"时,88%以上的人选择了与网络媒体合作更加紧密和报社平台专业化,89%以上的人选择了需求分析智能化,近 89%的人选择了出版机构智库化(见图 6-13)。可以看出,未来纸质媒体实施机构与网络媒体实施机构并不是对立

① 任杨阳:《未来全民终身学习实施机构改革前瞻性研究》,沈阳师范大学硕士学位论文,2021 年。

发展的，而应注重合作共赢。未来纸质媒体实施机构若想得到进一步发展，更应注重利用智能化手段对用户需求进行精准定位，并且以智库的形式进行更多的智力输出和形成更多的智慧成果，为个体进一步终身学习提供便利条件。

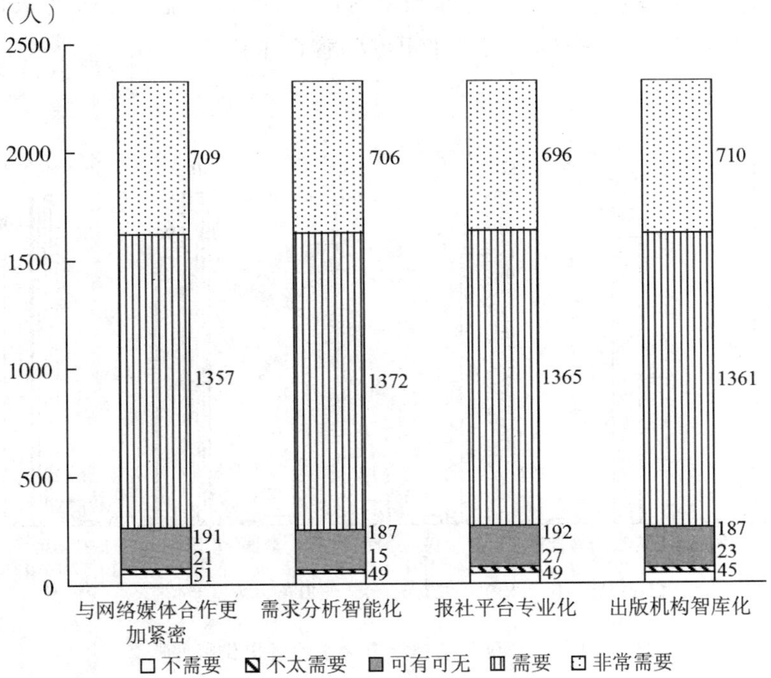

图 6-13　未来纸质媒体需要做出哪些改变

3.未来科普场馆将更加注重智能化服务与管理

科普场馆作为大众重要的科普学习场所，其自由、开放、社会化的教育环境以及丰富多样的教学资源和教学活动，在提升公民科学素质和个人素养方面日益发挥着重要作用，同时为公民的自主学习和终身学习提供了诸多便利。因此，未来科普场馆将越来越成为个体进行非正式学习的主要场所之一，并在其中承担着重要角色。为了解未来大众期望科普场馆提供何种学习服务以及应具备哪些特征，笔者进行了相关调查。在关于未来科普场馆需要提供何种服务的回答中，超过 95％的人认为应提供优质的学习资源，超过 93％的人认为应提供智能技术服务，超过 94％的人认为应提供优质的教学产品和良好的技术运营、维护与保障服务，近 93％的人认为应提供数据分析服务（见图 6-14）。此外，在关于未来科普场馆需要具备何种特征的回答中，超过 90％的人认为应具备馆藏资料数据化、场馆管理智能化、场馆体验可视化以及服务群体多元化等特征

(见图 6-15)。可见,大众对未来科普场馆最看重的服务是有优质的学习资源和学习产品,其次是智能化的技术支持和保障,并且普遍认为未来科普场馆应实行数据化和智能化管理,并使学习体验更具可感性。因此,未来科普场馆应持续努力提供和开发优质的学习资源和学习产品,并以智能化手段为依托,进行智能化管理和服务,为个体学习带来更好的感官体验。

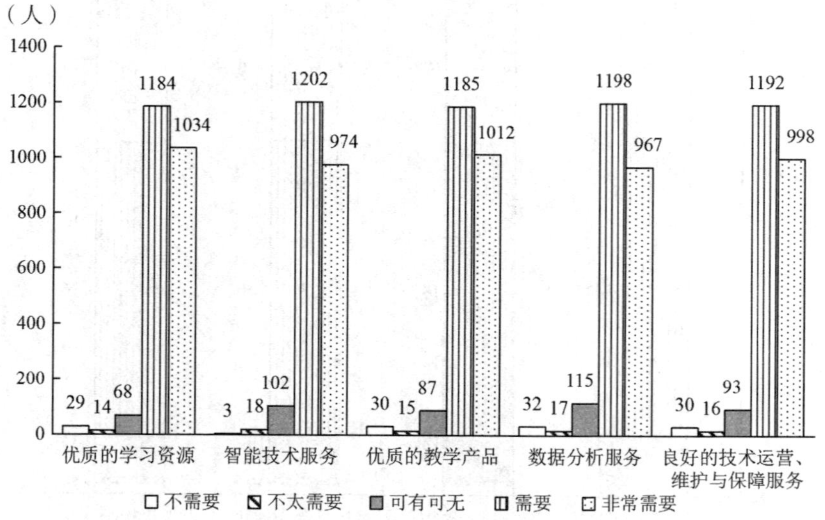

图 6-14 未来科普场馆需要为学习者提供哪些服务

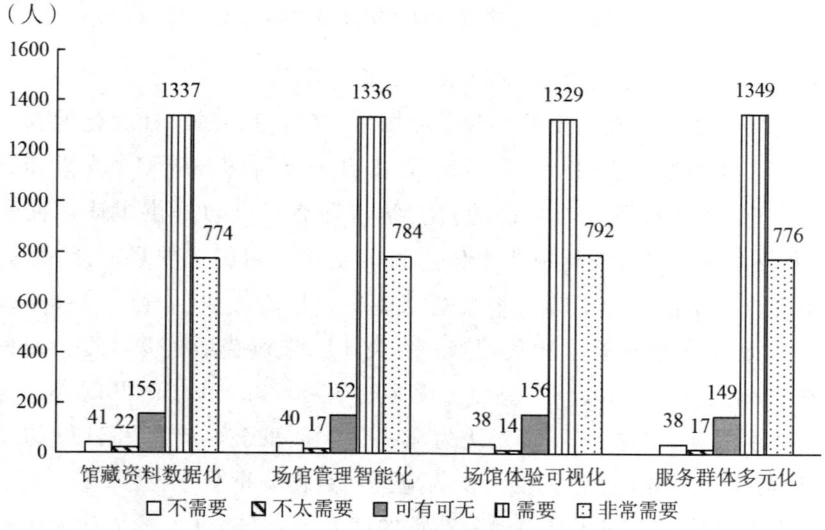

图 6-15 未来科普场馆需要具备哪些特征

三、未来全民终身学习实施制度改革需求预测

未来全民终身学习实施制度改革需求预测分为正规学习实施制度需求预测、非正规学习实施制度需求预测、非正式学习实施制度需求预测。

(一)正规学习实施制度需求预测

面向未来不断发展变化的学习需求,全民终身学习实施制度必然发生深刻的转变,服务未来的全民学习正规实施制度应能够满足未来全民终身学习的三大需求。

1.满足主体效能化的学习实施制度①

"效能"是一种向上的积极作用的状态,高效的课堂就是要在效能的基础上产生效率和效果。效能是指课堂教学中师生所形成的一种积极的状态;效率是单位时间内教师教的内容和学生学习、掌握的内容;效果是最后课堂教学所取得的成效,即课堂实现素质提升的教学目标的程度。②

针对未来正规学习实施制度改革学习效能需求情况,在问卷中对调查者提问:"您认为未来的学习制度改革需要提升学生的学习主动性吗?"并对回收的有效问卷进行了整理分析,见图 6-16。

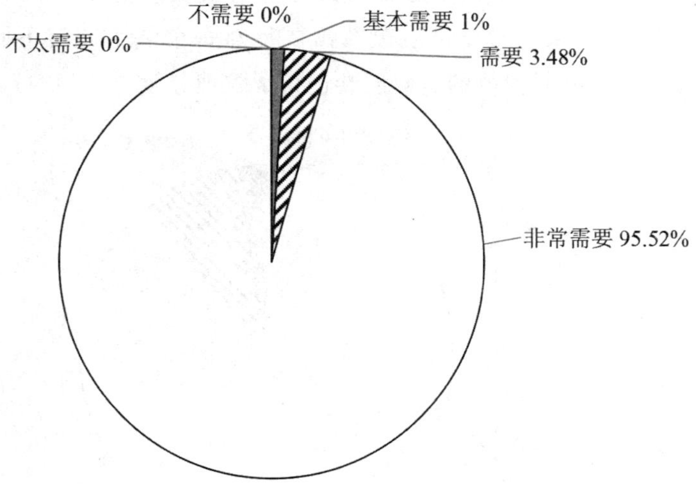

图 6-16　未来正规学习实施制度改革学习效能需求情况调查结果

① 陈思文:《未来全民终身学习实施制度改革前瞻性研究》,沈阳师范大学硕士学位论文,2021 年。

② 孙绵涛、吴功明:《课堂教学效能和质量提升——"三效课堂"改革探索》,《国内高等教育教学研究动态》2017 年第 5 期。

调查结果显示,在被调查者中有95.52%的人认为正规学习实施制度非常需要提升主体学习效能,3.48%的人认为需要,1%的人认为基本需要。由此可见,学习者们对有助于学习效能提升的正规学习实施制度是非常需要的。因此,未来的学习实施制度也应为学习效能的提升提供制度保障。在未来,通过更加个性化、多元化的学习途径与目的,人们的学习欲望将会大幅度提升,学习效能通过个性化的教学方式也会更加具有主体性。学生们会真正了解到自己喜欢什么事情、擅长什么事情,并找到一种最适合自己的方式,让自己的所学所长创造出社会价值。①

2.满足内容个性化的课程学习制度

我国当前的主要教育形式是班级授课制。班级教学体系的实施使教育得到了大规模的普及,这是人类文明的重大飞跃,它让每个人都有可能受到教育。但是随着社会的不断发展,在每个人都受过教育之后,这种教育形式也开始展现其弊端,即学习者失去了个性。接受统一教育后,学习者的思维、认知特征和人格特征变得相似。在当今瞬息万变的社会中,未来社会需要创新性和个性化的人才。因而,使学习内容变得更加个性化、让教育从标准化发展到个性化,成为人类的共同理想。②

针对未来正规学习实施制度改革个性化需求情况,在问卷中对调查者提问:“您认为未来的学习制度改革需要针对每个学生制定不同的学习方式、方法、课程吗?”并对回收的有效问卷进行了整理分析,见图6-17。

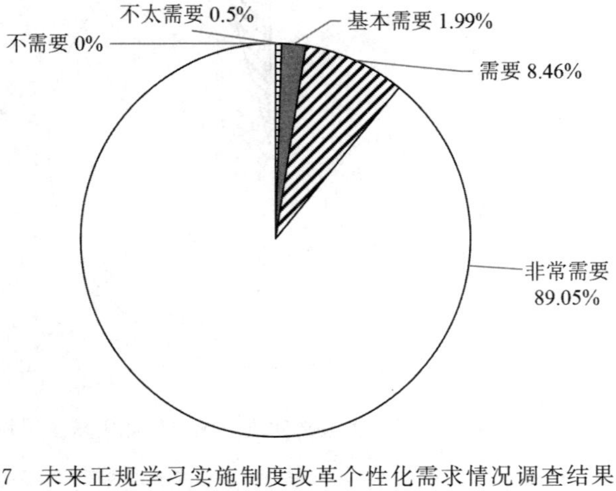

图6-17 未来正规学习实施制度改革个性化需求情况调查结果

① 陈思文:《未来全民终身学习实施制度改革前瞻性研究》,沈阳师范大学硕士学位论文,2021年。
② 陈思文:《未来全民终身学习实施制度改革前瞻性研究》,沈阳师范大学硕士学位论文,2021年。

调查结果显示，有89.05%的学习者认为未来正规教育实施制度改革非常需要满足学生更加个性化的需求，8.46%和1.99%的学习者分别认为需要和基本需要。由此可见，学习者对于个性化学习的需求是很强烈的。因此，未来正规学习实施制度改革应满足学习者个性化的学习需求。

以“个性化学习”为核心关键词，在中国知网数据库中检索了2009—2019年发表的相关文献，发现与之密切相关的关键词主要包括“自主学习模式”“移动学习”“个性化学习管理系统”“翻转课堂”“个性化教学策略”“个性化推荐算法”以及“个性化教育体系”等。2009－2019年，关于“个性化学习”的相关学术研究成果方兴未艾(见图6-18)。① 2009年已经达到了近5000篇，之后进一步增长，这显示出国内研究者对该领域的高度关注与投入。这种趋势与我国当时实施的一系列教育政策密切相关，与《国家中长期教育改革和发展规划纲要(2010—2020年)》及配套的《教育信息化十年发展规划(2011—2020年)》等文件要求相呼应。从政策到文献均在积极响应教育信息化进程中的个性化学习需求，倡导各级各类学校在教育改革中充分考虑学生的个体差异，努力提升教育教学的差异化服务和个性化学习环境建设，从而推动教育质量的整体提升。因此，未来全民终身学习实施制度也必需满足学习内容的个性化要求。

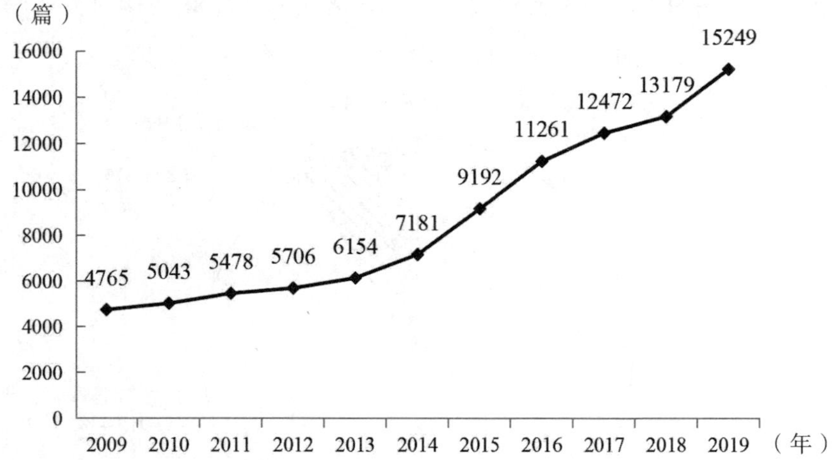

图6-18　2009－2019年国内“个性化学习”研究文献篇数

① 陈思文:《未来全民终身学习实施制度改革前瞻性研究》，沈阳师范大学硕士学位论文，2021年。

3.满足方式数字化的学习实施制度

时代的变迁要求我们不断优化资本。在人工智能时代,我们需要不断地跨越边界,超越机器所能达到的范围,并使机器人投入工作。在这样的时代,我们必须思考我们想学习什么、需要学习什么以及如何学习,并积极通过书籍、互联网学习知识,或去社区寻找专业人士并跟随他们在实践中学习。离开校园后,我们要学习的知识会更多,尤其是应用于实践上的知识。

从当前的社会发展来看,未来信息化程度不断加深是必然趋势,而信息技术也为各个行业提供了非常大的帮助。对于终身学习者而言,若能搭上信息技术的快车,就能够给自身的发展提供极大的助力。尤其是处于知识经济时代,传统的学习方式略显不足,而网络学习系统的发展越来越快。网络学习系统显现出了无可比拟的优势,若将其用于终身学习体系中,便能够发挥非常大的作用。借助网络平台学习可以不受时间、空间限制,只需具备上网条件,便可以享受此平台中所有的学习资源。因此,搭建一个可供终身学习使用的网络平台非常必要,它能够让教育资源共享,不再受时空限制,覆盖范围更广泛,能够充分发挥现代远程教育网络的理想作用。[①]

针对未来正规学习实施制度改革数字化需求情况,在问卷中对调查者提问:"您认为未来的学习制度改革需满足学习者更加数字化的学习方式吗?"并对回收的有效问卷进行了整理分析,见图 6-19。

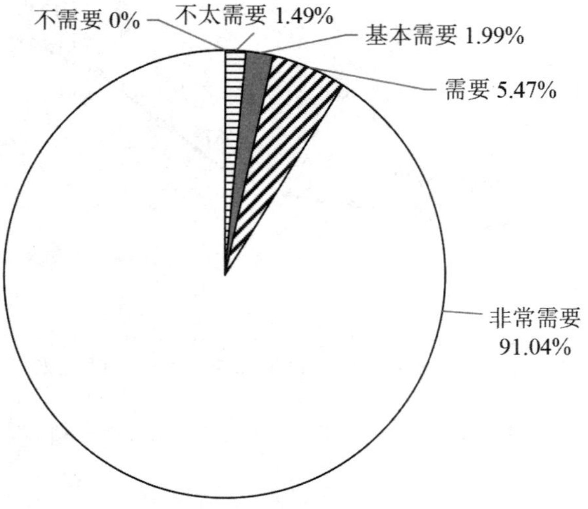

图 6-19　未来正规学习实施制度改革数字化需求情况调查结果

① 陈思文:《未来全民终身学习实施制度改革前瞻性研究》,沈阳师范大学硕士学位论文,2021 年。

调查结果显示，91.04%的学习者认为未来正规学习实施制度改革非常需要满足数字化学习方式的需求，5.47%的学习者认为需要，1.99%的学习者认为基本需要，1.49%的学习者认为不太需要。认为正规学习实施制度改革需要满足数字化需求的占了绝大多数部分。由此可见，未来学习制度应满足学习者数字化的学习方式，但这种数字化的学习方式并非简单的替代，而是要达到1+1>2的结果。因此，我们要培养学习者使用网络进行学习的习惯，掌握网络学习的方法。一是互联互通。将世界上的万事万物，如人与信息相互联通，联通之后就会发生质变。二是去中心化。在互联网时代，中心化被瓦解，每个人都是中心。在线上线下融合的教育中，所有的学习者都是教育者，所有的教育者也都是学习者。每个人都将在未来的教与学形式中以学习者的身份出现，年龄、性别、文化和职业等属性都会失去其特殊性。随着新的人类社会形式的出现，旧的社会框架将被打破，从而使每个人都可以摆脱时间和空间的束缚，找到最适合的学习方式和学习方法。

（二）非正规学习实施制度需求预测

未来的非正规学习将成为终身学习的重要途径，对非正规学习实施制度需求的预测有助于非正规学习实施制度的改革，服务未来的全民学习的非正规实施制度应满足如下两方面需求。

1.满足目的多元化的学习实施制度

面向未来全民终身学习的社会，人们会有更多的选择与自由。[①] 真正的学习就是要引导学生发现自己的强大与可能。只有指向未来的学习目的观才更具有现实意义，指向未来也就为现在的行为指明了前进的方向。这个方向给了学生希望，并使他们能够牺牲自己的舒适感去面临更多的可能性。[②]

针对未来非正规学习实施制度改革目的多元化需求情况，在问卷中对调查者提问："您认为未来的学习制度改革需要满足更多种多样的学习目的吗？"并对回收的有效问卷进行了整理分析，见图 6-20。

---

① 陈思文：《未来全民终身学习实施制度改革前瞻性研究》，沈阳师范大学硕士学位论文，2021 年。

② 李莉、付晓秋：《为什么学习：基于学习目的观认知偏差的教育》，《教育导刊》2014 年第 9 期。

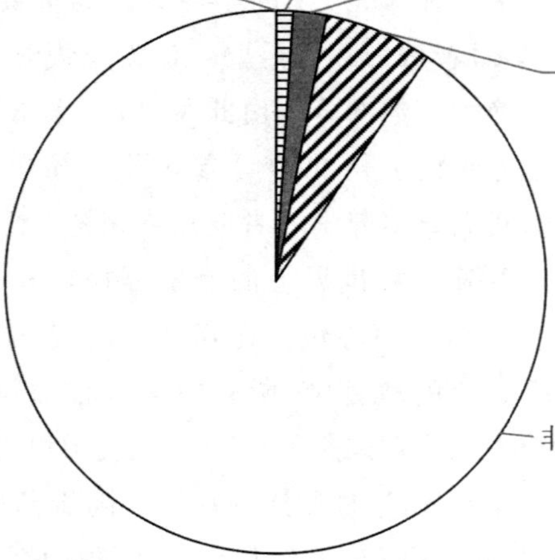

图 6-20　未来非正规学习实施制度改革学习目的多元化需求情况调查结果

调查结果显示,有 90.55%的学习者认为未来的学习制度改革非常需要满足多元化的学习目的,6.46%的学习者认为需要,1.99%的学习者认为基本需要,1%的学习者认为不太需要。

在未来,当物质生活充裕时,学生不再为了升学和找工作而发愁,且学习途径也变得更加多元化,那时学生们有更多自主权,他们会真正因为想学而进行学习,学习目的会变得多种多样。因此,未来的非正规学习实施制度要满足人们多元化的学习目的。

2.满足载体多样化的学习实施制度

终身学习的重要实现途径之一就是非正规学习。在未来,非正规学习以其适应社会多样化需求所持有的生命力,会冲破“学习的围墙”,兼顾学习者的兴趣和需求。学习者的学习不受时间、地点、条件的限制,而在非正规学习中,可以通过建立完善各种不同区域的学习组织以便于学习者可以在任何时间、任何地点进行学习。①

针对未来非正规学习实施制度改革载体多样化需求情况,在问卷中对调查者提问:“您认为未来的学习制度改革需要保障更多样的学习载体吗?”并对回收的有效问卷进行了整理分析,见图 6-21。

① 陈思文:《未来全民终身学习实施制度改革前瞻性研究》,沈阳师范大学硕士学位论文,2021 年。

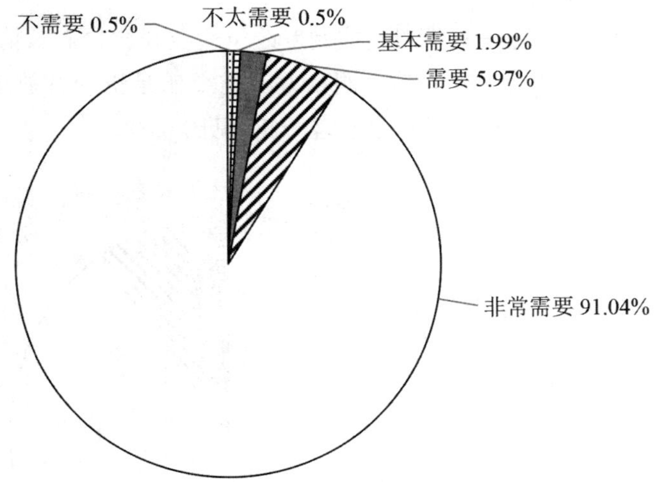

图 6-21　未来非正规学习实施制度改革载体多样化需求情况调查结果

调查结果显示，91.04%的学习者认为非正规学习实施制度改革非常需要满足学习载体的多样化，5.97%的学习者认为需要，1.99%的学习者认为基本需要，另各有 0.5%的学习者认为不太需要和不需要。由此可见，绝大多数的学习者都希望未来的非正规学习载体更加多样。当前，网络学习已经成为很多学习者的学习载体，这与当前互联网的飞速发展密不可分，网络学习的便捷快速让人们随时随地只要想学就可以学习，摆脱时间和空间的限制，学习变得更加自由。未来社会学习与社区学习是非正规学习的重要组成部分，未来关于社会学习实施制度与社区学习实施制度的完善也是应有之义。同时还要考虑到一部分特殊的学习群体——老年学习群体，他们仍缺乏合适的学习载体。他们大多由于身体原因不便于阅读纸质书籍，不会使用智能手机与网络，也不便远距离的出行前往学习机构。为他们构建多样的学习平台可以满足不同老年学习群体的学习需求，因此未来老年学习的实施制度亟待建立与完善。

（三）非正式学习实施制度需求预测

未来的非正式学习将成为终身学习的重要杠杆，对非正式学习实施制度需求的预测有助于非正规学习实施制度的改革，服务未来的全民学习的非正式实施制度应满足如下两方面需求。

1.满足途径开放化的学习实施制度

我们参观科普场馆等获取的知识，或者通过自主学习服务平台、线上浏览所获得的知识都是非正式学习的组成部分。未来在终身学习的大环境下，非正式学习的途径会更加开放。①

针对未来非正规学习实施制度改革途径开放化需求情况,在问卷中对调查者提问:"您认为未来的学习制度改革需要满足更加开放多样的学习途径吗?"并对回收的有效问卷进行了整理分析,见图 6-22。

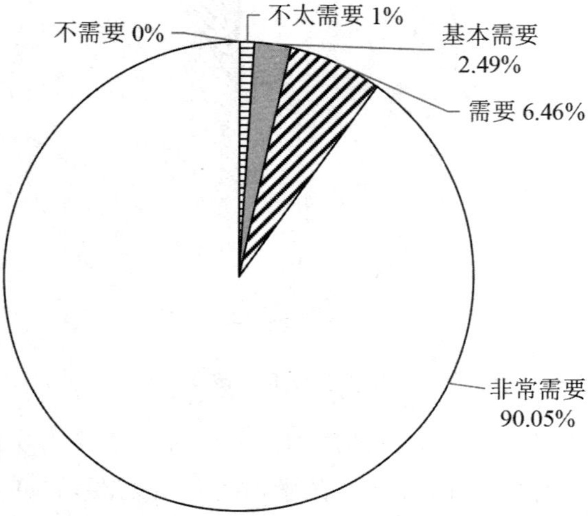

图 6-22 未来非正式学习实施制度改革途径开放化需求情况调查结果

调查结果显示,90.05%的学习者认为非正规学习实施制度改革非常需要满足学习途径的开放化,6.46%的学习者认为需要,2.49%的学习者认为基本需要,另有1%的学习者认为不太需要。由此可见,绝大多数的学习者都希望未来的非正式学习实施制度满足学习途径的开放化。未来将会有更加开放化的学习途径,人们根据不同的学习目的,可以通过更加开放的、多样的学习途径来获取知识。人们既可以通过学校、机构、社区、社会学习场馆来获取知识,也可以通过互联网自主学习、更新知识,还可以利用人工智能、机器人达到仅仅通过一部手机就可以完成学习的目的,未来高科技的学习技术为多种学习需求提供了更快速、有效、便捷的途径。非正式学习实施制度要保障途径的开放性,为学习者们提供更多的学习机会。

2.满足平台智能化的学习实施制度

随着信息技术的发展与普及,学习的方式和内容发生了革命性转变,同时也给非正式学习带来发展的契机。尤其是在互联网时代出现的社交性软件和

① 陈思文:《未来全民终身学习实施制度改革前瞻性研究》,沈阳师范大学硕士学位论文,2021 年。

学习网站的网络信息资源传播平台为非正式学习的发生创造了有利条件，也进一步促进了基于互联网的非正式学习逐渐成为非正式学习的主要形式。中国互联网络信息中心(CNNIC)发布的第 47 次《中国互联网络发展状况统计报告》显示，截至 2020 年 12 月，我国网民规模达 9.89 亿，互联网普及率达 70.4%，网民使用手机上网的比例达 99.7%。

针对未来非正规学习实施制度改革平台智能化需求情况，在问卷中对调查者提问："您认为未来的学习制度改革需要有助于建立更加智能的学习平台吗？"并对回收的有效问卷进行了整理分析，见图 6-23。

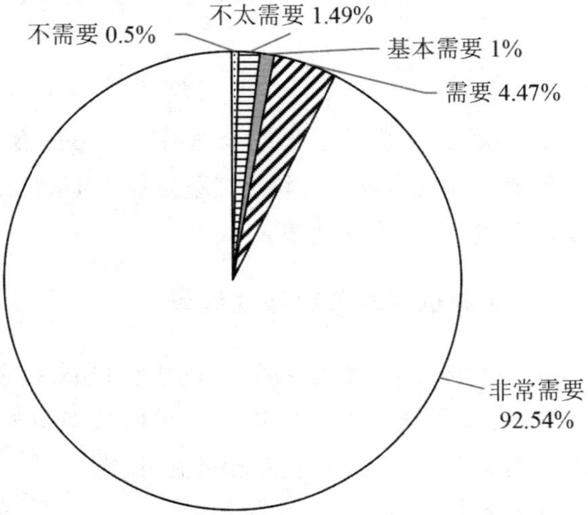

图 6-23　未来非正式学习实施制度改革平台智能化需求情况调查结果

调查结果显示，92.54%的学习者认为非正规学习实施制度改革非常需要满足学习平台的智能化，4.47%的学习者认为需要，1%的学习者认为基本需要，另各有 1.49%和 0.5%的学习者认为不太需要和不需要。当前人们的非正式学习平台以网络为主，纸质、电视以及科普场馆的使用率较低。在未来纸媒、网媒、科普场馆的互联互通成为必然的改革趋势，智能化的平台改革会为传统的学习平台注入新的活力。在未来，高端智能化的设备、设施供给将更为充分和智能，与学习者的互动性也更强。因此，未来非正式学习实施制度的改革趋势必然要保障非正式学习平台的智能化。①

① 陈思文：《未来全民终身学习实施制度改革前瞻性研究》，沈阳师范大学硕士学位论文，2021 年。

第七章　服务全民终身学习的正规学习实施体制改革前瞻性展望

在前两章中，我们深入探讨了服务全民终身学习的教育实施体制改革的理论构建和需求预测。在此基础上，本章将重点针对正规学习实施体制，包括实施机构和实施制度，进行前瞻性展望。

一、正规学习实施机构改革前瞻性展望

根据本书的理论构建，正规学习实施机构在设置上按照工作范围的不同，应分为教学实施机构、课程研发实施机构和科研实施机构。从整体上来说，各机构与机构之间的关系是相互协作、互相补充的。[①]

（一）未来教学实施机构改革趋势

未来是人工智能学习时代，教师的教学模式将由过去的强制学生学习向引导学生主动学习转变，学习场景也可根据实际灵活转换，每个学生的学习内容将会是个性化定制的，而不像以前那样整个年级全部使用一样的教材，未来的教学还将更加开放性，打破时空限制。[②] 这为研究未来教学实施机构提供了良好的视角。未来教学实施机构应注重满足学生的课外学习需求，并对教室进行重新改造，以使其具备更多重的学习功能，为学生学习提供便利。因此，本书认为未来的教学实施机构将综合“个性教学”“互联教学”“多元时空”进行改革发展。

1.建立“个性教学”的教学实施机构

为了更好地满足学生课外随时学习的需求，帮助学生提升学习有效性，未

---

① 任杨阳：《未来全民终身学习实施机构改革前瞻性研究》，沈阳师范大学硕士学位论文，2021年。

② 王竹立：《人工智能时代的教育畅想》，《今日教育》2017年第9期。

来教学实施机构将实施更具个性化的教学。过去教学实施机构的学习时间、学习地点、课程表、教案大纲、学制等都是统一且固定的，这大大限制了学生学习的灵活性和自主性，毕竟不同的学生对不同时段进行学习有着不同的需求。而未来，教学模式将会发生根本性变革。未来将以大数据为科学支撑，综合管理、技术和课程等因素，实行“走班上课制”学习模式和弹性学习制，让学生学会自主安排学习课程和学习时间，提高自主学习能力。同时，借助互联网优质学习资源平台和校内完善的图书馆设施以及高水平的导师队伍，让学生不论是在课上还是在课后，都能随时根据自身学习需求找到自己需要的学习资源，及时解答自身的学习困惑。由此，在不远的未来，教学实施机构的教学将从“为团体上课而建设”转向“为个人教育而建设”，各种新兴科技将会在学生的学习发展中起到关键作用，比如预测学生发展潜力、探究学生的优势潜能，以帮助教师找到针对每一位学生的独特的学习方法。学习将不再是某个特定阶段的强迫性的任务①，而是可以根据学生自身发展需要自主进行设计和安排的事情，从而不再有明显的课上和课后的区分，只有学习和未学习的区分。

2.建立“互联教学”的教学实施机构

为了使教室具备更加多重的教学功能，即从单一的场所功能转变为集教学、办公、实验和探讨等为一体的多功能教室，未来的教学实施机构应注重教室时间和空间的互相关联性。也就是说，它可以让学习者和教师不论何时何地都能连接在一起的功能。未来的学校教学将是学生互相合作学习的形态，以前的年级、班级的形态将不复存在。

学校和教室、校内各种运动和学习区域因为失去了它原有的区分间隔的作用从而会消失。以前传统教育里固定的时间和地点的学习模式也在逐渐消失，任何人在任何时间、任何地点都可以随意去学习的学习模式正在兴起。② 网络就是一个开放创新、资源共享的平台，世间万物相互联系、相互沟通就是网络的功能。网络与教育相结合的时代，使国家与国家之间、家庭与学校之间，甚至过去与未来之间的交融成为可能。

在未来，教学实施机构里的设备和陈设(桌椅等)可以依据所要学习的课程灵活变换摆放位置，未来教室将没有边界，无需墙壁，学生接受学习的场所可根据不同学习活动随意变换。未来教室和科普场馆联系更加紧密，例如学生在教室就可以观看到实验室里的每一个操作步骤。未来的教学实施机构没有时间

① 任杨阳:《未来全民终身学习实施机构改革前瞻性研究》，沈阳师范大学硕士学位论文，2021 年。
② 袁振国:《未来已来，将至已至——走向“2030 年的教育”》，《中国教育报》2017 年 10 月 18 日。

限制,学生的学制也不再是固定不变的,如果学生具备了毕业所需知识,经过考核之后也可以提前申请毕业。未来教学机构不仅没有时间限制,也没有空间限制,各种不同学习场景互相融合,线上学习和线下学习自由搭配。这种模式下的教学机构使未来学习与社会、生活接轨,不再是象牙塔一般的存在。

3.建立“多元时空”的教学实施机构

同时,为了使教室具备资源远程共享的功能,未来教学实施机构的时空将变得多元化,这种时空多元化的教学机构会进一步使学习者的选择变得多样化。过去的教学实施机构是由固定的学习环境以及教育者共同组成的学习机构。学生从一年级刚入学,就开始了教师在讲、学生在听的固定的学习模式。人们对学校教室的印象就是三尺讲台一张讲桌,底下是紧密排列的一张张桌椅和一个个稚嫩的脸庞。为了改变这一现状,使学生可以接触到更多的教育资源,开阔眼界,未来教学实施机构将会引领教育从简单走向复合。① 在未来,学生可以自己决定什么时间在哪学习。从时间上来说,传统学习模式将被打破,学生可以根据自身能力选择不同的年级去学习。这就需要教师将不同年级的学习资源进行共享,使学生自主选择所需要的学习资源。从空间来看,传统的教室仅能展现教师和学校提供的有限的学习资源,不利于学生拓宽视野。因此,未来教室的设计会更加丰富,以实现资源的有效共享。借助 VR 等先进技术,世界上的所有资源都可以成为学生的学习资源,使学生在教室里就能像亲身经历般在世界范围内进行游历、参观,深度体验其他国家的风土人情与异域特色文化等。这种新颖的学习模式符合当下学习发展的潮流,使学习者体验更加丰富,同时也为学习者理解他国文化奠定基础。② 因此,未来教学实施机构应注重教室的改造与赋能,构建打破时空限制进行资源共享的新型教室。

(二)未来课程研发实施机构改革趋势

随着未来科技的不断进步、学习者知识的积累,学习者对课程的要求越来越高,课程研发机构应运而生。课程研发机构所研发课程的质量直接影响着学习者学习的质量,也是体现机构办学能力的重要指标。从目标、方式、原则和开发主体的范畴来看,本书认为未来将建立以课程目标为核心的课程研发实施机构、建立研发主体多元化的课程研发实施机构、建立以学习者研究导向为原则的课程研发实施机构,以及建立以人工智能为支撑的课程研发实施机构。

---

① 任杨阳:《未来全民终身学习实施机构改革前瞻性研究》,沈阳师范大学硕士学位论文,2021 年。
② 王枬:《未来学校的时空变革》,《全球教育展望》2019 年第 2 期。

1.建立以学习目标为设计原则的课程研发实施机构①

未来学习者更加注重课程目标的可操作性,即课程目标应当更加具体明确,定位清晰。因此,未来的课程研发机构应重点关注学习目标,以学习目标为中心,制定定位准确和更加具体合理的课程。虽然目前学者们对于教育思想各执己见,但是关于教学目标论,即教师和学习者进行一定的学习活动从而达到预期的标准,重点强调的是学习者进行学习行为之后预料之内的变化。教学目标论一直以来在教学中处于重要位置。未来在研发课程产品的时候,首先应明确以学习目标为中心来设计课程目标,使课程更加具体,同时具有准确合理的定位;其次注重根据合理的课程目标来设计相应的课程。一个好的课程研发推广机构,就算其研发技术水平不是特别出彩,但如果它的"课程目标"定位十分清晰,所研发出来的课程可以使学习者达到预期目标,那么这个机构必定是高水平的。所以说,基于学习目标设计课程目标,从而在更加具体的"课程目标"的基础上研发课程,这些课程才更加科学合理,符合学生的发展需要。

2.建立以学习者为中心的课程研发实施机构②

根据调查问卷中人们对未来课程内容改进的回答可以看出,在未来,人们更加看重课程内容的整合性、交互性和体验性。一直以来,课程研发机构都在遵循如下几个基本原则,即学习者中心原则、协作性原则、数据佐证原则和研究导向原则。其中,学习者中心原则是指课程研发应把学习者置于中心地位。因此,课程研发推广机构应以学习者为中心进行课程研发,使课程内容更加注重交互性和体验性。目前,一方面,随着科学技术的不断发展和更新,未来课程研发的技术手段也将越来越多样,有助于课程质量的有效提升。但课程质量要想有实质性的提升,还需要对学习者进行深度调查,深入了解和分析他们的学习需求。另一方面,目前教学实施机构的课程内容也更加强调互动性和体验性,越来越多的学校采用"任务教学法",即以完成任务的形式让学生在完成任务的过程中学习相应的知识和技能。这些都说明未来课程研发应以学习者为中心,在深入调查他们的学习需求的基础上,使课程内容更加具有互动性和体验感。

3.建立研发主体多元化的课程研发实施机构

要想研发出更加具有整合性、交互性和体验性的课程内容,未来课程研发机构应使课程研发主体更加多元化,以有效研发出学习者需要的课程内容。课程研发主体多元化也就是说可以参与课程研发的人员不只有专业研发人员,目

① 任杨阳:《未来全民终身学习实施机构改革前瞻性研究》,沈阳师范大学硕士学位论文,2021年。

② 任杨阳:《未来全民终身学习实施机构改革前瞻性研究》,沈阳师范大学硕士学位论文,2021年。

标客户即学习此门课程的学习者,也可以参与到课程研发过程当中。其主线是依据主体目标的需求而制定的,这样做的优点是可以将不同领域内的事实经验揉合到课程研发中。这个时候课程研发人员的工作就是科学全面地对目前课程资源进行重组。最终,所有参与课程研发的工作人员都能够从研发之外的角度来进行研发,工作人员把工作重心放在课程资源如何更加高效配置上,基础性的编排工作就由智能化的机器来完成。一方面,在学校中,教师带领学生共同参与课程研发,头脑风暴以研发出更加高效的课程;另一方面,学校之外的目标客户与学校之内的教师学生研发团队共同合作,一起分享课程研发推广机构的资源和设备,以多种开发主体来制作以学习者为中心的课程。

因此,未来的课程研发推广机构可以实现不同行业间个性化定制,由专业研发人员引导,多个研发主体共同参与,所研发出来的课程在多种学习场景中得以运用。①

4.建立融入人工智能技术的课程研发实施机构

从针对课程研发技术的调查可以看出,多数人认为未来课程研发实施机构应注重采用物联网+云计算、AI+大数据和5G+全息技术等人工智能技术进行课程研发。因此,未来课程研发实施机构在研发课程时,应融入人工智能技术。并且,随着科技的进步与时代的发展,数字化和信息化更加广泛,未来的课程研发实施机构应打造信息经济模式,以丰富的知识库和科学技术为支撑,实现人工智能与课程研发的深度融合,注重拓展课程资源和搭建学习平台。未来人工智能将进一步完善,学习资源和学习内容会更加丰富,课程研发实施机构将会推出一系列新技术个性化课程以满足学习者需求。在大数据的指导下,课程研发推广机构所研发出来的课程可以满足学习者不同的学习需求,真正意义上实现"因材施教",提供个性化的实时内容反馈,打造更加高效的课堂学习空间。②

(三)未来科研实施机构改革趋势

从知识创新种类角度,科研实施机构通常可分为以下三种类型。一是基础研究型科研机构,这类机构是对新发现的科学理论进行研究,其目的是给未来新发明提供理论基础。二是应用研究型科研机构,该类型比基础研究型科研机构所研究的内容更加深入,旨在将基础研究型科研机构所研究的理论运用到现

---

① 任杨阳:《未来全民终身学习实施机构改革前瞻性研究》,沈阳师范大学硕士学位论文,2021年。

② 张家军、鲍俊威:《中小学教学改革实验70年的回顾与展望》,《课程·教材·教法》2019年第9期。

实，是为了使新理论能够有条件转变为实际存在的技术。三是开发研究型科研机构，是将前两者的研究应用于实践中去的研究机构，致力于将科学转变成生产力。[①] 为了进一步满足全民终身学习的知识创新需求，本书认为未来科研实施机构需要做出如下改变，即建立产学研互相合作的基础研究型科研实施机构、建立基础研究与应用研究相结合的科研实施机构和建立内设成果专业化服务的开发研究型科研实施机构。

1.需要产学研互相合作的基础研究型科研实施机构

未来科研实施机构将积极主动和企事业单位取得合作，做到真正意义上的生产—学习—研究相结合，以高校科研机构和企事业单位互相协作为基础，以科研机构的科研成果为手段、创新型人才为主体来为企事业单位工作，创造更大的财富。随着我国科技水平不断提高，高校科研水平也得到了很大的提高，但是科研成果转化情况却不太理想，这就会在一定程度上造成资源浪费。而产学研相结合，可以有效避免这种情况发生，市场需要什么，研究领域也可以相应向该领域拓展，使科研成果更加高效地转化成生产力，为我国社会发展做贡献。[②]

2.需要基础研究与应用研究相结合的科研实施机构

目前大部分的研究者将很大一部分精力放在理论研究上，他们认为基础研究特别重要，从而忽略了将理论与实践联系在一起。科研机构在很长一段时间内把发表论文、著作成果的数量和课题档次看作最重要的，并没有思考如何使科研成果转化，以及科研对社会发展有何种价值。因此，未来的科研实施机构改革将从这点入手，以科研者利益为引导，使科研达到基础性研究和应用型研究彼此融合，将不再以发表论文为单纯的晋升指标。学校的科研机构将鼓励科研团队进行基础研究与应用研究相结合的研究，即实地化、场景化的研究。另外，未来的研究生培养模式也将发生转变，更加注重实地研究，例如农学类研究生将驻扎农户完成论文的写作，以此增强学习者的实践能力。[③]

3.需要内设成果专业化服务的开发研究型科研实施机构

未来的科研机构将提供科研成果专业化的服务，它有着帮助有创业意愿的科研人员进行科研成果技术转化以及管理的职能，这种科研机构是指分别从管

① 任杨阳：《未来全民终身学习实施机构改革前瞻性研究》，沈阳师范大学硕士学位论文，2021 年。

② 丰二中、蒋永新：《普通高等学校科研机构的改革与发展》，《浙江交通职业技术学院学报》2003 年第 2 期。

③ 黄文武：《企业家精神视野中的大学革新》，南京师范大学博士学位论文，2021 年。

理方面、技术方面和工艺方面向有创业想法的科研人员提供帮助的机构。一方面，由于科研人员并不具备完备系统的创业知识，因此科研机构可以学习如麻省理工学院等名校的先进做法。当有学者想要进行创办企业的时候，专业化服务科研机构将综合分析市场需求、创业前景以及法务和金融等方面知识，向科研人员提供一条龙帮助服务。另一方面，由于目前科研人员的最新成果并不是产品本身，而科研的创新也不代表一定适合这项产品，因此一定要使科研成果的技术成熟度进一步提升，才能使得科研成果成功转化。一般来说，专心搞科研的学者并不想过多地涉及由成果向产品转化的这个过程，就需要未来专业化服务科研机构来向科研人员提供帮助。根据这两点，本书认为未来的科研机构将内设成果专业化服务，负责提供创业服务和产品转化过程服务。①

二、正规学习实施制度改革前瞻性展望

当前社会正持续高速发展，未来的发展会更加迅速。在未来，教育要培养学生的核心素养，树立开放的学习观念和长期发展的学习观念。面向未来，正规学习要紧跟时代发展，充分利用现代科技，实现更具长远发展的学习实施制度。

（一）课程研发实施制度改革趋势展望

本文从建立推动学习方式更加数字化的课程研发实施制度、建立促使学习内容更加个性化的课程研发实施制度、建立支持学习地点开放化课程研发实施制度三大方面进行课程研发实施制度改革前瞻性展望。②

1.需要有效推动学习方式更加数字化的课程研发实施制度

未来学习者对数字化课程研发实施制度的需求将逐渐增加。人工智能的巨大价值将使其在中国实现“世界制造强国长期发展战略目标”的任务中起着引擎的作用。近几年来，人工智能技术被国家高度重视，具有极大的发展前景。2019 年 5 月 16 日，在国际人工智能与教育大会上，教育部部长陈宝生同志发表主题演讲，强调人工智能教育走“普及之路”的必要性。同时，“人工智能＋教育”为教育的改革和发展带来了强大的生命力，将在教学方式、师生关系、教学模式等方面展现新时代教育发展的崭新一面。依据不同级别学生的认知水平，将人工智能的最新研发成果与学校的教学计划、专业课程以及学生的思维互相

① 李向荣：《国外典型科研组织创新机制对我国高校科研机构改革的启示》，《科学管理研究》2019 年第 4 期。

② 陈思文：《未来全民终身学习实施制度改革前瞻性研究》，沈阳师范大学硕士学位论文，2021 年。

融合，促进学习者对人工智能领域内的意识、素质、概念和兴趣的提高。①

人工智能技术迭代迅速，决定了人工智能与学习融合的内容也应不断更新。要与时俱进，根据实际学习需求和技术发展现状重新审视和升级课程研发内容，努力提升人工智能课程的时代性和发展性。因此，应用人工智能技术、VR、区块链技术等数字化技术的课程有待研发。在未来，课程研究和开发可以进行很多尝试来使学习变得更加数字化。例如，人工智能能够做到将学习者的生物和形态学的基础信息进行随时搜集并处理，以使学习更加准确；人工智能能够科学地分析学习者想学习的内容，并将课程内容发送给学习者；人工智能还可以对学习者进行科学、系统、多样的评价，使学习成果评价更为全面。又如，VR能够使体验的人有高度沉浸的感觉，从而对学习更加热情。人工智能还可以根据学习者的需求进行自主调节，使学习更加方便，如学习者在学习生物课程的时候，放大微小的细胞结构，能够让学生们更加真切地看到细胞的组成；在学习天文知识的时候，还能够将天体运动无限缩小化，这就使学习者可以更为清楚直观地进行学习。除此之外，人工智能还有安全性和交互性的特点，能够使一些人类不能直接进行的试验清晰直观地展现在我们面前。因此，未来建立有助于推动学习方式数字化的正规学习实施制度是未来学习制度发展的必然结果。②

2.需要有效推动学习内容更加个性化的课程研发实施制度

未来学习者对激励机构研发个性化课程内容的实施制度将会有很大需求。为了顺应个性化学习的发展趋势，《中国教育现代化2035》报告中指出，在当前信息化的时代背景下，教育改革重要任务其中之一就是充分发挥科学技术的影响，推动人才培养模式变革，使大规模教育和个性化学习相互融合、共同发展。目前，我国个性化学习的发展受到应试教育体系的阻碍。由于现在学校班级的学生过多和传统学习课程与课程评价的限制，一定程度上影响了大规模教育与个性化学习的融合发展。个性化学习的重点在于关注不同学习者自身的特点、爱好以及未来的发展方向，依据这些不同点来制定不同的学习内容，并且运用最适合学习者的学习方法进行学习，以促进学生自由和谐发展。个性化的学习实施制度支持学习者自定步调，以差异化的方式在与现实问题和学习者兴趣相关的情境中探究、讨论和建构概念和事物之间的联系。

随着科学技术的不断发展，5G时代悄悄来临，进一步解放了教学生产力。

① 陈思文：《未来全民终身学习实施制度改革前瞻性研究》，沈阳师范大学硕士学位论文，2021年。

② 陈思文：《未来全民终身学习实施制度改革前瞻性研究》，沈阳师范大学硕士学位论文，2021年。

未来学习者将使用更低的学习成本来学习质量更高、知识范围更广的优质课程,使学习者个性化的学习不再只是幻想。面对瞬息万变的世界,社会已经重新定义了知识和学习,重新定义了学习以及学习的目标,这些都响应了未来学习的变化。未来学习者核心素养的培养将会被放在首位,因此制定一套个性化的课程开发实施制度,是必不可少的部分。未来的课程将从"批量生产"转向"私人定制"。当前的课堂教学系统实现了统一化、标准化的教学。但是,每个人的发展水平是不同的,即使是刚入学的6岁儿童,他们中的一些人达到了7岁或8岁儿童的智力发展水平,而另一些人只有4岁或5岁儿童的智力发展水平,而教学未能达到"因材施教"。在未来,我们可以使用人工智能技术全面分析学生的课堂表现、家庭作业和测验数据,以实现学生智能化和个性化的学习。未来的课程研发制度要通过新科技对不同学习者的情况进行分析和统计,使不同的学习者学习不一样的课程,完成不同的课后作业。依据不同学生的兴趣、偏好,制定不同的学习内容;依据学习者的个性情况,采用不同的教学方式。不同学习者的学习情况也是不一样的,有的学习者想要自学,有的学习者想在教室听老师讲课,有的学习者想进行团队合作学习,而有的学习者想通过实验进行学习。因此,以制度鼓励和引导正规学习实施机构针对学生的个性精准定制课程内容,将成为未来实施制度改革的必要内容。当前,不少国家已经推行了基于大数据的教学及学习过程评估系统,这些系统鼓励采用实证数据驱动的教学改进策略,如将传统的学生作品集、课堂表现评价以及学生自我评估等多元化的信息素材转化为电子化、数据化的形式,以便教师在课堂教学中能细致入微地洞悉每个学生独特的学习状态,并实时提供针对性的反馈和指导。面对未来日益凸显的个性化学习需求,能够保障个体进行差异化学习的课程研发与实施制度改革势在必行。①

3.建立支持学习环境开放化课程研发实施制度

未来的学习者对于保障机构提供开放化研发环境实施制度将会有很大需求。未来课程的学习地点不应局限于某间教室、某个学校,应研发更加"开放化"的课程,让学生动起来,让课程活起来。既可以研发在学校内进行的课程,也可以研发在社会上学习的课程,学生的学习环境可以是多种多样的,"身临其境"让学生们的学习更加真实深刻,而不是"纸上谈兵"。

(1)联合大学双向开放——你来我往

"开放"有很多种方式,可以向大学开放,并邀请大学人力资源进入学校。

---

① 陈思文:《未来全民终身学习实施制度改革前瞻性研究》,沈阳师范大学硕士学位论文,2021年。

例如邀请教授到中学进行授课，让中学生参与大学的研究，或是听取大学的讲座等。让学习者接触到更高层次的学习资源，为以后的发展构建一个浓厚的学术氛围，激发学习者的学习兴趣，享受更加高端的学习资源。

(2)面向社会立体开放——真实情境

学校提供的学习情境通常是模拟情况，充其量只是一系列“现实秀”式的“应用题”。作为一名学习者可以参加“真人秀”，进入社会沉浸式体验，并观察知识在社会中的真实应用，让学习者找出实际存在的问题并想办法解决问题。例如，学习者们可以去国防基地学习先进的现代技术；去腾讯、网易等大型公司学习游戏的制作；去核电站学习核电是如何生产的；去三江平原感受生态环境并学习湿地保护知识；去飞机设计研究所学习无人机的制作技术；去海南中部山区学习橡胶林保护与开发；到贵州山区与当地孩子组队学习，相互交流；前往陕北体验黄河生活，寻找故乡的感觉；等等。

(3)面向世界互动开放——协同合作

向世界开放，与来自世界各地的学生共同研学、共同制造产品、共同探讨主题。例如，在美国开设临时班，在英国同当地学生一起探讨，在俄罗斯进行实验，与阿根廷的当地学生组织俱乐部活动讨论多元文化等。

未来的课程一定是开放的课程，是在丰富多彩的生活里设置课程。开放课程侧重于复杂的社会系统，而不仅仅是知识系统；开放课程可提高学生的综合能力，不只是学习课本知识的能力；开放课程侧重于未来的学习，而不仅仅是为了考试而学习。用开放来塑造思想，用氛围来培养品格。[①]

(二)教学实施制度改革趋势展望

通过对正规学习教学制度需求进行调研，我们了解到学习者对未来信息化教学方式、多样化教学方式、弹性化教学方式、智能化教学内容、课外随时可学的学习环境均有较高的需求。本部分从以上几个方面出发，分别从完善有助于教学方式信息化的学习实施制度、建立推动教学方式多样化的学习实施制度、建立促进教学方式弹性化的学习实施制度、建立支持教学内容智能化的学习实施制度四大方面进行教学实施制度改革前瞻性展望。

1.完善有助于教学方式信息化的学习实施制度

未来传统的“一个课堂＋一名教师”的教学模式已无法适应全球信息互联背景下日益多元化、个性化的学习新需求。各种 AI 大模型的应用已经彻底改

① 陈思文:《未来全民终身学习实施制度改革前瞻性研究》,沈阳师范大学硕士学位论文,2021 年。

变了固有的知识传播模式，教师需要真正从学习的主导者转变为辅助者。为了更好地帮助教师充分利用AI智能技术支持，更好地进行角色转换，顺应时代发展需求，适应新的教学方式转变，亟需构建和完善一套包含技术指导和培训在内的学习实施支持制度，确保师生都能够具备适应信息化教学所需的技能。未来的教学实施制度改革一方面应当着眼于促进教学方式的信息化转型，充分发掘并有效利用新兴科技手段，为学习者提供更优质的服务；另一方面也需要改变传统的教学评价体系，基于大数据和大语言智能模型开发更为个性化的增值评价系统。

2.建立推动教学方式多样化的学习实施制度

进入21世纪以来，科技革新成果的广泛应用深刻地重塑了人们的生活方式和学习方式。特别是在以大数据、人工智能、5G通信技术为代表的新一轮科技革命浪潮中，全球教育领域迎来了前所未有的创新发展机遇。信息社会变化得极快，由云计算、大数据和物联网支持的智能教育正在席卷全国，学习者的思维和活动正被新的学习方法潜移默化地改变。学习变得越来越智能和先进，针对学习者学习内容、思维方式的个性化偏好进行精准推送的翻转课堂、微型课堂等都在促进智能教育的蓬勃发展。通过远程获取全球最优质的课程，学习将进一步突破空间限制。主流知识传播方式转变为学生自主学习，从本质上实现以教师教学为中心转变为以学生学习为中心。教师的角色从学生学习管理者转变为学习辅助者，根据学习者个性化学习目标，为他们提供关于规划学习进程和组织学习资源的帮助。为此，建立教学方式多样化的学习实施制度必然成为未来的改革发展趋势，未来学习者将会更广泛地使用这些智慧学习平台，学习实施制度也应该能够容纳更多的学习认证方式，帮助学习者更好地实现个性化学习能力提升。

在新的时代背景下，教学实施制度改革应积极探寻激励教育技术创新的机制，推动信息技术与教学的深度融合，整合优秀的教育资源，以提升教学质量。面向未来的教育体系，应鼓励学习者树立终身学习理念，培养其高水平的综合素质，包括创新思维、逻辑推理、实践操作能力，以及独立的批判性思维和良好的团队协作能力。面对这些新的教育诉求，教师授课方式和学生与课程的互动模式将迎来深刻变革。因此，我国应当积极投身教学技术创新，以前瞻开放的姿态推动教学改革。建立多样化教学方式的学习实施制度，有助于让边远地区和教育资源匮乏地区的学子也能享受到高质量的教育资源，通过多媒体、虚拟现实等技术手段弥补地域差距。尤为重要的是，新型技术工具在教学评估与学习过程中的应用，将极大方便教师为学生量身定制符合其特点和进度的学习方案，而大数据分析技术则能有效连接教学反馈与学习成果，释放教育技术创新的潜能，构建技术深度服务教学与学习的新型教育生态系统。未来的教学实施制度应紧随科技发展步伐，创新教学方式，帮助学习者克服学习障碍，更高效地完成学习任务。

3.建立促进教学方式弹性化的学习实施制度

在线教育与离线教育的交往互动越来越频繁，主动学习由于越来越自由的学习空间和自主可选的学习时间，以及多样的教学方式实现了更加个性化的学习，未来自主学习将开始成为司空见惯的事情。自主学习是教育发展的最本质途径，它是教育发展的积极动力。未来，学校教育的"围墙"将被打破，学习环境将不再受限于固定空间，而是展现出空前的开放性和延展性，教室的物理边界以及教学的时间和空间界限都将得到大幅度扩展。课堂教学与在线教育将深度融合，而非仅仅将线下课堂简单地迁移至线上，或"黑板教学转为屏幕教学""纸质教材变换成电子教材"的表面转换，更不是机械叠加的"人工教学＋智能教学"模式。这种融合旨在实现线下与线上教育的优势互补，为每一位学习者打造适应其个性化需求的未来教育新模式。

课堂教学作为一种植根于工业时代需求的教育模式，主要在实体课堂环境中进行，通过将学生按年龄和知识层次划分固定班级，以教师讲授、学生定时听课的形式进行知识传授。传统的课堂教学因其集体性、组织规范和高效传授等特点而备受推崇。然而，随着人工智能的迅猛发展和广泛应用，社会生活发生深刻变革，人们对教育的需求日趋多元化，线上教育的重要性日渐凸显。未来课堂教学将不仅仅局限于实体课堂，而是需要与在线教育相结合，以适应时代变革和个体差异化的学习需求。课堂教学模式需适时创新，引入新的教学技术和手段，以确保在满足大规模、高效教学的同时，也能实现个性化、灵活化学习体验的提升。经由 AI 技术的赋能，在线教育变得更加灵动且富有吸引力，有效激发个体更强的学习动力。同时，AI 可根据每位学生的特点为其提供精准的学习建议，使个性化教学得以切实执行。此种基于云端的灵活教学模式打破了传统的时间和地理束缚，迥异于常规的校园面对面教学，也区别于以往通过信函和早期远程教育方式，堪称所有教学模式中最"自主"、最具伸缩性的一种，它可以随时随地满足学习者即时学习、任意场景学习的需求。

为了顺应未来教育的新"常态"，反映灵活的教学和主动学习的互利共生关系，需要建立鼓励弹性教学的学习实施制度。这种灵活的教学制度旨在消除对时间与地点的严格约束,进一步拓展学习者的学习空间,以响应学习者多样化的弹性学习需求。在这种制度下,学习者能够根据自身特点和需求,自行调整学习节奏,进行个性化的自主学习,以解决复杂而实际的问题为导向,达成真正的深度学习。① 弹性教学与其他模式的不同见图 7-1。

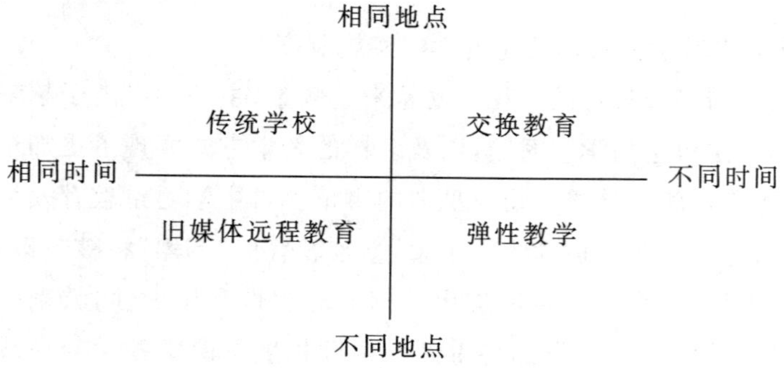

图 7-1 弹性教学与其他模式的不同

4.建立支持教学内容智能化的学习实施制度

沿着信息化百年的发展脉络,加之当前信息技术的飞速进步,可以预见未来教学将出现显著变革。人工智能教学系统能够直接与学生互动答疑,部分替代教师的工作角色,使教学内容设计更具智能化特性。借助人工智能助手的自动化解答功能,学生能够及时解决学习困惑,更好地践行自主学习理念。② 未来的学习者将在智慧教育环境中实现更为智慧化、个性化的学习,超越传统课堂,转而在智慧校园和智能空间中开展学习。信息技术背景下的虚实一体化学习、基于信息采集的学习、多维度可视化学习以及人机交互式学习等新型模式,正在重构现行的教学结构与学习路径。建立教学内容智能化的学习实施制度,意味着未来的学校教育将不仅仅是传授和应用知识,而是将重心转向激发知识创新、促进智慧成长的教学新范式,实现从单纯的知识传授转变为启迪智慧创造的教学新模式。③

(三)科研实施制度改革趋势展望

根据对未来终身学习制度保障需求的深度调研结果,可以预见,未来学习者对于开放、创新且具备研发功能的学习环境需求将大幅提升。站在满足学习

① 陈思文:《未来全民终身学习实施制度改革前瞻性研究》,沈阳师范大学硕士学位论文,2021 年。
② 余胜泉:《人工智能教师的未来角色》,《开放教育研究》2018 年第 1 期。
③ 陈思文:《未来全民终身学习实施制度改革前瞻性研究》,沈阳师范大学硕士学位论文,2021 年。

者对于开放化研学环境需求的视角，科研学习实施制度改革将沿着两个维度进行：一是校级科研机构的科教融合创新，二是建立国际科研交流互通的学习实施制度。

1.创新校级科研机构科教融合的学习实施制度

校科研机构是指大学附属的各种研究所、实验室、工程中心等，这些机构定位明确，科研力量集中，研究方向和任务明确，领导水平较高。当研究人员、场地、设备的质量和数量达到一定的规模并具有组织方法时，学校科研机构就成了科研人员长期合作对象。学校科研机构拥有前沿的学科、先进的技术、庞大的智库，聚集了学校主要的科研人才与设备资源，是开展科学研究、转化科技成果、创造高水平科研成果的重要基础和平台。①

应提倡和推动高校科研机构与教育教学活动深度融合，构建既能满足科研需求又能激发学习者创新精神的开放式科研教学环境，改革科研实施制度，使科研资源与教学资源有效整合，共同服务于终身学习者。未来，科教融合将成为新时期我国高校的新课题。高校应充分利用科研机构的优良科研条件和特聘教授队伍，建设新型的教学科研共享的创新教学场所。这样本科生就可以尽早与科研机构取得联系，可以拥有学习平台和实习机会。科研机构的团队成员参加本科生的教学和研究生的指导，将科研资源带入教学，为教学开放科研平台，依靠科技活动来改革教学和培养人才，支持学科和课程建设，成功地将科技成果转化为教育资源。②

在未来，科学研究和发展必须在当前基础上结合科学研究和人才培养。我国学习实施制度改革与发展的关键是科研与学习的紧密结合。这种结合的必然趋势和选择反映了学习方法和概念的变革与创新，反映了未来人才培养模式更深层次的改革。今后，应以学生发展为中心，建立"研究—教学—学习"的体系，充分发挥科研的教育功能，强调科研和教学的一体化。未来，校级科研机构科教融合的学习实施制度的创新将帮助学习者拥有更加充实、科学、高端的学习平台。

2.建立国际科研交流互通的学习实施制度

在未来，可以通过高科技互联信息技术，将世界各地的科研机构联合起来，

① 李艳、张进平：《完善校级科研机构建设，助力高校高质量发展》，《中国高校科技》2019 年第 10 期。

② 李艳、张进平：《完善校级科研机构建设，助力高校高质量发展》，《中国高校科技》2019 年第 10 期。

为学习者提供更多便利的学习途径。即使是远在大洋彼岸的科研机构也可以为学习者们提供学习帮助,国际科研机构间也可以交流经验成果,达到学习互惠的目的。

国际科研交流还可以培养国际化人才,尤其是研究生的国际化培养,可以制定一种线上、线下融合的国际多导师培养制度,让未来学习者的知识获取更加全面、更加国际,培养出来的人才也会促进国际学术交流。建立国际科研交流互通的学习实施制度就是实现这些美好展望的基础保障。[①]

(四)技能学习实施制度改革趋势展望

通过对未来终身学习制度保障需求进行的调研,可以看出,未来学习者对于保障机构满足多样化学习目的的需求是非常强烈的。多样化的学习目的包括对满足学习者技能学习的目的的实施制度的需求,所以本部分从中职技能学习实施制度展望和高职技能学习实施制度展望两大方面进行技能学习实施制度改革趋势展望。

1.中职技能学习实施制度改革趋势展望

在全民终身学习的未来发展趋势下,中职技能学习也要把握时代发展节奏,在中职技能学习实施制度改革的道路上要充分利用信息技术的发展,发挥信息化技术的优势开展职业学习。作为新时代的学习者,信息科技的学习应该被加以重视,信息教育技术的发展为中职学生的学习提供了助力,帮助提升中职教育的质量。在教育现代化的今天,信息技术应用于课堂之中所体现出的巨大价值是我们需要认真思考的问题,要发挥信息技术的学习功能,促进中职学生学习质量的提升。[②]

一是完善学习内容技能化的学习实施制度。未来,中职学生职业技能学习要更加注重生存技能的掌握,科技发展必然导致我国产业结构的改变,对劳动者的要求也必然发生转变。未来需要更多的新职业,职业教育要以此为突破点,培养适用于将来的新兴产业的一线高素质技术人才。《中国制造 2025》是我国制造业的纲领性文件,它指出目前我国制造业生产一线高技能人才短缺是实现"中国制造 2025"的瓶颈。调查显示,我国制造业高级技术工人短缺。在我国的产业工人中只有 5%是高级工人,其余都是初级和中级工人。[③] 制造业发展的基础是人才的充足。实践证明,只有大力发展职业教育,培养大量高素质的

① 陈思文:《未来全民终身学习实施制度改革前瞻性研究》,沈阳师范大学硕士学位论文,2021 年。
② 陈思文:《未来全民终身学习实施制度改革前瞻性研究》,沈阳师范大学硕士学位论文,2021 年。
③ 杨桐:《中职学生职业技能培养途径与方法探究》,《产业与科技论坛》2019 年第 13 期。

技术工人,才能使制造业发展得越来越好。因此,未来学生职业技能的培养尤为重要,要加快技能化的学习实施制度改革,保障未来职业技能人才的输送。

二是完善学习方式信息化的学习实施制度。未来,越来越多的信息化教育方式将为教学服务。大量的教学实践证明,信息化的教学方式有助于中职学生更好地理解学习内容、掌握知识技能。中职学生在学习的过程中,技能的掌握需要长时间的积累和反复的练习。信息化的学习方式有助于中职学生的自主学习,即便没有教师的指导,学生在课余时间也可以通过信息技术培养自己的实际操作能力,使知识掌握得更加牢固,从而提升专业技能。在未来,中职学习实施制度改革要完善中职教育中的信息化应用,进一步提升中职学生的专业技能和实际应用能力。

2.高职技能学习实施制度改革趋势展望

作为高职教育的核心特质,职业性、技术性和实践性决定了其人才培养的目标是为生产一线输送高素质的技术技能型人才,这类人才不仅要精通专业知识、熟练掌握专业技术及操作技能,更需具备创新意识和专业创新能力。为了满足未来社会需求,亟需培养具备创新能力的高职技术人才。唯有强化高职院校学生创新能力的培养,使其在各类科研活动中实现创新能力与技术、技能的同步协调发展,才能全面有效提升学生的职业素养。

一是完善学习内容创新化的高职学习实施制度。未来高职教育的发展,必不可少的就是培养创新人才,要将创新、创业教育融入教学之中。专业知识学习不是学习的唯一任务,学习到的知识在现实中的转化与应用也尤为重要。实际操作的培养单纯地依靠课堂教学是无法达成的,只有通过全方位、立体化的教育模式,将纵向知识体系与横向实践应用、课内理论教学与课外实践锻炼、理论知识学习与实践操作能力培养等多个维度深度融合,让知识深入人心,学生才能真正实现学以致用,进而能够在实践中不断创新和发展。

学习内容创新化的高职学习实施制度有助于实现高职人才的多渠道、多方式的培养。发现问题、解决问题的创新能力,才是适应未来岗位需求的核心竞争力。以高职院校汽车类专业为例,其毕业生未来将主要从事产品安装调试、生产制造、品质检测、维修保养以及产品设计等工作。在技能学习中,学生的学习重点是提升识别产品缺陷的能力,以及创造性地提出切实解决方案的能力。未来高职学习实施制度需要在高职人才培养过程中重点支持和引导多维度、全方位的技能提升与素质培育,通过完善鼓励创新的学习实施制度,推动高职学习内容改革,为未来培养更具创新性的高级技术人才。

二是创新学习模式立体个性化的高职学习实施制度。未来的高职院校需要构建一套“三维立体化、个性化拓展延伸”的全新人才培养模式,瞄准新技术要求精准选拔和定向培养专业人才。院校可创立创新实验室,遴选一批具有扎实科研功底的教师担当指导者,同时吸收来自各专业领域、具备特殊专长、潜质出众且具备强烈创新意识的学生加入。学校应全力支持创新实验室运营,提供全天候开放使用的工作环境,并确保指导教师定期对学生进行指导,引导学生全程参与科研项目的策划、产品制作、调试检验及效果评估等各个环节,从而强化学生在特定创新技能方面的精细化培养。此外,还可组建竞赛小组,通过多种形式选拔(如笔试、面试、实操考核等)汇集创新实验室或其他专业中表现卓越的学生。在备赛阶段,可采用竞争淘汰机制,以激发学生的积极性与求知欲,最终筛选出兼具扎实学业基础、卓越专业技能和稳定心理素质的学生代表。在专业技能提升层面,院校应携手企业共建联合指导团队,围绕职业技能竞赛项目开展产、学、研结合的技术研发,模拟真实的产业项目实践,鼓励团队成员独立钻研、开拓创新思维,全面提升其综合职业技能。如此创新的学习模式,无疑能使高职学生锤炼出更强的实战技能,更贴合未来社会对人才的需求。[①]

---

① 陈思文:《未来全民终身学习实施制度改革前瞻性研究》,沈阳师范大学硕士学位论文,2021年。

第八章　服务全民终身学习的非正规学习实施体制改革前瞻性展望

在第七章对正规学习实施体制进行了深入探讨之后，本章将对非正规学习实施机构和制度的改革进行前瞻性展望。非正规学习作为终身教育体系中的重要组成部分，其改革和发展对于满足全民终身学习的需求具有重要意义。

一、非正规学习实施机构改革前瞻性展望

非正规学习的形式包括家庭学习、社会学习、社区学习、继续学习、老年学习等。从学习目的来看，过去和未来的非正规学习主要是为了学习和掌握一门技能，而未来的学习不仅仅是为了学会知识，更是学习一种思维方式。过去的非正规学习是在一个特定的场合，大多都是在校内通过线下课堂，教师和学生面对面授课，而未来非正规学习将实现“人人、处处、时时”的学习方式，未来的学习对象将由过去的青少年群体向所有社会成员转变，学习者不再局限于青年学生。移动设备、AI、大数据三大技术浪潮，让学习内容和学习方式也更加科技化。[①]

（一）未来社会学习实施机构改革趋势

从上文相关内容可以看出，人们对未来社会学习课程内容的需求更加偏向多样化，更加注重德、智、体、美、劳等素质的全面发展，同时在社会学习教学方式上也更加偏向于精准式教学和交互式教学。为了更好满足学习者这些方面的学习需求，推进社会学习实施机构的进一步发展，本书将从打造数字化远程学习、推进学习型社会构建、促进学习治理协同发展三方面对社会学习实施机

① 任杨阳：《未来全民终身学习实施机构改革前瞻性研究》，沈阳师范大学硕士学位论文，2021 年。

构的改革趋势进行分析。其中,打造数字化远程学习的社会学习实施机构是为了打造更加有针对性和互动性的教学方式,促进人们的学习。推进学习型社会构建的社会学习实施机构是为了通过推动学习型社会的建设,提供更加充足优质的学习资源,满足人们多样化的学习需求。促进学习治理协同发展的社会学习实施机构是为了能够通过学习提升和培养个体的社会参与素质与意识,以提升社会治理能力和水平。虽然这一需求并未在上文的调查中有所体现,但是可以看到的是,随着社会的进一步发展和人们素质的有效提升,人们必将在社会治理中占有越来越重要的地位和作用。因此,应注重构建推动多元协同发展的社会学习实施机构。

1.打造数字化远程学习的社会学习实施机构

在大数据和物联网等智能技术快速发展的社会背景下,人们生活的各个方面都被数字化影响。[①] 社会学习实施机构应积极探索互联网和教育互相融合的道路,使科技为社会学习所服务。未来社会学习实施机构的重点是数字化线上教育,可以实现对教育资源的快速整合,并可利用网络和移动终端等科学技术,开发新的学习项目。但互联网的种种乱象也会干扰我们的正常生活,因此,要对网络学习有一个正确的引导,使其健康发展。“网络不是法外之地”,要努力创造一个健康的、充满正能量的社会学习体系。[②]

传统社会学习空间上的限制将不复存在,跨越空间的远程教学成为现实,我们学习的环境不仅仅局限于社会学习机构,还有浩瀚无垠的网络海洋。学习者可以随时进行线上课程的学习,相比于单调的、简单的、限制性强的传统社会学习模式,学习时间和空间更加灵活。因此,不同年龄段、不同职业的人都可以参与到这种新型的社会学习当中。

远程数字化学习平台是互联网和社会学习充分融合的结果,平台的学习资源更加丰富,涵盖的知识更加全面。而且平台拥有“电子数字化图书馆”,学习者可以通过线上平台阅读书籍,提高学习兴趣,丰富的资源为学生的阅读创造了得天独厚的条件。同时,我们应该建立一支强大的、专业能力强的线上师资队伍,实现在线辅导、直播授课,并为学习者制定具体的学习计划。当然,相关部门也要强化对平台的规范管理,让学习者在一个健康的环境中学习和成长。除此之外,数字化学习平台可以评价学习者的学习效果,学习者也可以在平台

① [美]唐·泰普斯科特:《数字化成长(3.0版)》,云帆译,中国人民大学出版社2009年版。

② 王乐:《新中国70年我国社会教育政策回望演进与前行》,《陕西师范大学学报》(哲学社会科学版)2020年第3期。

上对平台和社会学习机构提出建设性意见。这样，平台和机构不仅能够掌握学习者的学习情况，还可以使工作者了解平台和机构的不足，从而推动平台和机构的进一步完善。[①]

2.推进学习型社会构建的社会学习实施机构

叶澜指出不论是何种形式的学习活动均可以使学习者发挥社会学习效力。[②] 如果学习资源和接受学习的机会是闭塞的，是不对所有基层学习者公开的，那么学习型社会将无法被成功构建，成功构建学习型社会的最重要的因素是学习活动对学习者的开放度和学习者参与学习的参与度，社会学习对这个因素的影响至关重要。因此，未来社会学习实施机构的发展要和学习型社会构建的方向相统一，更加广泛地整合各种社会资源，充分发挥社会影响力，促进社会学习进一步发展，从而推动社会学习机构发展。从学习型社会的角度来分析，学习型社会不仅涉及社会，还涉及学校和家庭，这三种因素共同促进学习型社会的完成，但是社会因素在学习型社会构建中发挥的作用最为强大。所以说，学习型社会和社会学习有着密不可分的联系，应该重点发挥社会学习的功能，学校学习和家庭学习加以配合，为创建学习型社会构建注入强有力的新能量，整合社会、家庭、学校各方资源，从而推进学习型社会构建。

3.促进学习治理协同发展的社会学习实施机构

社会学习与社会治理有着紧密的内在联系。发展社会学习是推动社会治理体系建设、提升社会治理水平的重要途径。未来社会学习实施机构的发展将融入社会治理。[③] 传统单一治理转变为多元协同治理，构建政府、学校和社会教育机构相关的合作单位等共同参与的社会学习治理模式，通过协商共建的方式，形成由政府牵头，多个主体广泛参与，协同对社会进行治理的新格局、新机制，推动社区教育健康发展。[④] 另外，要充分发挥社会学习实施机构的治理功能。社会学习实施机构在培育社会的自治能力、提高社会人民的主体参与意识方面具有天然的优势，发挥社会学习实施机构的培养和提升功能，使其成为整合社会力量、发挥社会治理功能的重要抓手。挖掘社会学习实施机构和社会治理之间的逻辑关系，把社会治理的理论知识联系到社会学习的实践中去，以社会治理推动社会学习实施机构的发展，那么培养出来的社会学习者也就是未来

① 任杨阳：《未来全民终身学习实施机构改革前瞻性研究》，沈阳师范大学硕士学位论文，2021 年。
② 叶澜：《社会教育力：概念现状与未来指向》，《课程·教材·教法》2016 年第 10 期。
③ 任杨阳：《未来全民终身学习实施机构改革前瞻性研究》，沈阳师范大学硕士学位论文，2021 年。
④ 邵长军：《社会治理视角下的社区教育管理创新路径》，《教育现代化》2018 年第 51 期。

的社会治理主体。[①] 未来社会学习和社会治理联动发展,不仅可以使社会学习机构发展得更加完善,还可以促使社会治理更加现代化,提高社会人民的生活质量,使社会人民生活幸福美好。[②]

(二)未来家庭学习实施机构改革趋势

随着时代的快速发展,父母对孩子的学习问题更加关注,为培养优秀的下一代,在孩子的家庭学习上付出了大量心血,对孩子的生活产生了积极的作用。但是,很多家长受到传统教育的影响,对自己孩子的教育是畸形的,没有脚踏实地而是急于求成,将自己的孩子与别人家的孩子比较,这样就会产生相反的效果。从上文针对家庭学习的调查可以发现,在未来,人们普遍希望能有更加专业化和多样化的家庭学习实施机构,帮助家长提升其家庭教育水平。为了实现这一目标,就需要推动家庭学习指导服务体系进一步发展,建立学导式的家庭学习实施机构。

1.家庭学习指导服务体系进一步发展

目前我国的家庭学习指导服务体系已经构建完善,并且在推动家庭学习和指导方面已经取得了良好成绩,在未来,这种家庭学习指导体系将进一步发展。目前我国的家庭学习指导体系中并没有完善的评价工作机制,这就直接导致家庭学习指导工作没有科学合适的奖励和惩罚方法,因此未来家庭学习指导服务体系将更加注重健全评价工作服务机制,例如第三方评价介入家庭学习指导,以此来鼓励家庭学习指导工作顺利开展。

随着我国城乡家庭学习指导机构体系的不断完善,家庭学习指导实践在家庭环境中得到了更深层次的发展,但同时也在实践中暴露出了众多错综复杂的问题。当前,家庭学习指导实践重点集中在家庭与学校的合作层面,原因在于学校目前仍然是推进家庭学习的核心主体。然而,随着家庭学习指导机构体系的拓展和完善,诸如科普场馆、母婴学校以及专门为孕妇开设的教育机构等多元化平台也将逐步扩展家庭学习指导的场景和内容。我国历来讲究家庭教育的重要性,前人以言传身教的方式为我们留下了丰富的家庭教育智慧结晶,如《诫子书》《颜氏家训》《傅雷家书》等典籍。它们蕴含了深厚的中华传统文化底蕴,对于未来家庭学习指导工作的理论构建和实践指导具有极高的借鉴价值。

---

① 虞晓骏:《公共性:社会教育融入社会治理的价值向度》,《职教论坛》2018年第11期。

② 罗殷:《供给侧改革视域下江苏社区教育发展策略研究》,《河北大学成人教育学院报》2020年第3期。

2.学导式家庭学习指导机构将应运而生

伴随着未来可持续学习型和谐家庭的出现，这类家庭把学习当作重要生活方式。因此，职责为指导学习型家庭的学导式家庭学习实施机构必将应运而生。学导式即学习在前、指导在后，学习和指导相互结合、相互促进，但是更加注重学习者的主动性，以自学为主，指导为辅。学导式的家庭学习实施机构可以科学合理地帮助家庭处理家庭学习和学习之间的矛盾。

在学导式家庭学习指导机构的指导下，父母带领孩子一起学习，这种家庭成员共同学习的模式不仅能使家庭成员在知识上更上一层楼，还能使家庭成员之间的关系更加和睦。“三人行，必有我师。”在家庭生活中，每个人都可以互相学习，共同分享学习的经验，彼此成长。家庭成员之间相互配合，还能够体现团结合作的精神，营造美好的家庭氛围。

未来学导式家庭学习实施机构强调家庭成员都将是家庭学习主体，家长不只是单纯的长辈，还要做到尊重孩子，与孩子平等交流，这样才能帮孩子解决心理上的问题。父母要善于发现孩子身上的优点，并鼓励孩子。在这种不断的交流过程中，父母会更加理解孩子，孩子也会更加体谅和尊重父母，这样才能创造一个更加和谐的家庭环境。未来的家庭教育是以互相尊重为基础，以爱为基点，这样才能发挥出孩子独有的特点。未来家庭应勇于承担教育文化建设职责，家庭目标与社会目标完美结合。学导式家庭学习指导机构将大面积推广普及，构成建设文明家庭的强劲驱动力。①

（三）未来继续学习实施机构改革趋势

一部分对自己学历不满意或是想继续学习的人会迫切想到继续学习实施机构进行学习，而随着智能时代的到来，云学习、在线技能学习等技术平台持续向继续学习实施机构渗透，这必将带来继续学习实施机构的新变革。同时，从上文的相关调查中可以看到，未来人们更加倾向于接受知识性推广和体验式推广。为了进一步推动继续学习实施机构的发展和影响力，本书认为未来继续学习实施机构应朝着更加信息化、公益效益共进、采取多元营销策略方向改革。更加信息化既可以提升管理效能，又可以提供针对性的学习服务，给予学习者更好的学习体验。公益效益共进是为了使继续学习实施机构在满足学习者学历和技能提升的同时，能够进一步展现继续学习的本质，即持续帮助人们不断学习和更新知识与技能。采取多元营销策略是为了使继续学习实施机构进一

① 朱志敏、张大生：《未来可持续学习型家庭功能构建预案分析》，《商业经济》2010年第17期。

步适应时代发展趋势,借助多元化营销迎合学习者的偏好。

1.建立更加信息化的继续学习实施机构

科技发展日益迅速,未来继续学习将实现信息化。智能化学习设备使学习更加便利,手机、平板电脑等数字产品成为人们终身学习不可或缺的物品。[①]

信息化使继续学习实施机构实现全方位智能化管理,管理的效率会得到大幅度提升。使用先进的信息科技方法,可以将参加继续学习的学生从入学到毕业的整个过程进行线上录入,使资源和数据互通。信息化使继续学习实施机构的管控机制增强,教学的质和量得到有效保障。信息化使学习突破空间限制,更加高效便捷。各种直播软件等都可以作为混合式教学的载体,能够向学生提供大量优秀教师的网课资源,海量名师课程资源共享,满足资源建设需要。另外,信息化还有助于校本优质资源的整合,进而实现共建共享。[②]

随着科技的不断发展,学习者充分利用网络学习资源进行学习活动是更符合未来时代的学习方法。学习者将采用线上和线下相结合的方式进行学习,将更加适应信息化社会。

2.建立公益效益共进的继续学习实施机构

终身学习蕴含着丰富的中国传统教育哲学思想,它不仅是中华文化传播的载体,也是我国社会经济发展的必然。继续学习在终身学习体系构建中有不可或缺的地位,它的改革肩负着文化传承和创新。因此,继续学习实施机构将增强服务意识,实现公益效益共进,推进社会发展。

继续学习实施机构将坚定不移地以“学校与社会并重”作为目标进行发展。以前,继续学习的表现形式是对学历水平和技术水平的进一步补充教育,但却忽略了它的社会性。“补充传统教育、服务社会发展”,将会是继续学习实施机构未来发展的方向。未来继续学习实施机构不应该只将关注重点放在提升学历方面,还将拓展终身学习视野,带动学习者全面发展。如何“促进人的全面发展”并“满足市场需求”,在很长一段时间内是继续学习实施机构改革的主要矛盾。“促进人的全面发展”是继续学习实施机构公益化的要求,想要提高社会群众对继续学习实施机构满意度,取得社会信任,就需要做到明确方向。“满足市场需求”是效益化的目标,如果不把效益因素考虑在内,必定会使机构发展受到

① 戴天、戴广忠:《我国高校继续教育属性及未来发展的营销策略》,《河北大学成人教育学院学报》2018 年第 1 期。

② 何鑫:《信息化建设助力继续教育转型发展》,《在线学习》2020 年第 11 期。

阻碍。[1] 未来继续学习实施机构将协调两者，公益效益共同发展、全面发展，使未来继续学习实施机构拥有更广阔的发展空间。[2]

3.建立采取多元营销策略的继续学习实施机构

继续学习实施机构应更加积极地面对当下信息技术飞跃式发展所带来的挑战，未来继续学习实施机构要想在科技化的背景下脱颖而出，首要选择就是采用多元营销的战略性措施。营销策略的关键词是商品交换，实现利益互换，从而实现各自的有机发展。多元营销策略将在继续学习实施机构的未来发展中发挥重要作用。

继续学习机构最重要的就是改变以往的观念，管理方式要从营销学中吸取经验。营销管理在百年发展中不断地更新，在实践中改革进步。因此，为了应对大环境的变化，继续学习实施机构要未雨绸缪，及早更新理念，利用营销观念将课程展现给大众。总之，继续学习实施机构要直面改革，主动迎战，做好充足的准备，方能在未来终身学习背景下立于不败之地。

(四)未来老年学习实施机构改革趋势

改革开放以来，我国老年学习实施机构经历了从无到有、从小到大、从初始创立到发展繁盛的阶段，始终坚持以人为本。目前，由单一教学方式发展到多元化教学方式。随着社会进步，老年人对学习的需求也逐渐增加，老年学习实施机构进入了一个全新的发展时期。普及、惠民成为新时代老年学习实施机构发展的重中之重。[3] 从上文关于老年学习实施机构的调查中可以看出，人们普遍期望未来老年学习实施机构能够健全完善，有专业的师资队伍、多元的办学主体、共享的教育资源、多样的学习内容以及便利的学习方式等。因此，为了保障未来老年学习实施机构的健全和持续发展，本书认为未来老年学习实施机构的改革应从供给环境最优化、办学主体社会化、办学场所社区化、培养模式专业化和学习方式信息化来进行。其中，供给环境最优化是为了形成一个强有力的保障机制，为老年学习实施机构的进一步发展提供充足的资金和构建专业的教师队伍。办学主体社会化是为了激发社会办学主体的活力，吸引社会企业办学，为老年群体提供更多样化和更优质的学习服务。办学场所社区化是为了进一步促进社区和社会学习资源的共享，以社区为依托，就近进行老年学习，聚合

① 任杨阳:《未来全民终身学习实施机构改革前瞻性研究》，沈阳师范大学硕士学位论文，2021年。

② 冯思遐、熊晓霞:《终身教育视域下高校继续教育转型发展的生态瞭望》，《科技经济导刊》2020年第32期。

③ 任杨阳:《未来全民终身学习实施机构改革前瞻性研究》，沈阳师范大学硕士学位论文，2021年。

各类资源。培养模式专业化是为了更好地向老年群体提供高品质的教学内容，以更专业的模式进行授课讲学。学习方式信息化是为了改变现有学习方式单一的现状，满足老年群体多样化的学习方式需求，使其能够根据自身需要选择合适的学习方式。

1.建立供给环境最优化的老年学习实施机构

老年学习是一种非营利性的社会福利，不论何时都需要国家、政府和社会的鼎力支持。① 未来老年学习实施机构工作统筹机制得到加强，有一个强有力的领导机制将多方资源整合起来，加大力度建设综合性老年学习实施机构。② 以政府为主体，有关部门相互配合，以此形成的工作机制来负责老年学习实施机构的工作。制定相关规章制度，明确老年学习实施机构该由谁负责。对老年学习实施机构发展中存在的问题进行分析整理。将老年学习实施机构纳入教育考核的一部分，形成健康可持续的老年学习发展环境。

未来，老年学习实施机构财政支持力度将加大并且得到保证。老年学习的关键是需要资金的支持，政府部门将加大对老年学习实施机构的投入，形成一套完整的资金保障体系。出台对老年学习实施机构发展有利的政策，对参与老年学习的企业单位等社会团体给予奖励。

未来，老年学习实施机构将建设专业的教师队伍对老年人进行教育，教师队伍对老年学习产生直接的影响。目前来说，老年学习需要水平高、能力强、基数大的教师团队，应该由一定数量的全职教师还有兼职教师和志愿者组成。要定期对教师进行培训，增加其专业性；建立线上教师系统，解决教师数量太少等问题；对优秀的教师给予奖励，增加社会对教师的认同。

2.建立办学主体社会化的老年学习实施机构

目前，老年学习实施机构已经构建了较为完整的服务体系，围绕老年开放大学、电视大学和老干部大学延伸出多个学习机构。但是总体来看，政府和企业所建立的学习实施机构仍是老年学习实施机构的主要构成部分。老年学习实施机构社会化程度过低致使其无法获得更多的资源，所以目前的老年学习实施机构不能满足社会的需求。

老年学习实施机构带有社会公共性质，因此应由政府负责建立。与此同时，政府要使未来老年学习实施机构更加社会化、更加开放。比如由政府部门牵头，组织老年学习实施机构开展各种带有公益性质的学习活动和课程，不需

---

① 虞积强：《未来老年教育发展之我见》，《中国农村教育》2019年第31期。

② 黄小云：《困境与方向：温州老年教育发展路径探索》，《成人教育》2018年第1期。

要老年人掏过多学费,学习内容相对简单;企业和社会可以建立较为高端的老年学习实施机构,其学习费用比政府建立的学习机构要高一些,但是相应的配套服务也更全面,可以满足更高水平的老年学习需求。

老年学习实施机构由于临近社区,有着得天独厚的地理位置优势,依靠这种优势可以建成服务于基层的老年学习网,并形成一个完整的网络系统。同时要继续建设线下的老年学习实施机构,以方便快捷和老年幸福为宗旨,在最近的地方建立老年学习实施机构。这样才能使老年学习实施机构得到经济实惠的推广和普及。[①]

利用社会资本作用最大化的优点,对参与老年学习的企业给予一定的奖励和支持,使社会组织能积极主动地参与到老年学习实施机构的建设中来,给老年学习创造一个更开放的政策条件。[②] 政府也应该在老年学习实施机构方面加大财政投入、大力扶持,丰富老年学习实施机构的课程内容,满足不同老年学习者对学习的不同需求,以此推进老年学习实施机构的发展。[③]

3.建立办学场所社区化的老年学习实施机构

在家门口成立老年学校是老年学习实施机构未来任务的重中之重。未来的老年学习将从社区角度出发,分析学习对象的特质,从而做出正确、全面、系统的判断。家门口的学校能在降低学习风险的同时满足老年人的需求,可以说是为老年人专门制定的学习机构。老年社区学习场所能快速整合、集中社会资源,实现老年人普及化学习。目前,社会服务已经到达基层,我们已经有了发展老年学习的基础。社区老年学习主要通过两种方式,一种是面授,另一种是线上电视大学,但是这两种教学方式的水平与老年大学相比较低,不能满足老年学习者的学习需要。因此,未来老年学习实施机构将采取以老年大学为主、地方教学点相结合的模式,实现资源共享,培养出的优秀老年学员还可以去社区老年学习机构教学,形成教资力量的良性循环。

4.建立培养模式专业化的老年学习实施机构

老年人的学习需求主要是以学习基础知识为主,目前老年学习实施机构存在的问题就是教学质量不高、教学内容匮乏。未来老年学习实施机构将开设课程难易程度不同的班型,在教学内容上也依据不同的班型需求而变化。在未来,我们将重新定义老年学习,在老年学习实施机构的带领下建立新的人才引

---

① 任杨阳:《未来全民终身学习实施机构改革前瞻性研究》,沈阳师范大学硕士学位论文,2021年。

② 杨淑珺:《老年教育供给侧改革与发展研究:以浙江省为例》,《职教论坛》2016年第9期。

③ 朱素芬、陈千帆:《老年教育供给现状及未来进路——以温州为例》,《成人教育》2018年第12期。

进标准和新的毕业规范，实现老年学习专业化，老年学习实施机构培养模式专业化，达到人才储备的目的。

5.建立学习方式信息化的老年学习实施机构

老年学习实施机构以往的学习形式是线下面授，这种学习形式较为枯燥无趣，难以使老年人对学习产生兴趣，更无法根据学员的特点来制定学习计划和学习内容，而且固定的学习时间和地点对老年人来说有一定的局限性，所以这种传统的学习方法不适合现在的老年学习。随着科学技术的发展，科技手段已经在各行各业全面应用，当然也包括老年学习实施机构。未来老年学习实施机构想要实现变革，必须借助科学技术的力量。一是采取线上网络教育和线下实体教育共同发展的学习方式，使老年人的学习空间更自由化。二是加大老年学习实施机构和互联网的密切联系，为老年人构建新型的学习平台，实现老年人想学就学的美好想法。未来老年学习实施机构还将丰富线上学习内容，扩大学习范围，尽可能地为老年人提供便利，提高老年学习的质量。① 老年学习实施机构未来还将更新传统的教学方式，充分利用多媒体等科技手段，激发老年人的学习兴趣，切实提高老年学习机构的培养质量。②

(五)未来社区学习实施机构改革趋势

社区作为我国居民居住的基本场所，在人们的工作和学习中发挥了重要作用，并逐渐发展出了社区学习实施机构，以更好地为青少年群体、中年群体以及老年群体提供学习服务，促进其终身学习。随着我国科学技术的进一步发展，社区学习实施机构也有了很大发展，能够紧跟社会发展的潮流。正是由于我们不断探索社区学习实施机构的创新发展措施，社区学习实施机构才能够稳健步入社会发展的快车道，有秩序地高效运行，从而发挥整体效益，大大提高社区人们的生活和学习质量。因此，为了进一步发挥社区学习实施机构在各类群体学习生活中的重要作用，未来社区学习实施机构改革应注重理论性与实践性的统一、市场化与公益性的融通以及新技术与旧传统的融合。

1.未来社区学习实施机构实现理论性与实践性的统一

从理论上看，未来社区学习实施机构将更加注重终身学习的理念，并致力于探索终身学习和社区学习实施机构之间如何协调共生、共同发展。未来社区学习实施机构将综合运用学校学习、家庭学习和社会学习的各方面资源进行自身构建，使这些资源为社区学习实施机构服务。在社区学习政策方面，构建未

① 任杨阳:《未来全民终身学习实施机构改革前瞻性研究》，沈阳师范大学硕士学位论文，2021 年。
② 许嚣嚣:《老年教育发展的实践逻辑与未来趋向》,《成人教育》2019 年第 11 期。

来社区终身学习制度，探索未来各类学习在社区学习实施机构中如何发展，为未来社区学习实施机构的健康运转提供强有力的政策保障。而在理论联系实践方面，在建立多方协调的未来社区学习实施机构的基础上，对社区内各级别学习机构进行整合，大到中小学、幼儿园，小到学习机构、文娱活动中心等，打破以往学习的隔阂，形成城乡社区相互联合的学习共同体。

2.未来社区学习实施机构实现市场化与公益性的融通

未来社区学习实施机构呈现多元化趋势，这种多元化包括学习对象的多元化和办学形式的多元化。面对不一样的学习对象将有不一样的服务方式，从而展现学习机构多元化的功能性质。未来社区学习实施机构将协调各方资源，并将其转化为学习资源，使学习资源共享，引领未来学习者的需求。这就是未来社区学习实施机构的市场化。未来社区学习实施机构还将无偿开展公益学习服务，吸引社会各界的目光，使越来越多的人关注社区学习，也让社区学习实施机构的福利能够惠及更多的学习者。因此，未来社区学习实施机构还有公益性的特点，而市场化就是对多元化学习需求的回答。未来社区学习实施机构将在真正意义上实现市场化和公益化的相互结合，通过不断更新和完善，为未来社区提供质量更优的学习服务。

3.未来社区学习实施机构推动新技术与旧传统的融合

不断发展着的科学技术正在以不同的方式影响人们的学习方式和思维模式，也从不同的方向和角度重新构建社区学习实施机构。未来新技术将渗透到社区学习实施机构的所有层次和所有环节，并对其产生深刻影响。从其他方面来看，以往社区只是熟人范围内的社会伦理以及邻里间秩序，而线上学习等的出现不仅推动着社区学习实施机构朝着健康生态方向发展，也在很大程度上影响居民的学习能力。随着未来人类知识总量的不断增加，新的理论和技术已经为未来社区实施机构的改革铺好了基石。我们应该去思考社区学习在科技下的变革和发展。在新旧技术互相融合的未来，社区学习实施机构应该主动思考工具与价值、改革与传承的矛盾问题，进而在新旧技术之间、现代与传统之间、城市与乡村之间达到平衡，形成发展共同体。①

二、非正规学习实施制度改革前瞻性展望

正规学习的核心特征在于其高度的制度化，这种制度既为学习提供了稳定的框架和保障，也可能成为限制其灵活性和适应性的屏障。换言之，正规学习

---

① 任杨阳：《未来全民终身学习实施机构改革前瞻性研究》，沈阳师范大学硕士学位论文，2021年。

的优点在于其“制度化”,但也正是由于“制度化”,在某些情况下可能会暴露其局限性。相反,非正规学习虽因其“非制度化”而显得不够规范和系统,但这同时也是它的优势所在,能够弥补正规学习在灵活性和适应性方面的不足。因此,非正规学习凭借其“非制度化”的特点,在终身学习体系中发挥着无可替代的作用,作为对正规学习“制度化”缺憾的重要补充,成为终身学习体系不可或缺的一部分。非正规学习生命力很强,它可以通过改变自身来适应社会多种多样的需求,摆脱了正规学习时间和空间上的限制。非正规学习将重点放在了人们的兴趣爱好上,鼓励并依赖学习者们的自主学习。它是围绕学习者展开的,因此更加民主。非正规学习努力改善劳动者素质,将学习的作用更好地发挥出来,增强学习的生命力。非正规学习在适应社会发展和满足人类个性化、多样化终身学习需求方面扮演着重要角色,打破了传统教育模式的局限性,体现了国际终身学习理念的创新和进步。对于非正规学习制度的改革和实施,应当结合时代特征和社会需求,以促进更加开放、灵活和个性化的终身教育体系构建。

以下从家庭学习实施制度、社会学习实施制度、社区学习实施制度、继续学习实施制度、老年学习实施制度方面对非正规学习展开具体论述。

（一）家庭学习实施制度改革

本部分从建立内容更具创造性的家庭学习实施制度,建立家长专业化的家庭学习实施制度,建立家庭、学校、社会相互协作的学习实施制度三大方面进行家庭学习实施制度改革前瞻性展望。

1.建立内容更具创造性的家庭学习实施制度

从上文人们对家庭学习实施制度的看法可以看出,未来人们更加需要引导家庭学习内容个性化发展的家庭学习实施制度。在未来,人才必须首先具有奋发向上的创造力和创造精神,借助这样的能力和精神,才能够在自己的学习和职业生涯中不断进取。创造力从小就可以培养,只要父母多加观察,就不难发现年幼的孩子比成年人敢于思考,他们有天马行空的想象力,想去星空中旅行,去海底探索宝藏。孩子们很容易对外物产生好奇并且乐于探索,而想象力和好奇心是创造的基础。我们要鼓励他们的奇思妙想,并为孩子提供轻松自由的环境以及更多的创造机会。此外,创造力依赖于丰富的知识,父母还须引导孩子们的好奇心,帮助他们积累知识和经验,开阔眼界。例如,利用周末带孩子走进大自然,大自然是儿童学习和创造的最佳选择。因此,未来家庭学习实施制度的改革应保障家庭学习内容更加具有创造性。

2.建立家长专业化的家庭学习实施制度

根据上文调研结果可以得出，未来人们更加需要保障家长培训专业化发展的家庭学习实施制度。父母是孩子最好的老师，在未来，父母角色的重要性会更加凸显，为人父母的教育能力十分重要，只有父母懂得如何教育，孩子才会从父母那里学习得更好。建立学习主体专业化的家庭学习实施制度可以帮助父母学习如何对孩子进行教育，通过专业培训，让父母成为“专业”的父母，学习并掌握教育子女的专业技能与理论知识。设立专业的父母“执照”，通过学习获得证书。随着未来社会发展，家长应学会如何解决孩子在各个年龄层次上所遇到的不同问题，如青春期的逆反心理、异性间的相处或者网络成瘾等问题。合理地解决这些问题，是家长需要学习的地方，这样才能在问题发生时正确引导孩子，保证孩子的身心健康。在这种情况下，专业的家长技能培训是未来必须解决的问题。现今，越来越多的新手父母深切关注自我教育能力的提升，他们对专业育儿知识有着强烈的求知欲与咨询需求，对于孩子在不同成长阶段遇到的具体问题，会竭尽全力寻求解答与帮助。

在未来，应把“我们怎样做父母”当成一项职业教育来开发。应该通过建立家长专业化学习实施制度，有效引导家长实施家庭教育，形成规范的专业教育体系，提供高品质社会服务。学着当好父母，既是父母的责任，也是社会的责任。只有当父母掌握正确的家庭教育方式与方法时，家庭教育才能持续稳定地发展。未来通过建立家长专业化学习实施制度推动家长接受专业化教育，需要政府与社会共同合作，开展多种形式、多种途径的专业化家长学习课程。家长专业化学习实施制度应形成规范的专业学习体系，进行高品质的专业学习。可以鼓励建立家长课堂等专门教育机构，完善家长教育教材，建立专业的指导师资队伍。同时加强宣传推广，鼓励多种形式的公益指导。

3.建立家庭、学校、社会相互协作的学习实施制度

对问卷的调查结果进行分析可以得出，未来人们更加需要保障家庭、学校、社会具有联动性功能的家庭学习实施制度。在未来，要协调家庭、学校和社会在教育上的关系，发挥联动作用，为学习者提供良好的学习环境。在学习实施制度建立上要保障以下两点：一是家庭与学校联合。教师在教育学生时，可以从家庭获得支持。父母在教育孩子时，可以从学校获得指导。二是家庭、学校和社会联合。比如，家长应注意引导学生在日常生活中树立正确的社会价值观，学校应积极引导并组织学生加入各种社会学习活动中。未来的家庭学习实施制度只有协调好学校、家庭和社会，才能让学生全面和谐地发展。为了将来

三者之间更好地合作，有必要建立一个标准化的家庭学习实施制度，以帮助三者共同努力，促进学习者的高效和高质量学习。因此，未来的家庭学习实施制度应连接好家庭、学校、社会，让三者协作，保障学习效果。

（二）社会学习实施制度改革

社会学习是社会机构、组织、企业开展的有目的、有组织、有计划的开放性学习活动，是不包含学校和家庭学习的学习活动。社会学习是在广泛的社会时间和空间中进行，以满足所有学习者的需求。社会学习包括在公共文化机构进行学习、在非政府组织中进行的学习、在各种学习机构进行的学习、在各级政府部门进行的社会培训、员工在企业和机构进行的学习以及在社区和社会进行的成人学习等类型。未来社会学习实施制度的改革要把握未来的前进方向，完善终身学习制度体系，利用好社会资源，促进学习型社会体系的建立。

1.建立以发展为导向的社会学习实施制度

通过分析社会学习实施制度调查结果发现，未来人们更加需要保障个体学习以发展为导向的社会学习实施制度。教育既要满足社会的现实需要，也要满足人自由发展的目标。未来的教育会把现实导向与发展需求结合得更好。在社会发展过程中，有关我国社会教育政策的目的阐释表现出从“现实导向”向“发展导向”转变的趋势。

新中国成立伊始，各项事业迫切需要重建，所有工作的重点都必须服务于国家的全面发展。当时，“政治稳定”和“现实需要”是教育目标的核心。改革开放之初，国家迫切需要科技人才，社会教育随之进入了以科技教育为中心的新时期。但是，无论基于何种目的进行教育，其宗旨都是提升人民的政治意识和文化水平，都着眼于科技进步开展科学技术教育，都遵循“以现实为导向”的传统。20 世纪 90 年代中后期，我国经济发展取得突破性进展，综合国力显著提升，此时社会教育开始转向“以发展为导向”。

进入信息化、智能化时代，社会教育的含义、场所和作用将不断扩大，学习型社会、个性化学习等成为社会学习的关键词。未来的社会学习内容必然是不断发展的。因此，我们要以更长远的以发展为导向的眼光进行学习实施制度的改革。①

2.建立学习内容多元化的社会学习实施制度

通过对问卷结果进行分析可知，未来人们更需要保障社会学习内容更加多

① 陈思文：《未来全民终身学习实施制度改革前瞻性研究》，沈阳师范大学硕士学位论文，2021 年。

元化、保障社会学习方式更加智能化的社会学习实施制度。教育的内容表达出社会对学习者的期望和要求。社会变革将不可避免地带来学习内容的变革。当中国从“封闭”向“开放”转变时,社会学习内容也从“单一”向“多元”转变。

国家的发展水平决定着学习的内容。当整个国家发展水平较低时,社会学习的内容主要以文化和政治为基础,目的是为人民提供知识教育和思想教育,使他们能够具备基本的识字和计算能力,并认同国家的政治。改革开放后,为适应国家的发展需要,社会学习的内容不断深化为文化和政治的学习,并开始重视科学知识和技术技能的学习。学习目的的转变,必然带来学习内容的变更,学习内容开始更加深入,即帮助个人发展的同时也帮助社会的发展。此时的社会教育除了满足基本的学习需求之外,已经开始向高品质的生活追求进发。由此可见,未来学习内容多元化是发展的必然趋势,未来社会学习实施制度的改革也应保障多元的学习内容,为不同的学习者们提供社会学习的制度支持。

3.建立学习方式数字化的社会学习实施制度

上文的相关调研结果表明,未来人们更加需要保障社会学习平台的学习功能更加完备的社会学习实施制度。未来,万物互联的云技术和人工智能的应用场景无处不在,必将有力推动社会学习朝着更便捷的方向发展,鼓励各类组织运用数字技术来提供多元化社会学习服务,以实现社会学习的共建与共享。开发应用功能细分的专业化 AI 大语言模型,无疑是引领未来社会学习进步的前沿阵地,同时也是有效整合教育资源的核心通道。应逐步建立和完善学习方式数字化的社会学习管理体系,一方面鼓励 AI 平台构建者充分利用互联网与移动终端技术的优势,科学设计并推出教育项目与产品,采取多样化的方式,举办兼具特色、创新价值的专题网络教育课程;另一方面也需要规范网络智能学习行为,从而为学习者和教育者提供更加完备的制度支持与保障。①

(三)社区学习实施制度改革

社区学习是终身教育体系的一个重要内容。社区教育的活动范围是社区所在的地域,教育对象是社区居民,目的是为居民提供更多学习机会,促进居民的自由发展,构建和谐的邻里关系。改革开放以来,我国的社区学习发生了巨大变化。但是,面对未来终身学习的需求,社区学习在很多方面仍有改进的余地。我们有必要在弄清不足之处的基础上把握社区学习的发展趋势,指出并指

① 陈思文:《未来全民终身学习实施制度改革前瞻性研究》,沈阳师范大学硕士学位论文,2021 年。

导社区学习未来的发展方向。

1.建立学习内容高品质的社区学习实施制度

鉴于上文对社区学习实施制度的研究,可以预见,未来社会对于确保高质量社区学习内容的社区教育实施体系的需求会日益增长。“十三五”规划期间,我国政府已正式发布多项旨在加快社区教育(特别是老年教育)发展的相关政策与规划文件,其中包括教育部等九部门发布的《关于进一步推进社区教育发展的意见》。各省级政府高度重视社区教育和老年教育的战略布局,通过加强顶层设计和跨部门、多主体的协作联动,增强了推进社区教育发展的力度。目前,社区教育事业呈现出蓬勃向上的发展趋势:东部发达地区及大中城市的社区教育水平不断提升,中西部地区以及农村地区的社区教育也正在加快步伐,社区教育的参与率和覆盖范围持续扩大。全民终身教育活动周、全民阅读等项目蓬勃发展,大量特色鲜明、具备示范意义的基地建设、项目策划、科研课题、品牌塑造等工作成果不断涌现,社区居民自发组建的学习团队、志愿服务团体以及丰富多彩的休闲文化活动充满活力,极大地提升了社区教育的文化氛围和影响力,为社区教育未来的拓展奠定了坚实的基础。

随着国家迈入高质量发展和实施教育强国战略的社会主义现代化建设新阶段,我国社区教育也势必将步入品质提升的新阶段。提升学习内容的质量将成为推动未来社区学习迈向高质量发展阶段的关键途径。这一趋势不仅体现了我国未来发展新理念和新发展格局对社区学习提出的客观要求,也契合了社区学习内在改革与发展的逻辑规律,是其必然发展趋势、现实基础与实际行动相互融合的结果。因此,未来社区学习实施制度的改革应当聚焦提高社区学习内容品质,倡导高品质学习模式,以制度创新为社区学习的高质量发展保驾护航。

2.建立主体差别化的社区学习实施制度

依据前文所述,未来社区学习实施制度需特别注重为不同年龄层和群体提供个性化、有针对性的学习支持。随着互联网的普及,老年人如何熟练使用网络成为一个重要的问题。为此,在推进社区教育信息化进程中,如何协助老年人提升信息化应用技能,顺利跨越“数字鸿沟”,享受科技进步带来的生活便利,已成为当前亟须解决的重大议题和社会民生工程建设的重要内容。

未来社区学习实施制度的改革应当着力强化对老年人智能技术能力的培训,将其纳入核心教育模块。为此,需开发适宜老年人的全媒体课程体系,采取线上线下结合的教学方式,按照人群特点、能力层次和兴趣专题进行精细化、个性化的智能技术教育培训，通过集体学习、家庭共学、老少配对辅导、实际操作演练、经验交流分享、亲友互帮互助、志愿者服务等多种灵活形式，解决老年人在日常生活中的信息技术应用难题，引导他们积极接触新技术，融入智慧社会。

在重点关注老年人群信息化教育扶持的同时也不应忽视其他同样面临数字化挑战的人群，如农民工、低文化程度群体等，需要制定相应的学习计划和援助措施，确保他们能够跟上信息化发展的步伐，共同享受新时代带来的美好生活。

3.建立方式数字化的社区学习实施制度

根据上文调研情况，未来社区学习实施制度的发展趋势将更加注重保障社区学习向数字化转型的功能。随着学习与互联网愈发紧密地结合，数字化已经成为未来终身学习体系发展的重要趋向。鉴于信息技术的广泛应用与普及，利用信息技术手段进行学习的做法日益深入人心。在此背景下，如何积极推动信息化与社区学习深度融合发展，已然成为促进社区学习现代化进程的迫切任务和必要举措。

一是以学习者为核心定制社区教育数字化学习素材。未来社区学习实施制度应立足于居民个体的学习特性与需求来进行资源设计。鉴于当前多数老年人难以适应数字化学习环境，他们在操作过程中可能会遭遇诸多困扰。大部分老年人的感知能力迅速衰退，对色彩、亮度、音量等方面的敏感度逐渐降低，且思维及行动反应速度减缓。因此，在资源设计阶段必须充分考虑这些学习者的特殊性，比如在视频学习资料中使用较大字号和醒目的颜色等。此外，根据调研结果，居民对于数字学习资源的时长和内容各有偏好。因此，设计出符合居民个人特点和需求的数字学习资源显得尤为重要。另外，应开发利于合作学习的资源，这类资源能够帮助解决社区内存在的社会问题，进而推动社区治理效能提升和社会和谐氛围的营造。它不仅能增强居民进行数字学习的有效性，丰富数字学习的形式，还能够在学习过程中增进居民间的互动交流。

二是强化社区教育数字化学习资源共享共建机制。未来各地政府可着手构建资源共建共享体系，用来指导各级机构统一行动，共同致力于结合信息技术的社区教育资源建设，明确各方的责任和权限，合理分配具体工作任务，防止工作出现混乱无序的情况。在资源整合过程中，应充分考虑不同组织的特性和优势，有针对性地分配任务，并在组织内部设立专门的协调领导角色，定期进行随机抽查评估。在正式启动资源建设之前，特别强调要对公民对数字学习资源的需求进行深入调研。通过对参与社区学习的居民进行问卷调查、访谈等形式,准确把握他们对教育资源的实际需求,包括所需内容和呈现形式,然后根据这些反馈信息进行有效整合与共享,力求使建成的数字化学习资源最大限度地满足居民需求并发挥实际效用。[①]

(四)继续学习实施制度改革

根据上文的调研结果,未来社会学习实施制度亟须关注个体以发展为导向的学习模式,持续性学习同样能有效促进学习者的全面发展。显然,在未来的终身教育格局中,继续学习扮演着提升大众素质、能力和经验的关键角色。我国作为人口大国,拥有丰富的教育资源,教育的根本目标之一便是通过继续教育的推广,将庞大的人口优势转化为宝贵的人力资源优势。当前,继续学习已成为非正规教育领域发展不可或缺的一部分。无论是个人层面还是社会层面,终身学习的理念都昭示我们,人生旅程中所需要的知识远超于青少年时期在校所接受的部分,许多关乎生活实践的技能与知识更多源自持续不断的后续学习。唯有坚持继续学习,才能真正实现个体与社会的更好发展。

当前,科技发展日新月异,海量的学习资源纷至沓来,呈现在广大学习者面前。社会成员流动频繁,新兴职业和就业机会不断涌现,多样化的变量交织形成了当今复杂多变的社会格局。在这样的社会背景下,学习者必须紧跟时代变迁的步伐,不断更新自身的知识与技能储备,以提升个人素养和社会竞争力。面对这一新形势,未来的社会成员对持续学习、拓宽知识面和增强各方面能力的需求将会愈发强烈。继续学习的内容不仅涵盖了与学习者职业相关的各个领域的最新知识与技能,还包括提升个人综合素养、培养个人兴趣爱好以及丰富精神生活等方面的学习。

1.建立人才培养科学化的继续学习实施制度

继续教育是一种涵盖非学历教育和培训的活动,其特点主要体现在周期较短、目标性强、能快速传播新知识和技术等方面,相较于传统的学校教育,在学习内容、模式和方法上表现出明显的差异性。继续教育旨在培养多元化、广泛型的人才。在设计继续学习的内容及形式时,必须遵循科学原则,使其既能满足学习者广泛且多样化的学习需求,又能体现学习内容的针对性和丰富性。未来的继续学习实施制度改革应确保提供多种多样的学习机会,不仅要数量庞大,而且要类型各异、特色鲜明,以便不同需求的学习者都能找到适合自己的学习路径。[②] 继续学习实施制度的改革要坚持以社会和学习者的需求为导向,以

① 陈思文:《未来全民终身学习实施制度改革前瞻性研究》,沈阳师范大学硕士学位论文,2021年。
② 陈思文:《未来全民终身学习实施制度改革前瞻性研究》,沈阳师范大学硕士学位论文,2021年。

职业能力为核心评价标准，进一步加强继续学习的内容和方法，体现继续学习的针对性、多样性和实效性。

未来继续学习对主体的培养要符合未来终身学习和可持续发展的需求，保障培养的科学性。其实，从继续教育发端来说，就是要更重视技术教育，更重视实际应用，培养契合社会所需的应用型人才。也就是说，继续教育要与市场相适应，依据市场所需科学地进行专业设置，以实现人才的科学化培养。随着科学技术的飞速发展，行业分工将更加精细，社会对员工的专业技能要求也更高。① 继续学习实施制度的改革应注意到这些变化，了解行业发展的最新情况，依据需求，科学培养人才。

2.建立平台信息化的继续学习实施制度

5G 时代人工智能技术的广泛应用，为推动终身学习发展带来了前所未有的契机。“互联网＋”的发展必将对现有的继续学习产生巨大的影响，必然会导致继续学习方式发生巨大变化。“互联网＋”的概念是互联网技术发展到一定阶段的必然产物。今天，互联网已经从一种技术手段和一种交流手段发展成为生活中必不可少的一分子。它已经不再仅仅是便利生活的手段，而是充分融进了生活，在生活的各个方面都有它的影子。这种变化对继续教育而言也十分重要，继续教育实施制度的改革要帮助继续教育建立更加现代化的学习平台。

一是建立更为灵活高效的网络平台学习认证体系。继续学习主要面向成人教育，是在职人士为了提升知识、技能或学历水平，以及在校学生为了获取双学位或额外技能的学习活动，甚至包括退休人员对知识、技能、文化、休闲及学术等领域内容的学习。不论是何种情况，继续学习群体均有其固有的时空特点：在地域上，传统学习方式受限于地理位置，学员往往只能在附近区域参加学习；在时间上，由于日常工作、生活安排的影响，学习者可用的学习时间有限，只能利用碎片化时间进行学习。这些由继续教育参与者特性引发的时空局限极大制约了继续教育的普及与发展，使得一些地区的人们能在指定地点和时间接受继续教育，而偏远地区则难以为继。然而，随着未来网络平台技术的不断发展与普及，其不受时空束缚的特性使继续教育的接入门槛大大降低，人们随时随地都可以方便地进行在线学习。加之知识更新换代速度加快、职场竞争压力增大以及个人自我提升需求的增长，接受继续教育已经逐渐成为人们自觉主动的选择。因此，构建灵活且认可度高的网络平台学习认证制度，对于打破传统时空壁垒、推动继续教育事业高质量发展至关重要。

① 陈思文：《未来全民终身学习实施制度改革前瞻性研究》，沈阳师范大学硕士学位论文，2021 年。

二是建立集团化平台学习实施制度。未来互联网的发展使继续教育机构之间的联系得到加强，形成一种新的教育集团，教育集团间的相互联系使学习者与学习资源间的共享变得更加便利。建立继续教育集团学习平台是帮助继续教育发展的好途径。形成教育集团后，各个教育集团间的学习成果可以共享并相互认证。学生可以在教育集团中的任何集团流动学习，在这家注册也会被另外几家承认，他们可以随时随地就近学习。用发展的眼光看，逐步整合继续教育集团，促进合作发展，是"互联网＋"结合继续教育发展的必然趋势。学习实施制度应该有助于教育集团学习平台的建立，为其提供制度保障。[①]

（五）老年学习实施制度改革

当前，我国人口老龄化程度日益加深，老年学习群体庞大。老年学习实施制度的改革可以帮助老年学习者更好地学习。老年学习群体与其他学习群体不同，老年学习实施制度的建立与完善要考虑到老年群体的差别性、老年群体的特殊学习需求、老年学习群体的身体情况和对于信息技术的掌握情况等。

1.建立学习模式多元化的老年学习实施制度

从上文相关内容可以看出，未来老年学习者更需要保障老年学习模式更加多元化的老年学习实施制度。当前阶段，我国大多数老年学习活动都是在各级地方政府资助的高等院校进行的。未来，当前老年教育的场所和人员将不再能够满足大多数老年人的需求，一些老年学习者在学习内容和学习模式等方面将会有更高层次、更多种类的需求，而这就使得老年学习的发展计划和现实做法等都需要进一步提高。从终身教育的角度来看，政府建立开放大学来发展老年学习，很大程度上满足了目前以及未来阶段老年学习发展的需求，这与我国的国情相吻合。虽然目前我国的开放大学还处在刚开始发展的阶段，但是它具有项目必备的可行性和可靠性。

以社区为依托建立的开放大学将成为老年学习者最便利的学习地点，这就使老年学习者能够更加方便快捷地进行学习活动，找到最佳的学习状态。以社区为基地，参与学习的老年人还可以带动周边人群共同学习，有助于推动老年教育工作的顺利开展。依托社区平台，可以收集老年学习者的学习目的和需求，为开发多元学习模式奠定基础。社区学习平台的构建还将起到动态宣传作用，使老年学习的影响力进一步扩大，并带动老年学习者进行终身学习。

老年学习实施制度还应该从提升老年学习者的学习兴趣方面来构建多元

---

① 陈思文：《未来全民终身学习实施制度改革前瞻性研究》，沈阳师范大学硕士学位论文，2021年。

化的学习模式。例如,依据老年学习者不同的兴趣、爱好来设置各式各样的学习课程;努力完善老年人学习成绩评价体系,向完成学业的老年人发放结业证书,以充分调动学习兴趣;根据老年人的实际情况创新教育模式,确保老年人始终处于积极的"学习状态";等等。

2.建立学习途径信息化的老年学习实施制度

通过对调查问卷进行分析可知,未来老年学习者更加需要保障老年学习途径信息化的老年学习实施制度。在开展老年学习活动时,有必要将现有的教育技术与现代网络技术相结合,建立功能齐全的网络学习平台,并从各个方面、多种渠道整合老年学习资源。在建立老年学习平台实施制度时,改革的落脚点要放在老年人的需求上,不是内容多就好,而是内容被需要才好。应该尽可能"脚踏实地",并对不同地区老年人的学习需求进行区别化管理。另外,要注意老年学习者对平台的使用情况。可以通过面对面的演讲来演示学习平台使用的操作过程,还可以通过微信平台上传与操作有关的教学视频,以使每个老年学习者都能熟练掌握该平台的使用技能,从而使他们快捷地获得相关的学习内容。同时,在丰富和整合老年学习资源方面,应尽可能多地收集有关老年学习的难题、学习需求和学习建议的原始数据,并根据老年学习者的学习特点和学习需求构建合理的教学内容,以最大程度满足老年学习者的兴趣和爱好,灵活调整老年学习的课程内容。

老年学习途径的发展与社会的发展是同频的。进入 21 世纪后,老年学习已朝着远程学习模式迈进,当前针对老年人的远程学习模式包括广播、电视和互联网。未来老年学习将与科学技术的发展相结合,变得更加智能。老年人将充分利用线上学习模式,特别是一些有特殊情况的老年人,他们可以在家中学习。现代网络技术的发展为由于时间、金钱和健康等原因而无法到现场学习的老年人提供了学习的机会和平台。远程教育中的在线教育将成为未来我国老年教育的主要发展方向。未来老年学习实施制度的改革要抓住老年学习者的真实所需,为老年学习者提供多样的信息化学习途径。

3.建立养学结合的老年学习实施制度

通过对调研结果进行分析发现,未来老年学习者对保障学习与修养相结合的老年教育实施体系有着更高的需求。为了顺应新时代的发展需求,应当将养老服务模式与老年学习无缝衔接,在思想观念和战略发展理念上进行积极创新。大力提倡全社会形成对老年学习的正确认识,促使老年人的角色从单纯消耗社会资源转变为积极参与社会资源开发。通过开展有针对性的思想动员工作，打消老年人参与学习活动和其他学习行为的顾虑，激发他们的积极性，从而彻底转变社会上陈旧的养老观念，为养老机构的未来发展指引新的方向。

强化养老与学习的整合至关重要，明确发展目标与前进路径，为后续各项工作的推进提供源源不断的驱动力。在当前市场深化改革的大环境下，应当有效应对养老机构床位空置率高的问题，鼓励其走上特色化发展之路，尤其要重视养老与教育的双重结合，从医养结合入手寻找突破口，明晰老年教育在养老服务体系中的功能定位，通过构建独特的品牌优势来提升养老机构在市场竞争中的地位。唯有切实转变发展理念，才能真正推动养学结合新模式的创新发展。

4.建立规范的老年学习评价制度

调研结果表明，未来老年学习者期待将更完善的老年学习评价体系作为学习实施制度的一部分。建立老年学习评价目标、体系、标准和机制，发挥教育评价的鉴定、诊断、导向和激励功能，促进老年教育规范、有序、优质发展，在学习型社会构建中发挥积极作用。建立规范的老年学习评价制度，一是要建立高等教育研究与评估机构，选择高等教育对象和样本，收集数据，统计分析，发布年度质量发展报告和评估蓝皮书，为政府、学校等评估提供依据。二是制定评价规范，由评估机构带领，各高等院校、相关负责部门以及各行业的专家共同负责制定评价目标、指标体系以及机构建设所需要达到的标准。三是发展互联网学习平台，以“互联网＋老年学习”的指导思路为原则，在互联网上构建老年学习公共服务平台，平台能够为老年学习者提供在线学习、组建班级、学友圈分享学习经验等服务。四是建立老年学习相关工作机制，在不同地区政府的统一领导之下，建立老年学习评价机制。这就需要明确老年学习机构、教育的行政部门和第三方评价机构三者的关系，使评价机制更加权威。①

① 陈思文:《未来全民终身学习实施制度改革前瞻性研究》，沈阳师范大学硕士学位论文，2021年。

第九章　服务全民终身学习的非正式学习实施体制改革前瞻性展望

在前面的章节中，我们分别探讨了正规学习和非正规学习实施体制的改革趋势。本章将聚焦非正式学习实施体制，对其改革进行前瞻性展望。非正式学习作为终身教育体系中的重要补充，其灵活性和多样性对于满足未来全民终身学习的需求同样具有重要意义。

一、非正式学习实施机构前瞻性展望

非正式学习实施机构中没有固定的学习者和教师，即学习者通过生活和工作经验进行学习活动的学习实施机构，如人们通过参观科普场馆获取知识的过程，或通过自主学习服务平台、移动互联网进行学习的过程。本书根据非正式学习实施机构提供学习服务的方式，从网络学习媒体、纸质媒体、科普场馆三方面对改革趋势作出分析。①

（一）未来网络学习媒体改革趋势

根据问卷调查结果，人们期望未来网络学习媒体能够更加注重提供智能化服务和多元化传播。本书认为，未来网络学习媒体将具有如下改革，即未来云技术平台成为网络学习媒体机构必备支持系统、未来网络学习媒体机构立体传播代替单一传播、未来网络学习媒体机构定制化传播代替普适性传播、未来网络学习媒体机构主推视频内容新生态。

1.未来云技术平台成为网络学习媒体机构必备支持系统

目前，云技术平台在一些领域已经得到了一定程度的应用，并且能够通过

① 任杨阳：《未来全民终身学习实施机构改革前瞻性研究》，沈阳师范大学硕士学位论文，2021 年。

海量数据的“喂养”，进一步提升人工智能在多个领域的广泛应用和深度发展。未来网络学习媒体机构必将以提供智能化服务为主，借助云技术平台，进一步提升学习服务的智能化、学习评价的精准化和学习资源的共建与共享。最近几年，各地都开始发展云技术平台，借助互联网进行云计算，使用专业的云计算模式建设云平台，进一步对云平台进行升级，从而成为未来网络学习媒体机构必备的支持系统。云平台功能包括内容资源汇聚能力、数据分析推荐能力、移动采编服务能力、互动发布能力、移动业务支撑能力、舆情分析能力、指挥调度管理能力等，对内容进行可视化分析，最终实现一种全新的服务模式。云技术平台将解决学习评价精准化的问题。① 传统的学习评价只能通过学生日常行为表现、课堂成绩、教师观念等方式进行，具有局限性，而且有时候作出的学习评价并不准确，导致较大的不确定性，评价的好坏也容易受评价者主观观念的影响。随着科技的发展，我们可以通过云技术平台收集到大量的学习数据，并根据学习者平常的学习数据，运用人工智能技术进行精准评价，以有效提升学习者的学习效能。未来云技术平台还将衍生出网络学习媒体机器人，一是对所获得的数据进行分析和处理，二是预测未来学习热点。这个机器人能够对各种学习App上的学习内容进行数据分析，然后预测未来一段时间内的学习热点，帮助网络学习媒体选出人们最热衷的学习内容，并提供相应的学习服务。云技术平台还有一个重要作用，即直接向学习者推送他们最感兴趣的或最需要的优质学习内容。现代社会生活和工作节奏越来越快，人们工作繁忙，压力巨大，缺少时间在海量信息中选择所需要的信息，而借助云技术平台可以有效解决这一难题，为人们的学习提供便利。

2.未来网络学习媒体机构立体传播代替单一传播

近年来传播渠道愈发多元，内容产品海量增长，单一传播方式不能满足现代需求，立体化传播成为常态化策略。把优质产品立意和互联网传播特点结合起来，在传统的文字、图片基础上综合运用直播等传播方式，针对不同平台发现不同用户爱好，创新话语表达和传播方式，将单一的线性、平面传播转变为融合传播模式下的多元化立体传播，满足不同层次人群的信息需求，引发传播热点。传播渠道更加立体，传播力、影响力将大幅提升。大数据分析使立体化传播效果评估更加数据化、精确化。以前只能凭借报纸书刊发行量、电视收视率进行传播效果评估，远不能准确反映传播到达率。对点击率、评论数等多维度传播数据进行效果分析，成为衡量“现象级”热点产品更加精准的量化依据。调整传

① 任杨阳:《未来全民终身学习实施机构改革前瞻性研究》，沈阳师范大学硕士学位论文，2021年。

播策略，增强数据思维、互联网思维能力，研究多种平台用户学习特征和学习习惯，拒绝使用一种文案走天下的做法，将同一个学习内容用多种不同的形式表现出来，这种传播效果在科技发展的时代会发挥最大的作用。①

3.未来网络学习媒体机构定制化传播代替普适性传播

网络学习媒体兴起的时间并不长，在进行学习内容传播时，所采用的传播方式比较泛化，缺乏受众意识，不分对象进行普适性传播，导致传播的效果并不是非常理想。但随着科学技术的快速发展，越来越多的新兴互联网技术已得到广泛应用和发展，网络学习媒体传播将变得越来越精准，将进行定制化传播，以提升传播效果。在未来，借助云技术平台和互联网人工智能技术，坚持以学习者为中心，对学习者的学习大数据进行深入分析和精准定位，及时调整学习内容、资源和相关课题与服务，提供定制化内容，形成差异化特色学习产品。

4.未来网络学习媒体机构主推视频内容新生态

网络视频乘着时代的东风蓬勃发展，正在建立起一个新的视频生态。我国网络视频用户数量直线上升，各种各样的短视频也实现了井喷式发展。短视频的各种优势，比如配乐和文案等，都为短视频的发展奠定了基础。目前，移动终端所消费的视频内容主要包括娱乐类短视频、影视类短视频、厨艺类短视频和学习科普类短视频等。② 不同年龄群体对不同类型的短视频有着不同的偏好，如青年人群可能更喜欢影视类和学习科普类短视频，老年人群可能更喜欢娱乐类和厨艺类短视频。目前在整个短视频的市场中，学习科普类短视频的比重与娱乐类短视频相比较少，还有较大的发展空间，并且随着学习型社会的形成和终身学习体系的建立和健全，学习科普类短视频将迎来更大的市场前景。因此，未来网络学习媒体机构应迎合群众的偏好和兴趣，借助智能技术和智能工具，系统打造符合人们学习需求的学习科普类视频内容，以中长短等多种视频形式，构建完整的视频学习系统，提供多样化的视频学习资源，为人们在碎片化时间进行系统学习提供便利，并进一步扩大和提升网络学习媒体机构的影响力及服务效能。

(二)未来纸质媒体机构改革趋势

为了适应终身学习发展趋势，顺应全民终身学习需求，未来纸质媒体需要在变革中求生存与发展，既要坚守传统优势，又要勇于拥抱新技术和新思维，以更加开放的姿态和创新的方式来实现自我更新与涅槃重生。未来纸质媒体机

---

① 任杨阳：《未来全民终身学习实施机构改革前瞻性研究》，沈阳师范大学硕士学位论文，2021年。

② 任杨阳：《未来全民终身学习实施机构改革前瞻性研究》，沈阳师范大学硕士学位论文，2021年。

构改革将呈现四个显著趋势。

1.跨界合作与融合

在科技高速发展的时代,传统媒体读者正在迅速流失。为了更好地满足全民终身学习需求,纸质媒体急需求变图存,与网络媒体实现跨界合作与融合。随着科技的不断发展,不论何种形式的媒体都要拥有"双重身份"才能健康持续发展。纸质阅读改为电子阅读,从线上到线下,新老两种媒体没有了明确的界限。纸质媒体应当积极与网络媒体展开深度合作,实现资源共享与优势互补,例如实时新闻发布、线上线下互动等,共同打造具有影响力的新闻报道和内容产品,为学习者提供高质量知识信息资源。

网络媒体可以及时获取信息,可以与读者进行线上互动,纸质版的新闻媒体着重强调原创能力,能让公众更信服。二者互相融合形成优势互补可以有效扩大信息的受众范围,提升知识传播力度,加速新思想和新观念的普及。一方面,网络的发展会为传统媒体吸引一批新的读者和观众。例如,《纽约时报》推出免费订阅的电子版,成功吸引了大量过去不会看印刷版报纸的新读者,从而开拓了新的读者群体。另一方面,深度新闻报道始终是媒体的重要基石,传统媒体在这一方面的作用不可取代,新兴媒体无论如何发展都要以传统媒体信息生产为基础。因此,危机与机会始终并存,传统媒体需要善于利用网络媒体,相互合作、各取所长,通过为读者提供更具深度的高质量信息,更好地服务全民终身学习需求。

2.智能化改造

为适应信息高速迭代的时代变迁,传统印刷厂需要向智能印刷厂转型,针对未来人们学习需求灵活调整生产和印刷内容,运用自动化设备和数字化流程,着力提升生产效率、降低成本,全力满足全民终身学习需求。

科技进步对传统印刷行业形成深刻影响,电子设备普及致使印刷厂利润空间缩减。欲破此困局,印刷厂必须果断创新改革,首要举措即进行行业整合。当前,我国印刷成本攀升,劳动力价格上涨及场地租金高昂导致利润锐减,行业普遍存在产能过剩问题,令众多中小印刷公司举步维艰,甚至面临破产危机。科技发展趋势昭示,印刷企业唯有接受并适应整合才能求得生存与发展。未来的智能印刷厂将以更深度的数字化、智能化和绿色环保为导向,实现全行业的转型升级。[①]

5G通信技术正以前所未有的速度推进,未来所有印刷设备将接入网络,实

① 任杨阳:《未来全民终身学习实施机构改革前瞻性研究》,沈阳师范大学硕士学位论文,2021年。

时产生的大量数据会被有效收集并深入分析。与此同时，各类配套应用程序也将逐步完善，助推印刷厂从劳动密集型产业向数据驱动的软件驱动型企业转变。[①] 印刷行业将开辟线上销售渠道，如开设网店，大幅拓宽终身学习者的市场覆盖范围。研究表明，越来越多的印刷厂将启动线上经营模式，利用科技手段进行精确数据分析，以精准匹配客户需求，推广自身产品。未来几年内，印刷行业线上发展趋势将呈现强劲势头。利用大数据模型对客户需求进行个性化分析，可以帮助印厂精准地把握市场动态，做出更准确的读者需求响应。

3.全媒体平台转型

在新媒体蓬勃发展的当下，公众的阅读习惯已发生显著变化，越来越倾向于利用碎片化时间，通过手中的智能手机进行阅读，而非局限于传统的纸质媒介。这一现象不仅是当前的实际状况，更是未来发展的必然趋势。传统报社应积极向全媒体转型，构建包括网站、移动端App、社交媒体平台及电子报在内的多元化融媒体矩阵，以充分适应各年龄层、各类别受众的不同阅读需求。[②]

未来报社应当坚守“专业、高端、引领”的核心定位，聚焦企业和企业家领域，塑造专业性强且具影响力的传媒品牌。其报道内容应侧重于国际经济形势、政策解读、重大事件跟踪，尤其注重对时事动态和重要事件背后深层次原因的剖析，提炼具有启示意义的经验与教训。在向全媒体平台转化的过程中，报社应当重新定义纸媒角色，将其视为“品牌形象的旗帜载体和运营活动的核心平台”，一方面凭借报纸的品牌信誉为后续商业拓展保驾护航，另一方面作为组织各类线上线下活动的重要依托。为了达成上述目标，报社必须从内容质量入手，不断提升自身的公信力与权威性，在公众面对的海量信息中，通过高质量的内容输出为公众提供不可替代的信息学习资源。[③]

4.内容的专业化与智库化

纸质媒体机构在坚守权威性和深度报道的基础上还需进一步强化内容的专业性，借鉴智库运行机制，提供前瞻性强、富有决策参考价值的研究报告、深度分析及咨询服务，以彰显其在海量信息中的独特价值和无法替代的角色。当前，传统出版行业正处于严峻的转型十字路口，“物竞天择，适者生存”的法则同样决定行业生命周期，无法顺应时代变迁和全民终身学习需求的出版行业终将会被淘汰。

---

① 宋坤：《5G系列报道之二未来畅想：5G技术下的印刷厂》，《印刷经理人》2019年第5期。

② 任杨阳：《未来全民终身学习实施机构改革前瞻性研究》，沈阳师范大学硕士学位论文，2021年。

③ 曾宪锐：《中国企业报社发展战略研究》，兰州交通大学硕士学位论文，2019年。

出版机构的改革不再局限于纸质书籍的生产环节，瞄准潜在读者提供精准阅读服务的营销和售后服务方式也将迎来深刻变革。在数字化潮流下，用户在线阅读网页或使用手机App的行为均会留下丰富数据痕迹，大数据技术能够借此绘制出每个人的知识获取行为图谱。未来，各类出版机构需要借助这一独特数据优势，运用大数据模型建立阅读者数据库，并以此为基础对目标学习者进行精准推送。图书产品的数字化已经成为不可逆转的发展趋势，这意味着出版社需整合多方信息资源，找准适合自身的发展路径，并据此设计适宜的个性化读者服务策略。①

（三）未来科普场馆改革趋势

从上文问卷调查人们对未来科普场馆的期望来看，人们希望未来科普场馆可以提供更加优质多样和智能化的服务和产品，如智能技术服务、场馆体验可视化等。为了更好地满足这些需要，本书认为未来科普场馆将从数据化、智能化、可视化、社会化四个方面进行转型改革。

1.未来科普场馆更加数据化

5G时代，大数据发展得如火如荼，未来将是大数据引导的社会。快速发展的科技也推动着科普场馆的发展，未来科普场馆将实现数据化，节约投入成本。并且，未来的科普场馆将实现数据可视化及可计算化，不论是图书馆里的书还是博物馆中的文物，都将以数据的形式被收录在馆藏数据库中，从而方便工作人员进行归纳整理。未来图书馆将科学关联数据，关键词条用关联数据发布，可以被全目录计算。当前科普场馆的关联数据技术已经到了应用于实践的地步，未来这项技术将会被全面投入使用，使所有馆藏物品实现可计算化和智能化。② 这也是未来科普场馆前进的发展方向。③

新型App的出现将使科普场馆资源收集工作进一步自动化，不仅替代以往手工完成的工作，而且已转变为搜索门户，例如支持馆员搜索网站、给图书记录添加相关的网页链接等。

2.未来科普场馆更加智能化

近年来人工智能应用发展迅速，未来人工智能应用将使科普场馆发生翻天覆地的变化，在收集资源、数据统计、新媒体服务、特色资源建设等方面发挥重

---

① 任杨阳：《未来全民终身学习实施机构改革前瞻性研究》，沈阳师范大学硕士学位论文，2021年。

② 张晓林：《颠覆性变革与后图书馆时代：推动知识服务的供给侧结构性改革》，《中国图书馆学报》2018年第1期。

③ 胡小菁：《文献编目：从数字化到数据化》，《中国图书馆学报》2019年第3期。

要作用。科普场馆重视科学技术的作用，比如在保护文物、对文物进行数字化展示等方面。云计算也被使用到科普场馆的建设中，各类技术的研发使用大大促进了国家科普场馆的发展。[①] 通过建设智慧型场馆，数字化、智能化管理场馆，保护文化资源的同时还拓展了科普场馆的发展空间，保持发展的生命力。[②]

人工智能使未来科普场馆的设备也更加智能，展品自动分类等机器在未来的科普场馆将被广泛应用，自动存储系统会节省科普场馆的空间，可以加快工作效率、提高服务质量。未来科普场馆不需要大量空间也不需要大量人工服务，节省了社会资源，方便了社会群体。

3.未来科普场馆更加可视化

过去，读者为查阅馆藏资源必须亲自到馆。而未来全球化与网络化互联互通，消除空间限制，移动设备普及促进科普场馆移动服务项目更新。未来科普场馆普遍采用新技术畅通各种渠道，让人们不必亲自到馆即可游遍科普场馆。

数据作为信息载体，在科普场馆的管理中将发挥越来越大的作用。[③] VR 技术、AR 技术、MR 技术为可视化提供技术支持。[④] 利用人的视觉和听觉，借助 3R 设备，可以使体验者身临其境。未来科普场馆将充分利用这种先进技术，为科普场馆制作 VR 视频，在科普场馆的官网上提供云参观的功能。选择此功能，人们不用亲临现场就能看到博物馆中的展品，读到图书馆的书。这就为不能来到科普场馆的人们提供了方便，使科普场馆的资源利用率大幅提升，也使越来越多的人关注科普场馆，强化科普场馆宣传教育的作用。[⑤]

可视化技术融入图书馆的发展，于是出现了 3D 打印、信息可视化和全息影像等。[⑥] 未来图书馆将实现文献、服务场景等的可视化，使学习者的体验得到提升。VR 技术使现实和虚拟结合，例如我们用手机直接扫描二维码，利用 AR 技术就可以看到馆藏摆放的顺序，甚至可以通过 AR 技术来阅读珍贵的古籍资料，这些资料能够在不被损坏的前提下被广大读者阅读，还可以放大观看细节。[⑦] MR 技术使图书馆的场景转变为电子信息模式，运用 MR 技术将图书馆

---

① 任杨阳：《未来全民终身学习实施机构改革前瞻性研究》，沈阳师范大学硕士学位论文，2021 年。

② 黄莉莉、罗小力：《试析博物馆文创未来发展》，《中国文物报》2020 年 9 月 1 日。

③ 任杨阳：《未来全民终身学习实施机构改革前瞻性研究》，沈阳师范大学硕士学位论文，2021 年。

④ 张瑜、张斯尧：《混合现实技术在大数据可视化中的应用》，《电子技术与软件工程》2019 年第 16 期。

⑤ 任杨阳：《未来全民终身学习实施机构改革前瞻性研究》，沈阳师范大学硕士学位论文，2021 年。

⑥ 徐路：《图书馆未来发展的关键趋势，面临挑战和重要技术》，《图书情报知识》2017 年第 2 期。

⑦ 赵继海：《若干前沿信息技术的发展及其对图书馆的影响》，《图书馆研究与工作》2015 年第 1 期。

整体建造成一个三维空间模型，最后成为一个虚拟的图书馆，大家足不出户就可以在这种虚拟数字化的场景中体验阅读的乐趣。[①] 当前，国外的部分图书馆已经开始了相关的服务。

4.未来科普场馆更加社会化

在科学技术的巨大作用下，科普场馆的社会性也越来越强，服务内容、对象、方式和范围都将扩大。每一个科普场馆里的馆藏物品都属于社会资源，都是服务于社会的。在网络和移动平台的影响下，社会发展更加智能化，科普场馆急需通过科技手段满足不同人群的需求。如果不能接纳新的事物，不能积极适应新时代带来的变化，那么在未来社会必将被淘汰。在科学技术的引领下，未来科普场馆将更加注重服务的移动化和智能化，并通过各种社交媒体平台服务社会。[②] 未来科普场馆在科技发展的背景下，能够充分展示自身的价值，还可以通过媒体平台形成自己的群体，从而在竞争中赢得未来。[③]

二、非正式学习实施制度前瞻性展望

非正式学习的认证，是实现终身学习的重要杠杆。在非正式学习领域，并没有明确什么样的人群能够进行非正式学习。非正式学习是无论何时何地，可以从任何时间、任何地点进行的不规则的学习状态。例如，人们通过参观图书馆、美术馆等获取知识，通过自主学习服务平台、移动互联网等获取知识，通过当今发达的科技来提升自己的素质等。[④]

(一)健全非正式学习成果认证制度

对未来终身学习体制保障需求调查问卷的结果进行分析可以得出，未来人们更加需要实现非正式学习成果认证的非正式学习实施制度。学校教育是唯一认证来源的观念在未来将被改变，未来我们要建立多元的学习成果认证体系。非正式学习成果认证已经被多个国家视为终身学习的重要手段之一。2010 年，我国颁布的《教育改革与发展计划纲要(2010—2020 年)》正式提出了建立学习成果认证制度以及建立“学分银行”制度，引发了社会的广泛探讨与实践。非正式学习的认证是实现终身学习的重要手段。学业成就认证可以使人

---

① 郭剑英:《3R 虚拟场景在阅读推广中的应用》,《电脑知识与技术》2019 年第 29 期。

② 任杨阳:《未来全民终身学习实施机构改革前瞻性研究》,沈阳师范大学硕士学位论文,2021 年。

③ 刘文英、郑福根:《图书馆未来转型的若干发展方向探讨》,《图书馆研究与工作》2020 年第 8 期。

④ 陈思文:《未来全民终身学习实施制度改革前瞻性研究》,沈阳师范大学硕士学位论文,2021 年。

们进入开放灵活的学习和培训体系，建立一个包容性更强的社会。①

该纲要颁布之后，各地纷纷拓宽了非正式学习成果认证的途径，例如不同的学习成果认证和学分互认等。为建立非正式学习成果的认证系统，不得不将五个核心问题纳入考虑范围，即标准、机构、方法、质量保证和资金，其对应的分别是什么是认证、通过谁认证、采用哪种方法认证，认证结果质量如何划分、成本问题由谁来解决等。② 未来对于终身学习成果认证的巨大需求，我们要勇于挑战和创新，同时要及时建立关于非正式学习成果的认证制度，为非正式学习成果认证机构的发展提供规范和指引方向。

（二）建立媒介更加智能化的学习实施制度

通过对问卷结果进行分析能够得出，未来人们更需要保障非正式学习平台更加智能化的非正式学习实施制度。本文从当前学习者使用最多的学习平台入手，如微信、微博、影视平台等，建立更加智能的学习实施制度，构建智能网络媒体学习平台的实施制度。

1.完善微信线上远程学习实施制度

当前，微信已成为人们必不可少的学习工具、沟通工具、支付工具。微信平台具有更加开放的学习环境、丰富的学习资源、便捷的学习方法。它将移动信息技术、新媒体技术与课程教学相结合，建立了符合移动教学特点的课程教学模型，提高了课程教学质量，方便学生学习。

技术只是手段，应用才是智慧。微信平台的教学模式把学生放在中心位置，教师起指导作用，同时应该提供方便师生互动的环境。师生如果能够进行有效的沟通，不仅会增加教师教学的积极性，而且会提升学生学习的积极性。未来社会的学习已经不再是过去的只听老师讲解而是教师与学生互动，教师引导学生主动探究知识。这样的教学方法、学习环境和学习活动对学习者具有很强的吸引力，具有广阔的前景。未来学习实施制度将完善融合微信与学习，学习者可以利用微信平台进行自主可控的学习。

2.建立微博共享学习空间的学习实施制度

随着 Web3.0 的发展，学习者的网络生活越来越丰富，高信息素养是当前学习者们的特征之一。未来，大数据和自适应系统会更加具有“智慧”，越来越多的人会通过它们进行学习。因此，我们应该积极关注通过智能手机客户端进

① 王海东：《非正规与非正式学习成果认证问题探讨》，《终身教育研究》2018 年第 6 期。

② 陈思文：《未来全民终身学习实施制度改革前瞻性研究》，沈阳师范大学硕士学位论文，2021 年。

行的非正式学习,建立实施制度,帮助学习者们提高他们的学习效率。

微博可以将部分隐性知识转换为显性知识。一是因为微博内容小而零散,使用门槛低,很多人使用;二是因为在微博共享学习空间中,学习者彼此不熟悉,所以不必担心犯错误。因此,在微博提供的虚拟环境中,学习者可以自由发言。

3.建立影视学习平台智能化学习实施制度

信息技术与社会媒体相结合,不仅可以构建智能的信息社会,而且可以引导影视媒体与教育结合。教育信息化时代,学习者可以通过智能影视学习平台接受影视教育,影视学习平台能够为学习者提供更多学习机会。

(1)从"灌输教育"走向"精准教育",创建新的人才培养模式

在传统影视教育中,受教育者采用固定的学习方式,制定好学习目标进行学习。但对于未来的影视学习来说,理论知识和实际操作是学习的主要内容,创新和自主变成了影视平台学习的主旋律,这就摆脱了灌输式学习,转化为个性化的学习。

智慧媒体教育范式与传统的教学范式截然不同,其主要目的是培养优秀的人才。未来,要从学习者的个人需求出发,由"联合教育"向"精细教育"逐步转变,并通过教师、学生、父母和社会的共同作用,从"灌输教育"逐渐转变为"精确教育"。

(2)从"媒教分离"走向"共建合作",实现产学研的自主对接

在未来,影视媒体要充分发挥其教育职能。学习者通过影视媒体学习,可以提高学习效率和工作效率,能够激发学习者的学习兴趣。因此,需要建立相应的影视平台学习实施制度来规范、协调、优化影视学习资源,提高影视内容的质量。从媒体与教育的分离到媒体与教育的整合与合作,让影视平台与学习机构合作,帮助影视平台研发更加科学的学习内容,将内容与影视的特殊形式结合起来。将来,影视媒体将掌握更多资源,甚至可以建立一个独立的图像景观模型并使用机器人来帮助艺术学习和艺术考试,未来的电影和电视媒体也将能够对以前的电影子镜头脚本进行数字分析,以实现自动化和智能化等等。

(三)建立纸媒与"互联网+"融合的学习实施制度

调研结果表明,未来人们更需要保障非正式学习途径更加多元化的非正式学习实施制度。纸媒服务于未来非正式教育,需要融合互联网智能发展,发挥自己的优势。在网络时代,利用网络优势构建独立的PC(personal computer)网站、移动应用程序等,将创造纸质媒体的"网络+新形象"。同时,通过多元化

营利性工具，创造“互联网＋纸质媒体”的局限效应，扩大纸质媒体的生存空间，增强纸质媒体的传统优势，增强纸质媒体的核心竞争力，完成网络平台升级。

纸质媒体的多媒体整合与转化，不仅仅是向互联网转移，更是利用自身的优势来整合互联网的优势，二者相辅相成、相互促进、相互发展。在转型和整合的过程中，纸质媒体必须坚持自身的优势，抓住读者，并为他们提供最佳的内容服务，尤其是专有或行业特定的内容。因此，未来应建立好纸质媒体与“互联网＋”融合的实施制度，帮助纸质媒体焕发新的生机与活力，从而继续为终身学习服务。

（四）完善科普场馆教育职能的学习实施制度

通过对调研结果进行分析可知，未来人们更需要保障非正式学习资源更加优质化功能的非正式学习实施制度。科普场馆在不同时期所体现的功能是不同的。现在科普场馆已经不仅仅是收藏和展览藏品的“屋子”，在很多地方科普场馆更大的职能在于普及历史、普及美学、普及发展，它的教育功能不容忽视。

未来非正式学习的地点不再拘泥于课堂，在科普场馆进行的学习也将受到学习者的喜爱，如日本放送大学的课程都与地区公民馆进行连接，周边的学习者们无需走很远的路程就可以在家门口学习。

当前，众多科普场馆都在努力整合教育资源，充分挖掘其自身作为科普中心的教育潜力，为社会大众提供最优质的科学教育体验。为此，建议从五个方面着力加强科普场馆的终身学习服务能力。一是将学校教育与科普场馆资源相结合，将课堂融入场馆展览之中，通过丰富的科学展品与学校课程的有机结合，为学生提供沉浸式的学习环境。二是加强校馆合作，基于双方资源共同开发多样化和系统化的观摩或实践课程。三是采用多元化的教学和传播方法，以激发学习者的积极参与和学习热情。可以在展览过程中提供新奇有趣的新媒体链接，吸引学习者自主下载培训手册、互动教材、寻宝图以及具有游戏化元素的任务卡等，通过增加展览的趣味性和互动性，为学习者提供可以主动掌控学习进度的良好学习体验。四是加强专业展教人员队伍建设。可以通过专业展览和教学竞赛等活动催生更多的创意和灵感，为优秀的展教人员提供展示才华的舞台，激发展教人员的积极性，为展览和教学领域培养后备力量。五是加强展教领域的科学研究，听取专业人士对于优化展览和教学方法的建议，探索如何将先进的理念和方法与现有的展览及教育模式相结合，以实现科普教育的持续创新和发展。

总之,完善科普场馆教育职能的学习实施制度应深入分析科学教育实施中的不足,了解科学教育领域人民群众的需求,借鉴其他科学机构的先进经验和成熟做法。完善科普场馆教育职能的学习实施制度,能够使科普场馆更好地帮助人们进行终身学习。①

① 陈思文:《未来全民终身学习实施制度改革前瞻性研究》,沈阳师范大学硕士学位论文,2021年。

第三篇 服务全民终身学习的教育管理体制改革前瞻性展望

第十章 宏观教育管理体制改革前瞻性展望

随着终身教育理念的深入推广与实践,教育管理体制改革成为保障全民终身学习顺利发展的关键环节。本章旨在从宏观层面对服务全民终身学习的教育管理体制改革进行前瞻性展望,为未来的教育管理实践提出方向性建议。

一、宏观教育管理机构改革前瞻性展望

(一)宏观教育领导机构改革前瞻性展望

1.政府职能转变前提下的政府教育管理职责重构

一是智慧政府背景下公共服务职责的转变。强化公共服务职能,大力推进终身学习是当前和长期的一项重要任务,这是一个关乎政府体制改革、职能转变能否顺利实施的重大议题,扮演着加速政府职能转变、推动政治体制改革的关键角色,对社会健康发展具有深远影响,堪称一场深刻的制度变革。

新中国成立后,在高度计划经济体制和全民高福利制度要求下,我国政府需要统合全社会资源,为全体国民提供一致性的公共服务,政府成为包办一切的全能型政府,一度成为社会主义国家优越性的集中体现。改革开放后,随着多次行政体制改革和简政放权改革,各级政府逐步将应由市场主体和社会组织自行管理的事务剥离出去,专注于政策制定、市场监管、协调资源。在公共服务领域,区分公共服务产品的公益属性,政府更多地投资那些具有纯公共产品属性的领域,如基础教育、科研等。智慧政府背景下的公共服务供给主体,将不再是单纯的政府行为,而是合作共治的多元主体行为,多方合作将成为公共服务供给的主要模式。政府、市场组织、非政府组织、公民个人共同成为公共服务供给实施主体,任何一个单一组织都无力承担所有的智慧政府公共服务供给工作,政府的去中心化也由此而来。多方主体的合作行为,最关键的是理顺各方

之间的分工和关系，各司其职。政府能做到最好的归政府，市场能做到最好的归市场，把公共服务能否得到最好实现作为主要评价标准。

政府公共服务供给侧结构性改革的评判标准大概包括以下三点。第一，公共服务全员覆盖。公共服务的对象是一个大的集群，由此凸显了公共服务资源的紧缺性，公共服务供给侧结构性改革，公共服务资源的有效供给是衡量其优劣的首要标准，它应满足全体公民的需求，实现公共服务的全员覆盖。终身学习等事项涉及每个个体的切身利益，但在传统公共服务供给模式下，个体所能获得的公共服务资源是有限的。然而，随着公共服务主体的不断扩展，我们有望共同构建一个基于服务的云端服务池，将公共资源进行数字化、虚拟化、云端化和移动化，从而更好地满足公民的需求。这是公共服务全员覆盖的关键要点。第二，公共服务便捷有效获取。在传统行政服务模式中，公民要获得公共服务资源需要付出很大的代价，这是因为传统公共服务资源供给模式中伴生的权力垄断、供给方式单一、供给途径较少。智慧政府的构建，将通过各种途径将公共服务资源多样化供给，最关键的是将公共服务资源移动化、云端化、数字化，从而保障了每个公民的便捷有效获取。通过大数据、物联网、人工智能等现代化计算工具对公民进行计算，进行前瞻性主动供给、个性化供给，将公共服务主动呈现在公民个体面前，从而满足不同个体的个性化需求。第三，公共服务效能供给。政府对公共服务资源的再次分配，是基于对资源的强力获取，是建立在国家权力机器上的强制行为，作为对其权力的监督，在履行公共服务职能时，必然要受到多方面的制约与监督。一方面政府要保障充分的公共服务资源供给，满足公众不同层次的需求；另一方面，政府要将公共服务供给的成本控制在一定程度之内，从而保质保量地提供给公共服务，在一定财政资源的基础上满足公众的公共服务需求。在构建智慧政府过程中，必须在顶层宏观设计的基础上采取循序渐进的路线稳步推进。

碎片化服务是基于政府机构的职能分割，也就是官僚组织机构的职能划分，这种专业化、细分化的职能方式对服务的专业性是有益的，但从整体来说，过度的专业性降低了政府机构的整体性，各个职能条块形成的整体性能形成了“1+1<2”的格局。行政机构的极度膨胀，也是对此问题的直接反映。从历史角度来说，专业化分工是有用的，但专业化分工需要建立在整体性职能的框架体系之内，而整体性职能的方向就是公共服务供给。这种整体性治理所带来的直接影响，将是政府机构从基于组织的考虑转向基于服务对象的考虑，转变的实质是权力的回归。这个过程的实现必然要破除部门壁垒，实现信息共享，破

解政府部门的各种政治寻租行为，简化改革政府组织，高度重视新技术工具平台在治理中的作用，一切行为最终的结果将是政府权力的权威将被服务自身的权威取代。

但随着现代科技的高速发展，整个社会进入到知识共享的社会，信息知识不再是高度垄断的产品，而是有了便捷的通道供每个有工具路径的人获取，整个社会进入到知识型社会时代。民众知识的获取、眼界的开阔，使民众有了个性需求的增长，也有了表达个性需求的渠道，而对于时代的发展来说，这种个性的需求也是能通过努力实现的，在这种环境下，政府公共服务供给的个性化转变就成为时代的必然。但这并不意味着公共服务的个性化供给就是针对每一个人的需求供给，毕竟政府属于公共部门，其拥有的资源是有限的，如果过度集中到个体身上就必然意味着对整体的忽视。这里的个性化供给是指建立在公平、共有基础上的个人优先便捷供给。

智慧政府的主要内容包括智慧办公、智能监控、智能服务和智能决策，其中智能决策就是通过技术手段对整个信息样本进行分析和评估，从而做到决策有据，从最大程度上避免“拍脑袋”决策。保持政府决策的有效性、权威性、合理性、持续性，这是政府执政的关键职能，而智慧政府的构建将使这种执政行为具备更多的可能性。智能服务的目标是提供民众、社会组织最需要的、最实在的、最个性化的公共服务，这种服务的供给建立在对服务对象信息的充分了解和把握之上，大数据、物联网、交互信息传媒、云计算使这项职能成为可能。智能监控是获取多方面信息的手段，也是对政府、组织、民众行为进行规范的防范措施。①

二是优化政府统筹、协调与指导功能。在新中国成立后相当长一段时间内，我国政府的定位是全能型政府，从政策制定、组织生产、调配资源，一直到老百姓社会生活的方方面面，全部被纳入政府的直接计划管理之中。这在当时的历史环境和生产力条件下，确实起到了百废俱兴、快速发展的积极作用。国家的生产和生活迅速得到恢复，居民生活水平、科技研发能力、社会正常秩序都有了长足的进步，体现出社会主义国家集中力量办大事的制度优越性。

改革开放以后，面对建立社会主义市场经济的客观要求，党和政府对行政体制进行了一系列改革。党的十四大明确要下决心进行机构和行政体制改革，此后，行政管理体制改革提到了党和政府的重大议事日程之上。党中央的改革

---

① 岳立巍：《服务型政府背景下的智慧政府建设研究——以徐州市为例》，中国矿业大学硕士学位论文，2021年。

决心在实践中对有效推动政府改革,建立适应市场经济体制要求的行政体制起到了重要的推动作用,改革的一系列举措也得到了社会各界的广泛认可。我国的行政体制从改革开放至今已经经历了多次重大改革,每次改革所处的政治、社会、经济环境不同,所面临的重点问题有很大差异,但对解决当时和今后一段时期面临的问题方面无疑发挥了重要作用。

随着我国经济体制改革的不断深化,社会各界对政府职能转变改革提出了更加严格和具体的要求。由于我国实行计划经济时间较长,政府机关中管制观念根深蒂固,因此深化行政管理体制改革的关键仍然是转变政府职能,必须通过行政体制改革、事业单位改革和国有企业改革优化政府职能,对于非核心事务进行合理分权,确保关键职责得到有效履行,进而在制度层面强化市场在资源配置中的根本作用。无论是政府内部结构的调整优化,还是部门间职责的明晰界定,均需以促进政府全面履职为核心,着力解决政府职能缺位、错位、越位等问题,以及权责不对应、职能重叠、相互推诿、效率低下等弊端。在推进政府职能转变的过程中,应致力于推动科技发展,促进社会和谐,确保所有改革的最终目标和归宿均聚焦在实现、维护和发展广大人民群众的根本利益上。评价机构和行政体制改革是否成功的标准,在于政府职能是否真正聚焦于经济调节、市场监管、社会管理和公共服务等领域。

行政体制改革和政府机构改革的目标,是建立健全行政决策、行政执行、行政监督相互制衡且相互协调的体制机制,确保权责相称、分工合理、权力与责任相伴、失职必追责、权责边界明确。逐步使政府及其组成部门主要负责决策,直属行政机构主要负责执行,监督机构独立行使权力,解决身兼“教练员”“运动员”“裁判员”的问题,构建决策科学、执行流畅、监督有力的行政体制,以优化政府统筹、协调和指导功能。现代社会期望的政府基本职责是全面执行经济调节、市场监管、社会管理、公共服务职能,尤其要提高政府公共服务能力,建立符合我国国情、惠及全体国民、公平公正、适度水平、可持续发展的政府公共服务体系。

未来全民终身学习也对政府机构改革提出了明确的要求,针对我国教育投入财政体制的深化改革与完善,必须明确界定中央及地方各级政府在公共教育服务中的职责与义务。在优化政府组织架构与运行机制的进程中,应构建一套符合全民终身学习需求的公共财政体系,并相应增加财政投入。同时,必须创新教育管理策略以及全民终身学习服务方式,进而形成多元化的学习服务供给主体,以契合全民终身学习的体系需求。

此外，提升社会管理水平，完善政府行政管理与社会组织、企业、公民之间的终身学习体系及应急管理机制亦至关重要。为全面评估政府在全民终身学习领域的工作绩效，应建立一套全民终身学习绩效评价体系，重点围绕受教育水平、学习者职业生涯、学习市场发展、学分银行体系等核心指标进行科学、合理的评估，并探索实施绩效预算制度。

在加强行政问责方面，应完善以教育行政部门首长为重点的问责机制，明确问责范围，规范问责流程，加大责任追究力度，从而提升政府执行力和公信力。同时，加大政务公开力度，加强大数据平台的建设与应用，推动信息技术与全民终身学习体系的深度融合。在政府行政流程优化过程中，应设立全民终身学习制度化的依法行政机制、信息公开机制、行政审批机制、信息化管理机制，以确保我国全民终身学习工作的有序、高效推进。

三是政府承担主导责任，侧重于有效政策供给。权力结构和组织结构的改变，是智慧政府改革公共服务过程中的最深层内容。与之相伴随的，必然会有相应的制度设计变更。权力是政府形成的实质，组织结构是政府建立的组织方式，而制度法律等则是政府贯彻意志的保障。从这个角度出发，将对公共服务供给的改革提供最深层的保障和完善。从权力结构调整来说，组织拥有个体所不具备的力量，而且组织对于组织中的个体会进行“组织化”，对于组织外的个体会产生“排斥化”，这是组织的天然属性，在组织中形成权力的制度体系。西方论述政府权力的来源时，是基于民众对权力的契约让渡，但这种让渡实质是建立在强力的控制上，民众并没有选择的可能性。这种让渡本身就形成组织对个体的压迫，而对于不遵守这种契约让渡的人来说，他们可能遭到契约的惩罚，同样可能成为契约之外的获利者。当互联网时代来临，人民通过一种新的方式，重新实质获得了部分权力，甚至通过民意汇聚形成一种新的强制权力——“网络暴力”，这种权力使民众拥有了捍卫自我利益的主动性工具，成为督促政府权力实行的一种推动力量。互联网形成了一个虚拟的世界，这个虚拟世界和现实世界的有效互动，使互联网的影响超越了互联网本身。这种权力结构实际上意味着权力逐渐走向网络化权力结构形式。在这个网络化权力结构中，政府具备较大的权力，但不意味着这个权力大得足够为所欲为，社会、民众、社会组织、企业组织通过互联网共同构筑成权力的网络化结构。每一个权力结点都将通过网络的脉络传递并影响其他的权力结点，从而形成动态的、整体的权力关系。这种权力结构形式为破解“中心—边缘”结构提供了一种新的可能。

从组织结构改变来说，我国行政层级较多，包括中央—省—市—县—乡五个层级,后来推行省直管县,就是为了解决政策资源和资金项目被中间层截留的难题。在行政系统内部推行大部制改革,主要为了破解部门职能分割、部门重叠的难题。但这种试点在已经比较稳定的行政体制框架内,会受到诸多现有制度和政策的阻碍。在没有进行系统的行政体制改革之前,这种局部的机构改革和体制改革很难持续。但是,随着信息技术的突飞猛进,智慧政府实现了信息在多层次行政系统间的实时传递,省直管县、市直管乡都有了理论上和技术上的可能性。通过人工智能、电子政务、云计算供给、物联网监控、大数据预测等手段,能够减少大量的重复性、事务性劳动,实现政策效益和行政效能最佳的效果。未来,非人力不能处理的公共事项由政府工作人员来解决,其他事务将通过各种技术工具得到智能化处理。基于权力结构的变化,组织结构必将有相应的变化,在政府组织内部将伴随着组织的扁平化和内部结构整体化构建,这种结构形式同样也会适用于其他类型组织内部,而在政府组织外部将形成政府—企业—民众—社会组织等多网络结点的组织架构。从制度设计上来看,制度层面的变化将会体现在法律、社会道德、社会规则、组织规范等多个层面的相应变化。对政府权力清单的重新划分,对政府服务范围和方式的重新界定,对组织变更的法律化确认,对虚拟世界运行权力的认可,对政府市场社会个体之间关系的重新定位,对信息共享与个性隐私的重新制定规则,对公共领域和私人领域、生活领域的重新划分,都将在这个互联网时代产生新的变化,这些变化与智慧政府的构建之间重新建立起彼此之间双向互动关系。①

2.央地关系嬗变基础上的中央和地方政府教育职责划分

一是各级政府的教育事权与财权相匹配。结合政府职能转变和行政体制改革的进程,必须进一步精确界定中央与地方政府在公共服务领域的职责范围,以及公共支出界限,实施纵向央地政府间的合理分权。对于各项公共服务事项,要明确主体责任,使其承担相应的财政投入和全程负责。此种划分依据分权原则和法治原则,旨在合理界定中央与地方政府在公共服务领域的职责,明确各级政府提供公共服务的专有职责和共有职责。在政府职责范围不明确的情况下,就容易出现政府机构和职能"上下一般粗"的问题,导致我国县级政府与国务院的职责基本一致,各级政府间的支出划分与收入划分若缺乏客观依据,必将引发中央与地方政府间权责矛盾,成为公共服务供给的体制障碍。展望未来,在中央与地方政府公共服务职责划分上,应确立中央财政负责全国公共利益支出,涵盖宏观经济调控、收入分配调节、全国性公共产品供给以及协调

① 王志辉:《对中国深化行政管理体制改革的思考》,《经济研究导刊》2011年第27期。

具有收益外溢性特征的地区公共服务供给等，强化中央财政再分配职能。针对地方性、区域性公共产品与服务供给，如地方基础设施建设、职业教育体系建设等，地方政府应根据因地制宜原则自主负责。对于中央与地方政府共同提供的公共服务，如环境保护、基础教育、公共卫生等兼具全国性与地方性特征的事项，需根据支出责任及受益程度明确各级政府出资比例。[①] 调查问卷结果显示，84.11%的受访者认为，在全民终身学习背景下，未来教育领导制度改革会倾向于中央总揽全局、地方协调共进；而认为应由中央全面领导或地方政府领导的受访者仅占11.21%和4.67%。通过调查问卷结果的正态分布可以看出，多数受访者都认同教育公益服务不能单一由中央政府或地方政府主导，不论是在公共财政投资还是扶持政策导向上，都需要中央政府和地方政府统筹资源、统一政策，多个层面通力协作促进全民终身学习。另外，对于那些跨地区的但又具有地方特征的公共服务，需要中央政府给予地方政府适当的补贴和必要的协调，可通过中央财政专项拨款支持特定项目，同时通过转移支付弥补地方政府财政资金不足。通过调查问卷我们也了解了地方教育行政部门的决策考虑，调查问卷结果显示，43.93%的受访者认为未来趋势是地方政府将结合本地区实际落实中央要求，注重机制创新做好区域内教育发展工作；52.34%的受访者认为未来趋势是地方政府将转变工作方式，不断总结地方经验，主动参与中央教育政策制定。这意味着，未来全民终身学习体系的构建需要各地政府充分考虑本地区学习者自身和教育基础设施的实际情况，同中央政府密切配合推进。为此，中央与地方政府之间的事权和财权划分将依法予以明确，以此防止中央与地方在支出责任上互相推诿，以及在财权分配过程中产生纷争，杜绝地方政府的逆向博弈现象。

二是各级教育宏观部门设置与职能相统一。我国目前的主管部门有教育行政主管部门以及其他部门，存在各部门都在管教育的问题，如教育行政主管部门有教育部、教育厅、教育局，其他部门有人社部负责全国技工教育管理，地方人社部门管理本部门所属技工技师学校，公安部、司法部、财政部、卫生部负责管理本部门所属院校。教育行政主管部门与其他部门的职责出现重叠问题，而且对终身学习的管理还未有相应的主管部门，现有的机构并没有涉及社区教育的管理。终身学习对宏观管理机构提出新要求，如终身学习的终身性、全民性促使终身学习向大众化转变，终身学习的灵活性、广泛性促使终身学习向多元化转变等，这些要求会促使主管部门进行调整。我国致力于构建一套全民终

① 张佳琦：《东北三省政府间事权与财力纵向匹配能力研究》，吉林大学硕士学位论文，2021年。

身学习的教育体系,必须坚守教育为人民服务的根本宗旨,致力于社会主义事业的发展。我们的教育目标在于凝聚民心、完善人格、开发人力资源、培育优秀人才,以造福全体人民。我们致力于保障每一位公民享有平等受教育的机会,让教育的发展成果能够更广泛、更公平地惠及全体人民。同时,我们将搭建一个以学习者为中心的资源共享平台,构建一个灵活多样、覆盖各类人群的终身学习服务体系。此外,我们还将建立一个衔接各级各类教育、认可多种学习成果的终身学习"立交桥",为每个人提供多次选择的机会,以满足他们多样化的学习和发展需求。①

基于上述问题,中央和各级政府应将散落在其他部门的教育管理职能、教育机构归口到统一的教育宏观管理部门。在教育宏观管理部门拥有政策制定、监督监察、调动资源、协调各方职能的基础上,才能实现由一个部门集中全社会和各部门教育资源为构建全民终身学习体系服务的目标。

3.综合设置教育宏观管理部门,统筹管理全民终身学习的各类教育资源

一是设立统筹各类教育资源的教育宏观管理部门。我国目前在终身学习开展和体系建设中存在的问题之一就是国家层面缺乏专门的终身学习宏观管理机构。在全民终身学习实践中,宏观管理机构负责协调教育关系、整合教育资源、连接教育形式、搭建服务平台,是具体落实上述职能任务的执行主体。但迄今为止,作为公权力终身学习架构的宏观管理行政主体仍处于一个空缺状态,由于缺乏专业性、针对性和综合性的宏观管理机构,我国至今仍然采用传统的学校教育管理模式和思路来主导和建设全民终身学习体系。因此,在实践中不可避免地出现诸多管理功能不匹配的现象,而且会造成许多难以逾越的人为制度屏障。在全面推进终身学习的今天,国家迫切需要通过立法和出台政策文件,明确各级教育行政部门的职能范围,统筹划分各类教育资源的行政归属部门,建立一个自上而下的推进系统。终身学习涉及的对象较为广泛,主体不同、内容不同、形式不同,目前由多个行业主管部门共同管理,教育部、人力资源和社会保障部、工业和信息化部以及其他部委都承担教育管理职能。在调查问卷中(见附录四,下同),37.38%的受调查者认为"我国未来将会设置统一配置教育资源的专门部门",配置各类全民终身学习所需的教育资源,以期实现教育资源利用的边际效益最大化。但由于行政体制改革的推进需要循序渐进、持之以恒,也有46.73%的受调查者认为,在过渡阶段"将会采用机构间共享互助的新型管理模式",逐步加大对教育资源的统筹利用。由于目前常见的跨部门议事

① 刘琳琳:《习近平关于教育公平重要论述研究》,内蒙古大学博士学位论文,2021年。

协调机构的行政效能较低，因此只有15.89%的受调查者认为未来“将会建立高规格的跨部门议事协调机构”，用以协调各部门间的配合机制和利益分配。

各级政府配置资源的职能和权力亦需随着全民终身学习体制的构建而重新界定，根据各自应承担的责任分配行政权力和预算资金，改变机构重复设置、边界重叠、有责无权无钱的情况。未来的全民终身学习的主管部门形式将是由一个部门统一管理，其他部门的终身学习管理职能进行归并调整，由全民终身学习的主管部门归口统一管理。未来全民终身学习的管理机构还需要进行整合将各部门掌握的全民终身学习资源归并整合，由全民终身学习管理机构统一协调、开发和利用。

二是围绕全民终身学习设置各类推进单位，建立完整的管理架构。在现有的机构管理制度下，各部门所属的教育推进机构一般以事业单位形式存在，这些事业单位的隶属关系不同、职责任务不同、机构形式不同、经费来源不同，受到条块分割和各自为政的影响，人为地割裂了教育推进机构发挥作用的整体性。在可预见将来教育公共财政投入无法实现跨越式发展的情况下，整合现有教育推进机构、职能和资源，对建立未来全民终身学习服务体系至关重要。目前各管理部门按照分工各自承担一部分教育管理工作，如机构编制部门负责事业单位性质的教育机构的设立、调整和机构编制事项的审批登记管理；民政部门负责民间组织性质的教育机构的设立审批和登记管理；组织人事部门负责事业单位性质的教育机构的领导配备、人员聘任、福利待遇等工作的管理；财政部门负责事业单位性质的教育机构的经费管理等等。看似各部门各负其责，但是就职能来说还是不够全面，没有直接的部门负责非正规、非正式学习资格的认证工作。教育部门之间缺乏协调能力，这是认定、确认与认证体系面临的主要障碍。另外，也没有部门对民间终身学习机构进行监督与指导，部门的缺失会导致工作关系不协调，出现无人服务的情况。

基于上述问题，可在统一的教育宏观管理部门基础上，设置各类推进单位，发挥各类专业机构的作用，形成支撑全民终身学习的完整架构。我国的职能管理部门还需继续完善职能。在推进终身学习的过程中，可借鉴发达国家的经验，注重调动社会各部门的积极性，实现部门之间的协同合作，从而为终身学习奠定广泛且坚实的基础。

三是各教育机构互联互通，统筹运用各类教育资源，共享互助新管理模式。统一的教育宏观管理部门将党校（行政学院、干部学院）、各部门设立管理的院校、人社部门管理的职业技能培训机构、企业设立的技工培养机构、社区学习机构等继续教育机构纳入全民终身学习体系之中,融合现有的学校教育体系,建立一个贯通人的一生,包括各类投资主体、各种学习形态的全民终身学习教育体系。统一的教育宏观管理机构整合公办教育机构、民办教育机构、社会教育机构、新形态教育机构等各类资源,集中投入全民终身学习体制的建立之中。统一的教育宏观管理机构将教育、学习和生产、职业有机衔接,成为相互需要、相互促进的产学一体化模式。由教育宏观主管部门发挥管理优势、资源优势,建设一个跨地区、跨层级、跨形态的终身学习承载平台,作为全民终身学习的资源平台、认证平台、查询平台、跟踪平台、应用平台。

统筹教育资源这个问题的问卷调查结果是比较有趣的,受访者并不都认可应由统一机构统筹教育资源,认为未来将会由一个部门统一管理和整合教育资源的受访者仅占 14.95%。我们分析,其中大部分原因是目前分散管理教育资源的体系已经运行较长时间,受访者已经适应目前获取教育资源的模式,对未来的体制改革的效能有所怀疑。认为未来将会由各部门分别管理本系统内教育资源,由教育管理部门通过统一平台进行整合的受访者占 26.17%;认为未来将会由各部门统一管理和整合教育资源,但应建立统一的认证标准和衔接机制的受访者也占 26.17%。这两部分受访者总量占比最大,我们分析,受访者认同在各部门分别管理教育资源的基础上,采取建立统一平台、统一标准等改革手段,进一步增强教育资源的使用效能。数量最多的受访者认为,未来将会由各部门的各类教育资源自行发展和充分竞争,由受教育者自行选择适合的教育资源,这部分受访者占 32.71%。我们分析,受访者更加关注对教育资源的自行选择权,这也表明目前政府和社会提供的一部分教育资源与学习者学习的诉求并不完全一致。总之,通过研究和问卷调查结果分析,目前全社会的教育资源供给量还不足以支撑未来全民终身学习体系的构建。因此,在千方百计增加教育资源供给总量的基础上,还要对现有教育资源管理模式进行改革,使其更富弹性和效率,满足学习者各方面的需求。

(二)宏观教育法制机构改革前瞻性展望

教育部在《关于加强教育法制建设的意见》中明确指出,各级教育行政部门需深入贯彻国务院机构改革中强化政府法制工作的精神,切实完善本部门的教育法制工作机构。这些机构在立法、普法、行政执法及执法监督等工作中,应发挥综合协调与归口管理的核心作用。为确保教育法制建设的顺利推进,各级教育行政部门还需按照法定教育行政执法制度的要求,选拔政治立场坚定、业务素质优秀的人员充实到法制工作岗位上,从而确保教育法制机构的设置与人员配置能够充分适应教育法制建设的实际需求。这是全民终身学习宏观法制机构改革的重要性的体现。

1.立法机构

在中央层面设立终身学习推进委员会或促进委员会等类型的终身学习立法指导性机构，这在国际上早有先例，而且事实证明是必要和可行的。例如，日本采取的措施是在其文部科学省（该机构兼具教育部、科技部和文化部的职能）之下，专门设立了终身学习局。韩国则是从中央到地方配套进行，在中央层面设立终身学习振兴院，在地方则有终身学习振兴会与终身学习振兴馆。美国终身学习的开展和督导则是通过专业性组织为终身学习的开展和推进提供专业指导和服务，这些组织分别是全美社会工作者协会、美国社会工作教育委员会和美国社会工作理事会联会。[①] 这些机构在推进全民终身学习的过程中不仅承担管理、监督职能，还会根据全民终身学习发展的阶段性要求，承担制定政策和立法的职能。这种建立高层次立法管理机构的做法对于我国全民终身学习体系的建立和完善具有极强的借鉴意义。这种国家层面的立法机构的设立，可以从总体上设计我国终身学习的发展规划，制定全国性终身学习法律法规，审查相关办学机构的学科设置和专业发展方向，同时对各地的终身学习活动的实施和资金运行状况进行监督管理。

目前，上海、福建、广东等地区已经设置了终身学习处、终身学习促进委员会或指导协调委员会等地方性终身学习管理和立法机构，但在全国多数地区仍处于无专门立法机构、无专职管理部门及无专职工作人员的状态。因此，通过建立国家层面的终身学习立法机构，对相关立法工作具有很强的推动作用，可在法律层面明确管理机构设置的重要性，授权各地可以根据实际情况依法成立专门的“终身学习推进委员会”或“终身学习处”等机构，明确其工作职责，通过这些专门的行政机构的统筹发挥现有各种资源的作用，在中央终身学习管理机构的垂直领导下进一步推动地方终身学习发展的民主决策和科学管理。

通过国家和省级层面终身学习立法机构的建立与健全，形成了一个自上而下的全民终身学习立法机构系统，在党中央和国务院的领导下，在全国范围内各地各级政府就可以开展终身学习立法的领导与推进工作。终身学习事业可纳入国家和地方政府的立法计划和工作计划并进行统筹规划，条件成熟的地区可以将终身学习开展的指标体系纳入教育监督范围，并对终身学习的依法办

① 兰岚:《构建服务全民终身学习的现代教育体系——政府责任与立法设计》,《教育学术月刊》2021年第9期。

学、教育教学活动的质量及教育设施的建设及发展情况、资金使用情况等进行定期检查与评估。①

对此,未来的《全民终身学习法》将明确国家和地方层面终身学习的推进和统筹机构,明确机构的协调、管理、指导和监督的功能及职权、职责范围,增进中央与地方行政管理机构间的沟通与协作,优化推动终身学习的行政组织体系。同时,依靠中央和各地政府的联合力量,有步骤、有计划地推动终身学习体系的建立,在学习效果评价、学习成果积累、学分应用、知识分享等方面建立全社会统一的应用体系,体现公权力在推进终身学习事业的发展过程中所起到的重要促进作用。

2.执法机构

教育行政执法涉及众多行政机关,未来全民终身学习体系下的教育行政执法权应归口到教育行政部门,由专门设立的教育执法机构作为执法主体。为确保行政执法的主体合法,必须在教育行政机关内部和外部均明确并理顺教育行政主体,严格确认其合法性。在各级政府建立专门机构负责终身学习的执法推动工作,可以在管理终身学习活动、推动终身学习发展的同时,形成专门的执法体系和监管制度。为确保教育领域的法治化和规范化,各级教育行政部门应设立专业的教育行政执法机构,并配备具备行政执法资格的人员,建立一支专职的终身学习执法队伍。还要及时制定和出台全民终身学习法律法规,为确保全民终身学习的行政执法工作得以有序、规范开展,必须适时对其执法依据进行梳理和确认。行政执法依据不仅是执法行动的前提,更是保障执法公正、合法的重要基础。通过及时梳理和确认执法依据,我们能够为全民终身学习提供坚实的法律支撑,确保行政执法的权威性和有效性,推动全民终身学习事业健康、稳定发展。因此,应定期对全民终身学习法律法规进行修订,通过系统梳理,明确全民终身学习行政执法的法律依据、执法主体以及相应的执法责任,并及时向社会公众进行公布,以确保执法的严谨性、公正性和透明度。

"无规矩无以成方圆。"所有事务必须遵循一定的标准和法则,以及相应的规则和程序。程序公正是实现实体公正的关键保障,缺乏适当的程序,实体内容的公正性会受到质疑。因此,恰当的执法程序对于达成行政管理目标具有不可或缺的重要性。鉴于我国至今尚未出台统一的行政程序法,教育行政部门应依据相关法律法规,结合教育工作实际,制定全民终身学习的行政执法程序。

① 兰岚:《构建服务全民终身学习的现代教育体系——政府责任与立法设计》,《教育学术月刊》2021年第9期。

针对该程序,需在以下几方面加以完善。

首先,完善全民终身学习行政执法相关的法律和法规,为执法部门提供明确的执法依据。目前,我国缺乏专门针对教育行政执法的法律法规,相关执法程序散见于《中华人民共和国行政许可法》《中华人民共和国行政复议法》等法律法规中。因此,需制定统一的执法程序,以确保各地教育执法部门能够按照统一、规范的程序进行执法,从而提高行政执法的效果。

其次,加强对执法部门在全民终身学习执法过程中的监督管理。当前,教育执法者在执法过程中往往更注重执法结果而忽视执法过程,这在一定程度上影响了执法的公正性和效果。因此,未来在全民终身学习体系下,应加强对执法过程的监管和核查,以促进执法人员规范执法,保障被执法主体的权益,确保执法效果的实现。

最后,完善全民终身学习执法机构的执法责任追究机制。应严格落实全民终身学习行政执法责任制,结合终身学习形成终身追责的制度,以确保执法机构及其工作人员在履行职责时能够恪尽职守、秉公执法。

3.司法机构

作为全民终身学习司法机构,与其他类型的司法机构同样需要确保该机构司法地位的独立性,消除司法机构行政从属的痕迹,有步骤地建立起相对独立于教育宏观管理部门的教育审判机构,这是未来全民终身学习司法机构改革的必由之路。具体而言,教育和全民终身学习法庭应作为我国各级人民法院所属的审批机构,在法律专门人才中和司法系统内部培养选拔具备相关专业知识的法官,其司法机构的办公经费与业务经费应纳入各级人民法院经费预算范畴,而非教育经费之中,以确保该机构能够独立行使涉及全民终身学习的审判职能。对于全民终身学习司法机构的法庭受案范围,应尽最大可能保证相关的案源,立法规定一切涉及全民终身学习的涉法纠纷均纳入该司法机构审理的范围。同时,应通过法律法规明确规定哪些属于涉及"全民终身学习"的案件,不能把属于其他业务审判机构审理的案件不负责任地纳入其中,为避免司法机构因案件积压而导致审理负担过重,进而影响案件质量,我们应在司法审判程序设计上借鉴他国经验,将教育诉讼视为教育调解、复议、仲裁等可选程序之一。一旦作出最终判决,其具有法律效力。就目前而言,在《全民终身学习诉讼法》尚未单独设立之前,全民终身学习诉讼一般适用民事诉讼程序。涉及教育行政机关为被告的行政案件适用行政诉讼程序,而涉及教育类犯罪行为的案件则适用刑事审判程序进行审理。为完善教育法律责任体系,我们应通过立法明确全民终身学习法实施过程中行政机关、司法机关及其各级教育机构及其个人的教育法律责任，并加强全民终身学习执法和司法监督，以确保全民终身学习法的有效实施。开展针对终身学习活动的数据收集、统计、分析和数据应用工作，动态评估各方面的效果，包括政府管理效果、服务提供者的服务效果、学习者的学习效果等。这些有针对性的、专门的工作可以为我国终身学习发展积累数据、经验，为我国终身学习的后续发展奠定基础。

4.法律监督机构

为确保权力不被滥用和违背法律，必须对执法者及其执法过程实施严格的监督。尽管我国政体并非三权分立，但立法、司法、行政三种权力仍需要科学分工与相互制约。教育执法作为教育行政管理的重要环节，其自我监督机构的建设同样重要，以确保其在全民终身学习体系建设中能够发挥应有的作用。

在我国，教育执法监督主要通过教育督导制度得以实现。教育督导是由县级以上各级人民政府为确保教育法律法规的贯彻执行和教育目标的达成，对所辖地区的教育工作进行监督、检查、评估和指导的制度。它针对教育行政和教育执法行为进行监督，其监督对象既涵盖同级教育行政部门和其他相关职能部门，也包括下级人民政府等。根据《教育督导暂行规定》(1991 年 4 月 26 日国家教育委员会令第 15 号)，地方县级以上均应设立教育督导机构，其职责在于对下级人民政府的教育工作、下级教育行政部门和学校的工作进行监督、检查、评估和指导，确保国家教育方针、政策、法规的贯彻执行和教育目标的实现。

根据现行教育法律法规的规定，各级教育督导部门负责教育行政执法的监督工作。然而，受现行教育管理体制等因素的制约，教育督导部门在发挥督导作用方面面临挑战。为确保监督的有效性，必须确保监督部门的独立性。独立的监督机构能够实现与被监督部门的利益分离，从而更好地行使监督权。

在构建全民终身学习体系的背景下，教育行政执法监督体系将进一步拓展，不仅涵盖教育行政系统内部的监督机构，还需吸纳外部各类监督机构。内部监督主要指的是教育行政系统内部上下级之间和不同职能部门之间的自我监督。现行法律法规政策规定了教育行政复议、教师申诉和教育督导等内部监督形式。未来，外部监督将成为主导形式，包括各级人大监督、政协监督、新闻舆论监督、公民监督、社会团体监督等。

首先，要加强各级人大对教育执法的监督。人大监督是我国最高层次的监督形式，应将执法监督与立法监督置于同等重要地位，加大人大对教育执法检查的力度。其次，要增强社会各类新闻舆论的监督功能。根据党的十六大报告精神，舆论监督主要针对各级权力组织，而非权力性的社会、经济和文化活动。媒体应以中立地位、审视眼光和公允态度发现领导机关的失职，并及时发现政策制定和执行中的问题。新闻舆论监督具有公开性、广泛性和及时性等特点，充分发挥这些监督作用有助于引导行政机关执法行为的良性、健康、和谐发展。目前，部分地区已设立新闻工作办公室，负责教育信息公开和舆论引导工作，并制定新闻线索沟通制度，适时向公众发布重大教育政策，解答教育热点问题。通过长期稳定运行和不断完善，全社会教育舆论氛围将显著改善，为全民终身学习体系的发展创造有利条件。最后，社会公众和人民群众的监督也是必不可少的。我国作为人民民主专政的国家，人民是国家的主人，教育行政管理机构和相关执法者行使的是人民赋予的权力。因此，涉及全民终身学习的行政工作和执法行为必须接受社会公众和人民群众的监督。通过群众监督，我们可以积极推进教育政务公开，并遵循“谁行使、谁负责”的原则[①]，推行行使权力者的终身责任追究制度，也加强了各级政府全民终身学习政务公开。随着社会经济的发展，全民终身学习相关执法工作的群众监督手段和方式也日新月异。例如，部分地区已经充分利用互联网、AI技术、大数据分析、云存储等新技术手段，构筑网络监督平台，为社会公众和人民群众行使监督权提供一个非常好的方式。在互联网这样一个虚拟的空间，通过新媒体如微博、微信和公众号等，为社会大众及民众提供一个相对隐秘的言论场所，从而为教育执法监督拓展更多创新途径与方法。

（三）教师队伍建设机构改革前瞻性展望

1.教师资格资质认证评价机构

教师资格认证机构肩负着对申请者教育教学能力进行评估的重任。在国外的教师教育体系中，教师培训组织与教师资格认证组织往往分开运作，并具备明确的评价准则。教师资格认证人员在评估过程中，严格遵循这些评价标准，对申请者进行严谨、公正的评判。在未来全民终身学习体系下，我国也将借鉴和完善这种评价方式，构建统一且严谨的教师资格认证准则，设立专门的教师资格认证机构，负责培训及认证相关人员。[②] 培训的形式符合全民终身学习的要求，不仅包括教师资格考试中的内容，还应具备新知识、新技术的更新能

① 孙梦阳:《中国义务教育优质均衡发展过程中的政府职能研究》，东北师范大学博士学位论文，2021年。

② 柳尧洋:《美国加利福尼亚州在职中小学教师培训评价研究》，沈阳师范大学硕士学位论文，2021年。

力,形成一整套全民终身学习教师资格资质认证评价的标准和方法。在未来建立的全民终身学习体系中,我国教师队伍将更为庞大,不仅有在职教师,还有大量的兼职教师,不仅有正规学习机构中的教师,还有非正规和非正式学习机构中的教师。教师资格认证机构有必要在各省、市设立执行机构,以确保具体教师资格认证考核工作的有效执行。这些机构旨在服务于国家全民终身学习体系建设的宏大目标,主要职责涵盖教师资格考试中的笔试和面试环节的认证评价工作。为确保认证工作的专业性和权威性,教师资格认证人员需由具备较高学术水平和丰富实践工作经验的人员组成,包括高等教育学院的教师、中小学校长、从教五年以上的优秀教师以及社会中的知名学者专家。同时,为增强透明度和公信力,教育行政部门人员、人大代表、政协委员可以以监督机构代表的身份参与其中。

一是认证评价机构开展工作的依据。教师资格证书是教师资格资质认证评价机构开展工作的依据,我国现行的教师资格证书分类,主要是依据教学科目和任教年限进行划分。此类证书具备全国通用性,但在不同学科间的教师资格证书互认,以及较长任教年限是否适用于较短任教年限等方面,尚无统一且具体的规范。实际上,各地区在教师招聘过程中,会根据实际情况提出相应的要求。[①] 教师资格资质认证评价机构中的这些做法不利于教师资格证书的规范化,也会造成各类学习机构在选用教师工作上的失误,大量的考核评价工作也会增加教师工作负担。因此,教师资格认定评估机构对教师资格证书类别进行详细划分,是确保教师资格证书在各地域间有序流通及遏制教育水平失衡扩大的关键因素。在进行教师资格证书类别划分时,应以教师的专业素养水平为基准,同时结合我国教师职称制度,如针对正式入职并转正的教师,所颁发的证书为初级教师资格证书。在教师职业生涯中,需要对教师的资质进行多次评估评价,以保证教师的知识技能能够不断增长,满足全民终身学习对教师素质的要求。在教师的各个成长阶段,通过评估评价给予其相应的资质认可,通过培训和学习赋予教师多种知识技能。通过终身学习和不断评估评价,促进教师的终身成长,满足学习者终身学习的内容和种类要求。

二是增强教师资格的融通性。教师资格资质认证评价机构的另一个工作内容是优化教师资格证书的兼容性策略,我国现有的教师资格认证评价体系允许高级教师资格证书具备向下兼容性。这一政策的实施导致越来越多的教育工作者积极争取获得高级教师资格证书,而忽视了低水平学习者的学习需要。

---

① 吴传刚:《我国现行中小学教师专业标准改进研究》,哈尔滨师范大学博士学位论文,2019年。

整个学习领域为低水平学习者提供的学习资源和学习机会将越来越少，这不利于构建一个基础稳定的全民终身学习群体。因此，教师资格资质认证评价机构可取消教师资格证书向下兼容的规定，这是保证教师质量满足全民终身学习需要的重要手段，教师资格证书只在规定的教学范围内有效，促进教师获得更多领域的资质资格。各门类学科之间教师资格证书也不应继续兼容，跨年级和跨学科教师必须重新进行学习和培训，并在考核合格后才能申请相应教师资格证书时。需注意，同一教学年限内相同学科的教师资格证书具备兼容性，以降低评估评价机构的考核成本。在教师资格证书的地域流通上，未来将会由教师资格资质认证评价机构制定一个全国通用的认证机制，这样会使教师地域分布和流动更加均衡，使不同地区间的教育水平逐渐均衡化。针对未来的全民终身学习体系建设需要，统一的教师资格资质认证评价机构可以保证教师资格证书具备跨区域流通性，依据教育水平发展实际情况进行地域划分，既可以满足不同地区、不同层次和不同水平的学习者需要，又降低了全国各个发展区域间的教师培训和调剂的成本，更提高了教师资格资质认证评价机构的工作效能。

2.教师队伍建设和开发培训机构

教师培训的外部支持系统对于教师队伍的建设和开发至关重要，这是确保教师培训成果的关键机制。通过构建专业的培训者队伍、实施民主的培训评估、搭建高效的沟通平台以及建立健全的培训制度，教师培训机构可发挥其重要作用。培训者队伍是培训质量的关键保障。在国际上，多数教师培训机构的专职培训人员需具备丰富的教学经验，并经过严格考核方可上任。因此，构建高效的人员和机构支持需从以下三个方面展开。

首先，打造一批高素质的教师培训者队伍。加大对其培训力度，以提升他们的专业素质。这批队伍需具备将教学经验与实践相结合，并能运用教育理论指导实践的能力。他们应具备丰富的教育教学经验以及深厚的理论修养，在培训过程中能深入浅出地阐述理论与实践之间的关系。他们需来源于教学一线，同时具备广泛的教育教学知识，能深入理解并解释教师现有的观念和行为，与教师展开真实且有意义的对话。

其次，建立健全教师培训学习团队，包括教师、基层培训机构人员、上级培训机构人员和专家四个群体。团队以解决教师培训中存在的问题为基础，根据任务和分工选择团队成员，针对不同问题组建不同团队，并通过特定渠道实现团队间的沟通。

最后，加强培训机构建设。加大硬件投入和管理力度，同时赋予基层培训机构更大的培训自主权,使其能根据地区特点制定培训计划和方式,助力更多教师提升自身能力。

综上所述,通过打造专业培训者队伍、构建高效学习团队以及完善培训机构建设,我们将有力推动教师队伍的发展,助力更多教师实现专业成长。[①]

3.教师资源共享交流调配机构

未来全民终身学习体系的一个突出要求,就是打破各类教育机构的壁垒,全社会共享教师资源。这就需要设立一个统一的教师资源共享交流调配机构,其主要职能是打破现有各自为政、条块分割的现状,统一管理和调配各类学习机构和社会组织中的教师资源。教师资源共享交流调配机构可以在更高层次和更大范围内分析全社会的终身学习需求,根据各地区、各门类、各学科的学习者的数量,结合学习者的学习需求,制定全面的教师资源配置方案。通过覆盖全国的教师资源实时管理平台,对教师梯队建设和区域布局形成长期规划,在教师资源共享交流机制下进行无障碍的教师调配。通过教师资源共享交流调配机构的科学调配工作,可以解决教师编制不足和区域教师资源不均衡的问题。

(四)教育投资融资机构改革前瞻性展望

1.规范政府间财政关系,明晰投资主体和支出责任

全民终身学习体系的构建,属于政府公益服务职能的集中体系,在公共财政中保障教育领域的财政资金投放是政府财政政策的重要内容之一。在调查问卷中,43.93%的受访者认为在未来全民终身学习体制下,公共财政投资管理机构需要在教育投资融资方面发挥重要作用。因此,不管是在目前还是在未来,政府作为全民终身学习体系构建的投资主体地位是不容置疑的。《中华人民共和国义务教育法》中对政府投入义务教育阶段的资金所占政府财政支出比例进行了规定,这进一步明确了政府的投资主体和支出责任,未来也将出台更多的法律对这方面进行规定。

我国幅员辽阔,地区间经济发展水平差异较大,因此需要建立规范的政府间财政转移支付制度。进一步明确我国财政转移支付的目标,是为了缩小地区间公共服务能力和水平的巨大差异。通过不断完善现行的中央财政转移支付制度,将实现各地基本公共服务水平的均等化,进一步将区域间的教育公平作为中央财政教育资金转移支付的主要目标。[②] 中央财政转移支付方式需要进一

① 凌云志:《行动导向的教师培训者培训研究》,东北师范大学博士学位论文,2020年。

② 吕瑞林:《促进区域协调发展的财政转移支付制度研究》,江西财经大学博士学位论文,2018年。

步规范，通过制定和颁布各级政府间转移支付法律法规，有助于降低资金运行成本、项目实施成本及资金监督成本。目前，我国财政分灶吃饭，中央财政对地方财政的调控力度较小，均等化调控能力较弱，因此，未来需要进一步改革现行税收返还办法，规范中央财政教育资金转移支付制度。规范中央教育专项资金转移支付项目的管理，控制和精确教育专项资金拨款的规模和范围，通过各种政策措施促进教育专项资金拨款项目的透明、公开、公平、公正。

进一步明确中央和地方各级政府的教育资金投资范围和管理权限，建立“谁投资、谁决策、谁受益、谁承担风险”的激励约束机制，从制度上切断政府投资冲动，确保有限的教育资金用在全民终身学习体系建立上。公共财政资金主要源于家庭和企业等缴纳的各项税收，构成公共财政收入。此外，政府还可借助政府债券等途径在资本市场筹集资金，或通过教育彩票等手段直接向居民融资。公共教育经费的筹集与配置，主要体现在作为直接生产者开办公立学校并提供办学经费，或作为间接生产者，对私立学校提供有条件补助，以提高教育生产供给能力。目前，我国义务教育阶段民办学校和学前教育阶段民办幼儿园，都在逐步向公办学校和普惠制幼儿园转变。可以预见，在未来全民终身学习体系中，基础教育将更多地依赖政府公共财政的投入。另外，政府公共财政可作为间接消费者，采取措施向学生提供间接补贴，如拨款支持学生、利息优惠等，这将形成实质性的“用脚投票”，不仅可以增强学生的教育选择和支付能力，还将在客观上促进全民终身学习体系中实施机构的效能。

2.社会资本投资管理机构

问卷调查结果显示，41.12%的受访者认为，在未来全民终身学习体制下，社会资本投资管理机构将在教育投资融资中发挥更大的作用。这意味着，政府和社会公众都更加重视社会力量和民间资本，在全民终身学习体系中，社会资本将在投融资体系中占据重要地位。在这样的趋势下，教育部门、金融部门、社会组织管理部门、市场主体管理部门必须加大引导和监管力度，促进社会资本投向全民终身学习体系。构建全民终身学习体系，促进学习者全时全域全方位地进行终身学习。受我国学习者自身教育水平较低、公共教育机构较少等客观因素影响，整个体系的建立要付出的代价更加巨大，这项漫长而巨大的工程还需要大量的资金投入。对于中国这样的发展中国家而言，投入教育领域的公共财政资金有限，面对全民终身学习需求不断增加的新形势，终身学习体制改革不能单独依靠公共财政支出，还要依靠社会资本的投入，个人、企业资金在教育资金来源中所占的份额将会逐渐扩大。政府在无法迅速增加教育投入的情况下，必须积极发挥政策工具作用，采取有力措施加大力度扶植民办教育，积极吸纳企业、民间及海外投资基金等多元化渠道的教育资金。运用财政、税收等政策措施，激发社会各界参与办学的积极性，形成一个真正以政府办学为主体、多种力量共同办学的全民终身学习新体制。政府还应进一步在职业教育、高等教育、继续教育等领域采取优惠政策和措施，吸引社会资本投资，促进民办教育的发展。

3.公益慈善投资管理机构

问卷调查结果显示，仅有14.95%的受访者认为，在未来全民终身学习体制下，公益慈善投资管理机构将在教育投资融资中发挥更大的作用。这表明，在当前经济社会发展情况下，公益慈善机构在全民终身学习体系构建中的作用发挥得还不够。为此，随着社会进步和公民意识的加强，政府将进一步促进全社会公益慈善力量的发展，通过公益慈善机构吸纳社会公益慈善资金，充分发挥社会公益慈善力量对教育机构和困境学习者的支持。同时，在鼓励企业和私人慈善捐赠全民终身学习方面，政府正在并将继续完善税收制度，企业和个人对教育捐赠将会获得更高的税收优惠。作为政府公办教育机构和私营教育培训机构的补充，非政府和非营利组织的教育投资行为将在全民终身学习体系中发挥更大作用，弥补政府公共财政教育投资的不足。政府职能部门对其进行科学的规范、引导和管理，可以促进社会组织的发展壮大，从而实现全社会的公共利益。目前，社会力量办学的势头比较显著，但仍具有较大的功利性和逐利性，还没有朝向构建全民终身学习体制的趋势发展。在新时代的背景下，人们的物质生活更加富裕，精神追求更加旺盛，全民终身学习将成为教育产业的一个风口。政府职能部门必须对公益慈善机构进行有效监管，确保投向全民终身学习体系的公益慈善资金保持公益性。

总之，在未来全民终身学习体系中，必须通过政府组织、市场调节和社会参与，有机整合公办教育机构、图书馆、科技馆、文化馆、博物馆、广播电视、网络平台、社会培训机构、科研机构、爱国主义教育基地等各种可用于终身学习的资源，实行资源共享、优势互补，形成纵向与横向贯通衔接的较为完善的学习网络，发挥各种学习资源的综合效用。管理机构要充分发挥引导、规范、监督的职能作用，做到公私兼顾和张弛有度，既能整合现有教育资源，又要发挥社会力量的作用，鼓励更多的社会主体办教育。在管理理念上摆脱片面的工具理性的价值取向，为终身学习发展注入持久发展的动力，这也是未来终身学习的最大的趋势。

(五)教育评价督导机构改革前瞻性展望

1.建立政府评价机构,实行以服务为导向的考核评价

为了提升政府公共服务能力,需构建一套与我国实际相符的公共服务评价机制。这套机制应包含明确的公共服务评价指标体系和可操作的测量方法,以确保公共服务标准的统一。同时,应建立和完善公共服务评价的配套机制,特别是激励和惩罚机制,如中央对地方的问责制及以公共服务为导向的干部政绩考核制度。这将确保资源配置、权力赋予、奖励报酬与服务绩效紧密挂钩。为实现中央对地方的公共服务问责制,需加强统计部门的垂直管理,减少政府对统计过程和结果的干预,尽快将基本公共服务指标细化并纳入统计范围。此外,还应加强对地方公共服务的审计和监察工作。在以公共服务为导向的干部政绩考核制度方面,建议尽快将公共服务数量和质量指标纳入考核体系,并逐步增加其权重。同时,将群众满意度作为考核的重要因素,建立符合公众需求的表达机制,使群众评价成为影响干部升迁的关键因素。为确保各级政府公共服务供给决策和执行的分离,建议将服务性职能部门从政府中剥离,成立专门的执行机构负责公共服务执行工作。政府核心部委则专注于公共服务决策,以探索符合我国国情的行政决策和执行分开模式。这些措施将有助于提高政府公共服务的质量和效率,满足人民群众的期望和需求。①

2.接受群众评价,建立社会评价机构

企业行业、社会中介机构、新闻媒体等中立机构的教育评价发挥独立研究机构和市场中介组织的作用,由宏观教育管理部门委托其对各类教育机构的教育质量进行评价,是对前一阶段的教育培训效果及其优劣之处进行评估,同时亦为下一阶段教育培训工作的改进和完善奠定基础。为实现此目标,应构建一套科学的绩效评估体系,从学习反馈、学习成果、行为改进以及工作成效等多个维度来建立健全教育培训评估体系。在此基础上,结合具体培训项目,根据企业和个人的实际状况,采用合理且多元化的评估方法和手段,并参照评估标准,对各培训项目的实施成效进行客观评价,为优化教育培训投资提供有力依据,根据评价结果实施监管措施。②

---

① 刘滨、许玉镇:《权责失衡与剩余权配置:基层减负进程中的"问责悖论"》,《求实》2021年第3期。

② 唐菡悄:《改革开放以来高等教育与就业关系的变迁研究》,安徽师范大学博士学位论文,2021年。

3.教育督导机构

问卷调查结果显示,根据未来教育督导的改革趋势,认为教育督导可能涉及立法机构的受访者占66.36%,认为涉及政府督学机构的占82.24%,认为涉及教育行政机构的占82.24%,认为涉及社会组织的占64.49%。可见,我国教育督导机构形式多样,独立、合署、代管、内设、直属等多种状态同时存在,各类机构联合督学的形式也比较常见。随着未来全民终身学习体制的建立和法治建设及教育民主化的深入,教育督导将进一步弱化督政职能,向学习机构的学习内容和学习效果督导倾斜,这需要加强对各类学习机构、教师和学习产品的评估评价。因此,未来的教育督导机构将会逐步推进教育行政与督导合二为一的模式,同时融合社会第三方评估评价机构的力量,整合各级各类教研、评价部门,成立容纳性较强、成员代表多方的综合性全民学习督导评估机构。

二、宏观教育管理制度改革前瞻性展望

(一)宏观教育领导制度改革前瞻性展望

随着社会不断进步和人们思想观念的革新,终身学习理念作为一种国际教育思潮,逐渐深入人心,教育被世界各国列为新时期优先发展的战略国策,终身学习成为世界教育改革和发展的出发点和落脚点。与此同时,社会对人的要求也在不断提高,在上学期间通过学习所获取的知识和经验已经无法满足社会发展和进步的需要,未来社会中的人们要在纷繁复杂的海量信息中积极主动吸收新的观点,才能更好地实现自己的人生价值。在此间,中央政府与地方政府关于教育制度的领导与规划必将处于统领地位,因而探索展望有利于终身学习的宏观教育领导制度是个人发展和社会进步的共同需求。

1.将形成中央总揽全局、各方协调共进的教育领导制度

政府在制定终身学习体系中肩负主要责任,建设终身学习体系需要社会各方共同努力,构建全面教育发展战略,促进区域教育均衡发展。我国疆域广阔,各地教育资源分配尚待优化,基础教育、高等教育、职业教育、成人教育等教育领域发展水平存在差异。在构建终身学习体系的过程中,应激发各类教育之间的横向交流以及不同层次教育机构之间的纵向协作,实现终身学习“纵横协同”发展。

一是政府部门明确权责,纵向领导各级各类教育。政府应切实履行好职责,在引导和支持终身学习发展的过程中,充分发挥党总揽全局、协调各方的领导核心作用。各级党组书记和行政负责人要担负起政治责任和领导责任,充分

发挥推进教育综合改革的重要作用。政府部门充分发挥统筹协调的职能，积极听取专家在科学管理中的建议和意见，建立分工协作的工作制度，有效实施推进工作开展，抓好改革任务的推进和落实。健全公共教育服务体系，实现教育公共服务均等化。全民终身学习需要政府与社会大众的共同努力才能实现，应积极引导各类学校发挥优势，鼓励支持企业承担对员工教育培训的责任，发展各种形式的民办教育培训，建立健全学习者个人学习成果认证评价制度，使学习成为人们的精神追求。[①]

公办、民办、社会、非正式等各类教育制度纳入统一领导制度，制定囊括全社会各类教育制度的全民终身学习发展规划。中央教育行政部门正逐步向地方教育部门下放更多权力，并从中央集权式的规划与控制转变为加强对地方参与者的问责与扶持。为实现这一目标，中央教育行政部门将通过目标设定、评估及指导等方式，间接行使对教育的控制权。一方面，政府需要积极调动和吸引广大民众，通过多样化的方式参与终身学习，特别是针对那些已完成或未完成正式教育的社会群体，提供“追加”教育机会；另一方面，政府应促进学校与企业之间的紧密合作，结合教学与科研的互补优势，进一步完善非正式学习渠道，并鼓励非正式学习。为满足不同人群对知识更新、补充和拓展的需求，应提供内容丰富、层次多样、方式灵活的远程教育混合课程。这将有助于学习者以更积极的方式挖掘自身潜力。作为信息时代的必备能力，终身学习对于满足多群体、多层次、多样化的学习需求，以及推动国家向人力资源强国的转型具有深远意义。因此，中央教育行政部门与地方教育行政部门要明确权责，在全社会中进行积极协调，使全民形成终身学习理念，从而使学习型社会的建设成为可能。

二是社会各界共建共享，横向联通教育资源。在全民终身学习体系下，每个人都具备享受教育资源的权利，以满足个人发展需求。然而，这并不意味着我们仅作为教育资源的受益者存在。每个人都有责任和能力以多样化的形式为其他人的教育做出贡献，这种贡献不仅局限于同行业内的教育进步，更应跨越行业界限，覆盖更广泛的群体，提供不同层次和多元选择的教育服务。为构建终身学习体系，单纯依靠政府力量是不足够的，我们需要全社会的共同参与和努力。每个个体、每个单位都应根据自身能力，为终身学习体系的完善贡献自己的力量。在业余时间，个人可以发挥专长，为终身学习提供志愿服务，担任兼职讲师，参与秩序维护，提供学习场地，或积极宣传终身学习理念，成为推动

① 薛二勇、李健：《公共教育服务的政策、内涵与任务》，《中国教育学刊》2022 年第 7 期。

所在社区学习的重要力量。在家庭生活中,每个家庭成员都应成为学习的主体,并为其他成员提供学习的鼓励和支持。家庭内部的代际学习和学习氛围的营造,对于提升整个社会的学习风气具有不可忽视的作用。企业在推动全民终身学习体系的过程中,需同时关注员工和社会责任。对于求职者,企业应认可国家继续教育学历和职业资格证书,并为其提供就业机会。对于在职员工,企业应提供在职培训机会,鼓励并支持员工学习。员工可选择外出带薪学习或接受企业内部培训,企业不应因员工的学习需求而扣发工资或阻碍其晋升,反而应为积极学习的员工提供更好的职业发展机会。此外,企业还应将公益事业纳入日常活动中,组织老年学习班、捐资建设公共文化设施、举办公益讲座等,为社会成员提供多样化的学习选择。①

统筹利用各方面教育资源,统筹学习机构、学习产品、学习平台、学习辅助等各类资源。各级各类教育制度改革落脚点都是终身学习体系的建立,学前教育的普惠幼儿园、义务教育的高质量均衡发展、高中教育的有重点发展、高等教育的双一流建设、民族教育推广国家通用语言,最后都是围绕终身学习体系。因此,建立党委领导、政府推动、教育主导、条块结合、全员参与的综合性领导制度和工作制度,是推动全民终身学习体系建设的基本条件和根本保证。国家一系列重大决策旨在将终身学习理念付诸实践,为构建学习型社会提供制度保障与政策指导。

2.将建立全社会通用、贯通学习者一生的学习成果认证制度

学习成果认证制度是全民终身学习体系的关键载体,也是构建人才成长立交桥的关键要素与突破口。国家资格框架作为学习成果认证的国家标准体系,学分银行则是该认证制度探索中的创新机制。由于教育形式的培养目标、教学内容以及过程管理手段等存在差异,学习者的学习方式与路径亦各不相同,因此直接对接并建立科学互通互认关系颇具挑战。然而,学习结果或学习成果的可比较性为解决此问题提供了可能,即不论学习者通过何种途径、方式或时长,其所掌握的知识、技能和能力可以实现量化与比较,并根据高低水平确定等级。学习成果等级的确定主要通过建立学习成果认证制度,从而连接不同教育和培训形式,推动正规、非正规和非正式学习实现实质等价。这不仅是全民终身学

① 康宁:《中国高等教育资源配置转型程度的趋势研究 1978—2018》,南京大学出版社 2020 年版,第 633 页。

习立交桥工程的重要组成部分,也是全民终身学习体系的核心抓手与切入点。[①]

设立个人学习账户、学分卡和学习档案,制定学分银行制度(转化终身学习经费等)、学分认证积累制度,建立学分积累认证标准体系、学分积累认证管理体系,制定学分通用认可制度。学分银行制度的建设涵盖了学分标准设定、学分认定机制、学分累积原则、学习档案管理、其他途径的学分转换制度、学分兑换机制、终身学习账户制度,以及终身学习账户管理平台等各个方面。在未来社会中,我们将步入一个全民学习、倡导终身学习的新时代。在这样的背景下,唯有重视每位学习者的需求和经历,认可并肯定个人的学习成果,才能实现不同阶段、不同形式的学习成果的科学与合理运用,进而促进个人利益与社会发展的和谐统一,真正构建起学习型社会。学分银行制度作为推动各级各类教育纵向衔接与横向交流、打破教育形式壁垒、促进学习成果认证、累积与转换的重要手段,是构建终身学习社会的有力推手。这一制度源于全民终身学习理念,借鉴了银行的功能特性,使学习者能够根据自身需求选择学习内容、时间和地点。通过一套标准体系和程序认证,将学习成果转化为学分,并长期存储在个人学习账户中,实现学分在不同教育形式间的自由转换。[②]

一是推进国家资历框架建设,为各类学习成果提供认证标准。国家资历框架旨在为各级各类资历成果等值互认提供共同的尺度,为各级各类资历成果认定和转换提供共同参照,为人才培养提供标准,为行业能力标准研制提供基础标准,为教育和人力资源市场提供沟通桥梁,为学习者拓宽终身学习通道,为人才跨境流动奠定基础。

国家资历框架中的要素包括:第一,以学习成果为本。学习成果是各国国家资历框架中最为核心的部分。国家资格框架内的所有级别的资格都是以学习成果为导向的,学习成果的维度被统一划分,以描述每个级别的资格应当达到的学习成果。第二,学分转移与累积系统的构建。这是一个以学生为中心的系统,以完成学习项目所需的学习成果为基础。通过这个系统,学习者可以系统地积累不同的课程学习和培训学分,然后将这些学分转换成被认可的资格证书。第三,对先前学习经历的认可。资历不仅包含学历、培训资历与工作经验,也包含先前的学习经历,通过对先前学习的认证,将学习成果量化为学分,方便

---

① 臧小林:《回归生本:地方本科高校转型路径重构——以重庆转型本科高校为例证》,西南大学博士学位论文,2021 年。

② 陈玫:《终身教育视角下的自学考试终身学习账户制度建设》,《成人教育》2020 年第 1 期。

学习者作出有效的学习计划，避免重复学习浪费时间和资源，最终实现学习的进步。[①]

二是更加重视学分银行制度，保证学习成果的积累与转换。作为学分银行的基础环节，终身学习账户制度从规划设计迈向制度构建，以终身学习为核心，借鉴国内外终身账户实践，逐步推进终身学习账户建设，按照分阶段实施规划，为学分银行奠定基础框架。国内外研究实践表明，终身学习账户是一种制度创新，通过建立科学制度推动学习型城市建设，以终身学习促进人的全面发展，具备完善的保障体系和合理的运行机制，为终身学习服务体系提供制度保障。终身学习账户制度建设是一项系统性工程，需多方协同参与，其基础是记录学习成果，核心是认证兑换学习成果，目标是满足学习者需求，促进学习型社会建设。终身学习账户制度为学习者设立唯一学习专用账户，利用现代信息技术记录自学考试中的个人信息、课程信息、成绩信息、学分信息、个人考试诚信记录、最终学历信息及其他形式学习成果。通过构建科学的学习账户管理运行制度，对多样化学习成果数据进行记录和管理，整合社会考试信息，建立科学标准体系，实现各级各类教育之间学习成果转换和学分积累，使学习成果得到公平、正当的评价和尊重。充分利用大数据技术，拓展学习成果应用渠道，激发学习者终身学习动力，引导学习者从“学历”目标转向“实际能力”导向，实现短期学习向终身学习发展的管理模式和制度设计。个人终身学习账户制度旨在促进正规教育、非正规教育和非固定形式学习之间学习成果积累、认证和转换；探索构建知识技能与能力并重，跨部门、跨行业的国家资格框架，将普通教育、高等教育、继续教育、职业教育与培训等相关学历学位证书、职业与技能资格证书等逐步衔接融通，促进各级各类教育共同发展。终身学习账户以学分银行建设为预期目标，提供学分银行建设所需基本单元，记录真实准确学习信息，建立与学分银行对接平台，保障学分银行运行质量，具有现实可操作性，对加快构建全民终身学习体系、推动学习型城市建设具有重要实践意义。在终身学习理念引领下，终身学习账户实现多样化学习成果统一记录和管理，反映学习者个性化学习特征，从而实现人的学习权和发展权，促进人的可持续发展。

学习成果流通、转化及应用是学习者关心的问题。因此，终身学习成果认证、积累与转换是终身学习体系建设中至关重要的一环，也是激发终身学习、增强学习获得感的关键举措。开放大学（原电大）、部分教育企业和学者关注学习

---

① 曹丽萍：《跨国资历框架体系的国际范式与本土建构》，广西师范大学博士学位论文，2022 年。

成果认证转化研究，国家开放大学及上海、浙江、广东等省份已初步建成终身学习学分银行，但受政策限制和认证转换标准研究滞后影响，应用层面多处于记录学习成果或建立学习档案阶段，学分转换尚未大规模推广。特别是继续教育、社会教育和前期学习成果认证、学分折算、成果转换等难题尚未攻克，缺乏完善、可借鉴的政策、路径和方法。[①]

通过问卷调查，受访者对未来建立能够体现终身学习成果的学分制度需要进行怎样的改革提出了见解。为形成未来人人皆学、处处能学、时时可学的局面，12.15%的受访者认为应建立学习账户、记录学习信息，5.61%的受访者认为应将个人学习的成果进行认证，10.28%的受访者认为应将学习成果的积分进行积累与转换，而71.96%的受访者认为以上的改革都很有必要。这一结果证明，学习者希望自身的学习成绩能够得到权威认证，并且被随时记录，可以保存和累积，自身的学习成果能够被各种机构承认，可以转换为个人素质评价结果。

(二)教育法律制度改革前瞻性展望

终身学习法的制定与终身学习体系的构建，作为学习型社会的基石，已成为全球教育改革与发展的重要趋势。此举亦为评估一个国家教育普及程度、社会先进性及国民素养的重要指标。在构建终身学习体系的过程中，终身学习法的制定是不可缺少的一环。

为进一步推动全民终身学习事业的发展，必须加快终身学习立法进程。为确保贯彻落实党的十九大报告中关于“办好继续教育，加快建设学习型社会，大力提高国民素质”的决策部署，应尽快建立健全规定全民终身学习权利和义务的相关立法。鉴于其对各类型教育的引领和综合作用，必须避免将其异化为“成人教育法”，而应将其置于教育法律体系中的特殊地位，即位于《中华人民共和国教育法》之下，其他类型教育法之上。此举无疑将填补我国教育立法领域的空白，为终身学习事业的蓬勃发展提供坚实的法制保障。[②]

1.推动立法进程，实现终身学习法治化

全民终身学习是面向未来的国家战略，也是解决当今社会面临的各种发展问题的有效途径。世界各国纷纷借助立法的强制性、规范性和权威性来保障终身学习的社会化推进。我国一些地方已经出台了终身学习条例，但国家层面的

---

① 崔新有、韩民、别敦荣等:《我国学分银行建设的问题审视和未来进路》,《终身教育研究》2022年第4期。

② 季明明:《呼吁加快终身学习立法》,《中国教师报》2019年2月20日。

全民终身学习相关立法尚未诞生，而围绕全民终身学习各方面的相关立法进展也比较缓慢。通过问卷调查，受访者认为随着全民终身学习体系的建立，必须加大多方面的立法工作。71.03%的受访者认为立法应关注终身学习者和教育机构的权利义务，73.83%的受访者认为立法应关注终身学分积累认证和应用，71.03%的受访者认为立法应关注各类型教育机构地位的认定和评价，73.83%的受访者认为立法应关注各类型教育机构监督管理体系。在全世界范围内终身学习立法的大背景下，近年来我国也开始为出台《全民终身学习法》做准备。可以预见，国家层面法的出台将会产生巨大的社会效应，释放出的巨大制度能量将辐射到教育、文化、经济、政治、社会等多个维度，即有利于全民终身学习体系的构建，催动终身学习文化的形成与繁荣，促进社会经济的可持续发展，助推政治民主化的实现，促进社会的和谐稳定发展。

一是明确立法核心理念，为终身学习行为提供法律依据。全民终身学习立法的核心在于明确政府、社会及学习者的职责，并合理划分政府、企业、教育培训机构、社会组织之间的角色分工与责任。政府在推动终身学习和建设学习型社会过程中，承担领导、推动及保障的关键职责。《全民终身学习法》应突出“牢固树立终身学习理念”“构建终身学习体系”“设立国家资历框架与学分银行制度”“构建各类教育纵向衔接、横向沟通的终身学习‘立交桥’”等法定目标，强调各级政府、高等学校及各类组织在推进终身学习方面的法定责任，强调各级各类教育应以终身学习理念为指导，积极承担培养和提升青少年学生及广大公民终身学习能力的核心任务。

终身学习作为利国利民、惠及全社会的公益事业，已在多国确立其法定地位。随着终身学习立法工作的不断推进，其已成为引领全球教育发展的重要趋势。在我国学术界，众多学者始终致力于终身学习理论的深入研究，使得终身学习立法研究在教育领域持续升温，理论成果层出不穷。在党中央、国务院的领导下，各级地方政府和相关部门积极作为，终身学习已从单纯的理念倡导转变为立法规范的实质性推进阶段，标志着我国终身学习事业迈入了新的历史发展时期。促进立法来保障成人学习的权利，给弱势群体提供同等的学习机会与条件，不再直接实施管理方针或对策，而是将依权管理向依法管理转变，让终身学习有法可依。教育发展与人的发展乃至国家和时代的发展紧密相连，进一步探索终身学习立法，不仅有助于激发公民终身学习的权益意识，促进终身教育事业的发展及学习型社会构建，而且有助于深化终身学习研究的理论层次，不断提升教育立法水平，推进我国教育事业的改革进步及教育法治化进程。

二是明确终身学习责任主体，以法律形式划分权利与义务。《终身学习法》的制定，将依据《宪法》所保障的公民受教育权以及经济社会发展的实际需求。现阶段，公民受教育权的内涵已延伸至公民主动学习和追求个人发展的权利。本条例旨在保障公民终身学习的权益，促进其自我发展，其适用范围涵盖所有学习者及学习服务提供者。为确保法律条文的严谨性和准确性，将对"终身学习""全民学习""继续教育""社会教育"和"社区教育"等术语进行明确定义，以深化对全民终身学习理论的理解，统一社会认识。

此外，《全民终身学习法》将明确正规学习、非正规学习和非正式学习在教育体系中的平等地位，遵循教育法规定的教育公平原则。采纳联合国教科文组织关于这三种学习形式的定义，并在条例中明确规定它们的平等地位，以保障除正规学校以外的其他教育和学习形式的组织建设与发展。同时，将建立广泛的学习成果鉴定和认证制度，形成对正规学校以外的教育机构进行评审、监督和引领的工作机制。在此基础上，将明确学分银行的法律地位及其功能职责，通过建立公民终身学习档案，促进学习成果的认证与转化。

政府在建立终身学习制度和建设学习型社会中担负着重要责任。《终身学习法》将明确规定地方各级政府在终身学习服务体系建设与完善中的主体责任与义务，包括资金投入标准、扶助办法等，特别是为处境不利人群提供终身学习的平等机会。同时，制定政府责任落实的评估指标、方法与评估结果公开方式。此外，各级各类学习机构也应对全民学习和终身学习担负起培养责任，明确其培养质量的督导、考核评估方式。在构建终身学习体系中，政府的主要职责包括推动立法、提供制度设计以及提供充分的资金保障。而社会，包括学校、非正式学习机构、企业、用人单位等，则是构建学习型社会的基础。这些机构应组织实施终身学习，实现国家的教育要求和学习者需要的平衡，为学习者的工作学习、休闲学习提供课程体系和灵活多样的教育方式。

学习者作为终身学习的主体，应确立终身学习理念，提出终身学习目标和计划，并学会学习，提高继续学习能力。在保障公民终身学习权利的同时，也应明确公民应履行的对应义务，合理配置教育者和学习者之间的权利义务关系。此外，还将明确公民学习权利的救济途径，规定相关主体因违法损害公民学习权利所需承担的法律责任。同时，将成立由政府资助的保护学习者合法权益的学习者协会，负责处理日常纠纷。[①]

综上，未来终身学习法制化的推进，首先需对"终身学习"的概念进行明确

① 刘琳琳:《习近平关于教育公平重要论述研究》，内蒙古大学博士学位论文，2021 年。

定位，认可非正规教育的地位，并对各类非正规教育办学主体的资格认定、功能定位、运行规范以及教育资源整合等问题作出详尽规定。其次，针对终身学习成果认证与转换的管理部门、执行机构、操作流程以及资格标准等，亦需作出具体规定。基于此，我国终身学习法的出台必将推动终身学习体系的构建，弥补教育发展中非正规教育的短板，促使教育生态体系走向合理化，实现各类教育的均衡协调发展。此外，“学分认定、积累与转换机制”的建立将提高学分互认的效率和便捷性，进而推动终身学习“立交桥”的构建。《终身学习法》作为教育法规将发挥法律引导作用，为成人教育的发展和终身学习的推进指明方向、提供准则，保障财政投入，切实推动教育结构平衡发展，促使各类教育同步前进。

2.强化执法信念，实行终身学习法治管理

为了构建权责明确、高效权威的教育管理体制，以及实现政府统筹、部门协同、上下联动的执法工作机制，必须以法治思维和法治方式推进教育治理。为此，需要建立由政府主导的，涵盖教育、市场监管、民政、公安、应急管理、卫生健康、食品药品、城管、税务等部门的教育行政执法工作协调机制。该机制负责指导并推动重大执法活动，以及组织跨部门执法工作。同时，必须将执法工作中的关键事项纳入重要议事日程，制定详细的实施方案，明确各项任务的具体时间节点，并确保各级责任得到切实落实。

一是明确执法范畴。在教育行政执法工作的具体范畴方面，应着重提升教育行政部门依据相关法律法规规章履行教育管理职责的能力和意识。这包括但不限于以下几个方面：查处违法设立学校（含大中小学、幼儿园、中外合作办学机构）及其他需经教育行政部门审批的教育机构的行为；查处学校和其他教育机构在招生、收费、颁发学位证书、学历证书等过程中的违规行为；查处学校和其他教育机构擅自分立、合并，擅自变更名称、层次、类别、举办者，以及恶意终止办学、抽逃资金或挪用办学经费等行为；查处教师违法行为；查处父母或其他法定监护人未依法送适龄儿童、少年入学接受义务教育的行为；查处国家教育考试中的严重作弊行为，以及其他法律法规规章明确规定由教育行政部门以行政执法方式管理的事项。

二是压实执法责任。根据实际需求，合理配置执法人员，并实行严格的持证上岗和资格管理制度，推动具有行政编制和执法权的事业单位人员参与执法资格考试。构建统一的教育行政执法人员管理平台和信息库，以提升管理和服务水平。鼓励和支持教育执法及监督人员参与法律职业资格考试，确保执法人员专业对口，专职专用。针对执法人员开展专项培训，着重提高教育法律知识、专业素养和业务能力，以促进专业化发展。

县级以上人民政府教育行政部门作为教育行政执法的主体，在推进教育事业发展和提供公共服务的同时，必须切实履行对教育事业的管理和行业监管职责。根据教育法律法规规章，全面梳理行政处罚、行政检查等事项，明确责任主体，细化任务分工，并全面实施执法责任制。制定并公示执法事项清单，建立动态调整机制。完善教育违法行为投诉、举报制度，确保有诉必复、有案必查。加强日常巡查，推进现场执法规范化。遵循合法、科学、高效原则，以及标准化、统一化、精细化的要求，优化教育行政执法程序，切实保障行政相对人的合法权益，如听证权等。同时，完善教育行政处罚裁量权基准制度，细化、量化各类行政处罚事项的行政裁量标准，明确裁量范围、种类和幅度。加强行政执法与刑事司法的衔接，规范案件移送标准和程序。确保罚没收入严格按照国家规定执行，实行罚缴分离和收支两条线管理。

三是完善执法机制。积极推动教育领域综合执法，兼顾教育特性与地方实际情形，研讨将若干涉及层面广、影响力大的执法事宜纳入地方政府综合执法范畴，明确乡镇、街道职责，构建网格化监管体系。完善政府主导的非法办学、违法收费等涉及群体利益、社会安全稳定的教育重大违法案件协调处理机制，提升防范与应对重大法律风险的能力。加强对各类办学主体办学活动的综合监管，对学校及教育行政部门审批设立的其他教育机构，应切实履行日常监管职责。强化与市场监管等相关部门的协作，针对市场主体实施的教育培训活动，建立联合执法机制，明确牵头与协同部门，以提高执法效率。确立重大教育违法事项通报制度与重点督办制度。国务院及省级教育行政部门、教育督导机构需会同相关部门对产生重大影响的教育违法案件进行督查督办，对地方政府和有关部门执法不力、导致发生侵害群众重大利益的教育违法案件进行通报与处理。

建立健全教育行政执法与教育督导的协同机制。教育行政部门应及时将执法信息通报同级教育督导机构，并将其纳入对地方政府、学校督导评价的指标体系。教育行政部门在执法过程中，若发现政府及其有关部门违反法律法规规章规定，未依法履行规划、投入、保障、管理等法定职责的，应提请政府教育督导机构依法处理。教育督导机构、督学在督导检查过程中若发现学校及其他教育机构、教师的违法行为，需要通过行政执法方式处理的，应及时将违法线索、相关证据移送教育行政部门依法处理。探索建立委托执法的机制，充分发挥督导机构、督学机构的作用。

3.提升司法信度,减少终身学习争议

司法具有终局性。司法终局性是现代司法的一个重要原则,是指司法机关(主要是法院)对具体案件作出的生效裁判具有最终的决定性和权威性。其决定性体现在司法机关(通常是法院)对案件进行审理后作出的生效裁判在实体内容上具有最终的决定力。一旦司法裁判生效,它就对案件的实体和程序问题形成了具有法律约束力的判定,非经法定程序不得更改。其权威性体现在司法是纠纷解决体系中的最终环节。在纠纷解决的顺序上,当事人可能先尝试自行协商解决,协商不成可以进行调解或者仲裁。但是,当这些方式都无法有效解决纠纷,或者当事人对这些方式的处理结果不满意时,司法就发挥其终局性作用。《中华人民共和国教育法》对于公民的终身教育权有明确规定,即"从业人员有依法接受职业培训和继续教育的权利和义务。国家机关、企业事业组织和其他社会组织,应当为本单位职工的学习和培训提供条件和便利"。尽管有关于终身学习权利保障的法律法规,但如果没有司法作为后盾,这些法律可能会沦为一纸空文。司法机关通过对违反相关法律规定的行为进行制裁,促使政府部门、社会组织和个人遵守法律。通过司法保障,可以确保公民在任何时候,当终身学习权利受到侵犯时,都能有公正的途径去维护。例如,当员工参加合理的职业培训受到用人单位阻挠,或者教育机构无端拒绝公民入学等情况发生时,司法机关能够及时介入并判定相关侵权行为,充分保障公民的学习权利不受侵害。

一是投诉途径。公民在认为自己的学习权利受到侵害后,有权向教育管理部门或政府设立的教育维权机构进行投诉,接受投诉的部门应当及时、有效地处理公民投诉。投诉属于一种"非诉讼"的纠纷处理方式,免去了诉讼的烦琐,方便公民以较为便捷的方式处理矛盾。可通过法律规定设立一个专门的全民终身学习维权机构,当公民接受全民终身学习、进行终身学习的合法权益受到侵害时有权向维权部门进行投诉,维权部门应对公民的投诉进行及时处理。如果我们在《终身学习法》中设立教育纠纷的行政前置制度,就可方便学习者更好地保护自己的权益,这能够实现和保障学习机会平等。对于全民终身学习维权机构的建立,鉴于全民终身学习涉及多个部门的协作,为了避免各部门之间协调难或互相推诿现象,有必要建立一个联合的维权机构。在我国,执法机关和行政机构不仅是国家法律、政策的执行者,同时也是监督者,联合执法机构的设立,能够有效监督社会团体和个人的终身学习行为,也能够及时处理纠纷,便于公民进行维权。因此,我们可做如此规定:各级教育管理部门应当会同公安部门、市场管理等相关部门设立全民终身学习的专门维权机构。同时,在党政机关工作人员执行职务的过程中,若存在未能切实履行法定职责,或对公民享有的终身学习权益造成侵害的,应当责令其改正,情节严重的,要给予行政处分或者承担相应的法律后果。为了便于公民行使自己的投诉权利,在终身学习的推广过程中,维权部门应当及时公布投诉电话和接待地点,以便学习者的困难和问题能够及时得到关注和解决。

二是行政救济。为了保护公民终身学习权的实现,政府部门设立了许多相关部门来推广和开展终身学习工作,这些行政部门或行政部门的工作人员行使权力的行为,理应受到相应的监督。在工作开展过程中,公民认为自己的合法学习权益受到侵害,也有权采取行政救济的方式来维护自己的正当权益。由于行政救济的受理机关主要为行政机关,内容具有一定的广泛性,但终究还是属于行政性质,属于事后补救的一种方式。学习权的行政救济是指行政机关作为行政主体,在行政权力行使过程中,对侵犯公民学习权所造成的损害进行补救的法律制度。从法律层面来看,行政救济是一项制度,但对于当事人而言,它代表了一种权利;而对于行政机关,则是对其行政权力的一种监督。在学习权的保护方面,行政救济及其相关制度的完善程度是衡量一个国家全民终身学习发展水平和社会文明程度的重要标志之一。我国请求行政救济的权利主要体现为"行政复议请求权",实现此权利的方式为提出行政复议申请。行政复议作为学习者维权的重要途径,其优势在于程序相对简便,高效性明显,且由具备专业知识的行政人员进行处理,更具专业性和可信度。此外,行政机关内部的垂直上下级关系也为争议的执行提供了便利。尽管行政复议为学习者提供了一种可选择的争议处理方式,但它并非最终的维权途径。若学习者对行政复议决定持有异议,仍可通过其他法定途径进行救济,可向法院提起行政诉讼。

三是司法处理。如果公民学习者不愿意就民事纠纷进行投诉或申请裁决,也可直接向人民法院提起民事诉讼。对于争议较小、案情简单的,法院一般会采取简易程序审理,保证案件处理得快捷和便民。对于行政机关的行政复议决定不服的,公民学习者也可提起行政诉讼,以审判的方式解决。单位或个人侵害公民的学习权造成较大损失或构成犯罪的,要承担相应的法律责任。民事诉讼、行政诉讼、行政赔偿请求都属于通过司法途径解决纠纷的方式,该程序的优点在于其规范性和严谨性,判决决策由熟知法律、业务娴熟且独立于行政机关的司法工作人员作出,符合公平正义观念和法治原则的要求。[①]

---

① 郝克明:《中国终身学习的发展与制度建设》,《北京广播电视大学学报》2011年第12期。

(三)教师管理制度改革前瞻性展望

面对未来学习的终身性,教师作为为社会培养人才的职业,应走在社会发展的前列,教师的学习要与时俱进。教师不仅要在任职前进行系统学习,而且任职后也要持续学习,通过终身学习新的理念、新的知识、新的方法和新的技术,保证自身持续发展。

1.形成广泛多元的学习产品供给主体管理制度

新的教育者资格认定制度,重塑教师角色,人人皆可为师。逐步消除教育者的职业特征,强化教育者的能力特征,为大量有一技之长和专业知识的公民成为教育者提供简易程序,使“三人行必有我师”“人人皆可为师”成为可能,从而增加全社会教育者和教育产品的供给总量。

一是重塑教师角色,制定人人皆可为师的教育者资格认定与培养制度。为进一步完善劳动准入制度和职业资格证书制度,激发广大从业人员终身学习的积极性,我国将在关键行业和部门,如国家经济命脉和与人民生命安全密切相关的领域,推行职业资格证书定期更新制度,并将从业人员终身学习的成果,作为职业资格证书更新、岗位聘任、职务职称晋升的重要依据。各行业和部门应为从业人员的终身学习提供必要条件。然而,当前不同部门和行业在终身学习方面的推进程度存在差异:一些部门、行业、企业已积极开展相关工作,取得较好成效;而另一些部门、行业、企业的终身学习意识尚待建立。我国致力于将教师职业理想、职业道德教育融入培养、培训和管理全过程,构建涵盖各级各类教育的师德建设制度体系。在准入招聘和考核评价环节,强化师德考核。同时,实施师德师风建设工程,建立教师国家荣誉制度,加快形成继承我国优秀传统、符合时代精神的尊师重教文化,营造良好的教书育人环境。

二是逐步消减教育者的职业特征,强化教育者的能力特征。正规机构教师在非正规和非正式教育机构发挥知识传播作用,需要建立有偿的知识分享制度来保护教师的劳动付出,为知识分享提供合理便捷的回报机制,形成全社会乐于知识分享的氛围,吸引更多的知识拥有者为社会提供学习产品。为了实现终身学习目标,构建一支专业的教师队伍至关重要。这支队伍需要拥有特定的培养机制、准入基准以及评价考核制度。目前,多数从事终身学习的专职人员来自普通学校,但终身学习与普通学校教育在性质、对象和内容上存在显著差异。终身学习尤其是非学历教育培训活动,具有周期短、针对性强、新知识新技术传播迅速的特点。因此,必须强调以社会和学习者的需求为导向,以职业能力为核心评价标准,对终身学习的内容和方法进行深化改革,以提升其质量。

鉴于终身学习的广泛性和多样性，其对专职人员的教育素养和知识能力要求较高。当前，对终身学习专业队伍建设的重视程度不足，许多专职人员缺乏相关知识和技能。为此，建议借鉴日本和韩国的经验，在有条件的大学中试点设置终身学习专业，提升从业者的专业水平。同时，应改革人才选拔机制，建立知识、能力与技能并重的国家资格体系，以促进我国经济、科技和社会的健康发展，提高国家综合实力，并激发社会成员的学习热情。①

2.突破教育机构壁垒，建立教育者无障碍流动的统筹管理制度

一是进一步统筹管理全社会教育者资源。全社会教育者资源分散在各个部门管理范畴中，必须统筹管理各领域的教育者资源，提升教育者资源均衡配置水平。各国普遍面临教师队伍老龄化、新教师流失率较高以及贫困地区优质教师短缺等问题，职前教师的素质对教师职业的整体水平具有重要意义。因此，提升教师资质、专业能力和培训力度成为关键的制度议题。这需要制定全面的教师教育课程，为未来教师提供实践经验，减轻新手教师从校园到职场适应过程中的压力，并通过交流、实践与反思不断提升专业能力。然而，如何在专业发展初期为教师提供有意义的教育实践经验仍是一个问题。此外，教育系统高度重视教师持续专业发展，仅依靠一次性或短期培训难以达到理想效果。因此，教师应突破"学校围墙"的限制，以实现持续发展。

二是加速推进专业知识共享与传播理念。富有经验且学识深厚的教育工作者通过优质的教学助力学生提升学业表现，他们擅长分析学生的学习状况，明确学生的学习需求，勇于探索新的教学方式，激发学生的思考能力，关注并回应学生的情感需求，致力于与学生建立融洽的关系。在面对问题时，他们能够精准地把脉，选取合适的解决方案，运用自身丰富的知识储备包括学科领域知识、教育教学理念以及技术技能等解决问题。这些知识的获取可能源自实证研究，也可能来自专业实践，或是在同行间的交流学习。

打破学习机构纵向和横向壁垒，无障碍的教师流动带来无障碍的知识传播。正规机构教师在非正规和非正式学习机构发挥知识传播作用。教师作为持续发展的学习活动工程师，具备丰富的教学知识，能够构建多个专业知识网络，享有较高的专业认可度。同时，学校允许非教学专业人员参与教学活动。除教师、社区行动者和家长外，学校鼓励其他专业人员发挥重要作用；倡导建立紧密的合作关系，寻求博物馆、图书馆、居民中心、技术中心等外部机构的资源支持。

---

① 陈思文：《未来全民终身学习实施制度改革前瞻性研究》，沈阳师范大学硕士学位论文，2021年。

只有秉持着开放、共享的理念,才能以高水准服务于全民终身学习体系。在高质量内涵式的新发展阶段,应充分发挥我国集中力量办大事的制度优势,聚集、整合和推广国内外各类优质学习资源,实现课程、师资、设施、数据等全方位共享,建立人人皆可随时随地自主选择,享受个人所需学习资源的“泛在学习”,以更大范围的学习者的获得感、幸福感、满意度作为检验尺度,培养全民终身向学的兴趣和能力。现代教育的承诺是要让学习者持续获得有意义的学习经历,未来教育将来自在学识上各有所长的无数机构,孕育学习者持续产生学习提升的渴望。对此,各级各类学校应积极倡导对非传统学习者开放场地设施、课程资源、师资力量及实训设备等;依托社会机构建立实践教育基地和体验式学习基地,推动校内外场景互联互动;为特殊群体学习者提供良好环境和条件,提供必要的专业支持和服务;面向在岗职业群体开展“工学交替学习”“送教入企业”等,畅通学习成才通道。

(四)教育投资融资制度改革前瞻性展望

形成以教育提供主体多元化为主要内容的教育投资融资制度。实施终身学习需要大量经费投入,而我国终身学习经费缺乏多层次、多渠道投入制度,导致全社会在全民终身学习体系构建上投入不足。关于未来终身学习经费的投入主体来源的问卷调查结果显示,赞同以政府公共财政投入为主、民间资本投入为辅和个人资金作为补充的受访者占44.86%,这体现了社会公众对构建由政府、机构及个人共同承担成本的终身学习经费保障机制表示认同。为进一步加强这一机制,我们需要持续优化财政性教育终身学习经费在各级各类教育中的分配比例,特别是对贫困地区的教育支持。在公共终身学习资源的分配上,应优先保障弱势群体的需求,特别是低收入者、进城务工人员、贫困地区劳动者及残疾人等群体。同时,应构建社会投资教育的激励机制,鼓励社会各界、各部门、组织及企业加大对教育培训的投入力度。[①]

1.加快转变政府提供教育公共产品的主要方式

一是积极引导,放管结合,转变政府教育投入职能。改进政府对全民终身学习资金的整合、协调及引导作用,构建完善的终身学习资金保障体系,优化资金分配策略,以及对重点特殊群体实施倾斜支持政策。国家进行宏观调控和政策引导,通过简政放权、放管结合的方式,合理划分各级各类教育的管理者与办学者之间的责、权、利。各级政府充分运用政策工具和管制能力,促进市场对资

① 孙梦阳:《中国义务教育优质均衡发展过程中的政府职能研究》,东北师范大学博士学位论文,2021年。

源配置作用的发挥，优化各类资本投入全民终身学习体系的政策措施，为各类社会主体兴办教育建立一个相对平衡、稳定、全面的环境。将中央与地方的教育制度均以终身学习视角统一规划，转变全体民众对终身学习的态度和观念，提高社会成员对终身学习的认知和认可。将学校教育与终身学习深度融合，在学校教育体系中强化终身学习的功能作用，经由推广义务教育以提高基础教育整体质量，为高等教育提供稳定且素质优良的生源。高等教育将作为终身学习的主要实现形式，要充分利用高等学校的基础设施和师资力量，在线上和线下吸纳更加广泛的终身学习者参与高等教育。高校在教学实践中引入终身学习理念，倡导大学生在步入职场后，积极寻求持续学习和自我提升之机会。在工作中自我反省，认识到自身能力之局限，并树立终身学习之理念。通过不断学习，弥补自身不足，以实现个人可持续发展之目标。在现有学校教育体系下进一步开展全民终身学习体制改革，打破传统教育空间、时间和学习者年龄、身份的限制，不再将学习局限于正规教育和正式教育，也不再将学习者的个人特征作为门槛，而是使学习者认识到学习的重要性、持续性、全局性，通过延缓成年人的知识折旧速度和提高就业群体的知识更新速度，令他们在生命的全过程都能不受时间的限制，实现他们的学习愿望和人生价值。提出“人人能学、时时能学、处处能学”这一全民终身学习改革理念，以该理念为引导，政府树立更强的宗旨意识和服务意识，重新明确政府在全民终身学习体制改革过程中的职责，满足全社会各类组织和个人对学习的需求，实现我国政府向服务型政府、公益型政府转变，通过建立全民终身学习体系提高全体公民的知识素养，为国家的长期、稳定发展服务。

二是均衡配置，提高效能，发挥政府的资源整合作用。构建终身学习体系，需要各级政府与教育部门携手合作，有效汇聚社会各方教育资源。然而，当前教育资源的整合仍面临诸多挑战。由于教育资源分别由各个行业、各个阶层和各个利益团体掌握，在整个体系构建的过程中会出现各自为政、重复投入的情况，不可避免地产生内耗，造成整体教育资源效能降低，这就需要通过“融合”打破各种教育资源利用的障碍。鉴于社会各类教育资源未能充分整合，实现全民终身学习的远大目标遂显得困难重重。在资源统筹融合上，政府应以“融合”为先决条件，实现的是政府公益服务的根本宗旨。由于目前占有主体地位的学校教育变得更加复杂，参与者和投资者更加多元化，治理层级和管理主体也更加多样化，因此中央教育行政部门要加强对全民终身学习体系构建的宏观调控，通过立法和文件使教育政策的重要议题和教育行动透明化，通过职能调整和体制改革统筹各方面教育资源，通过稳固学校教育体系夯实全民终身学习的基础，通过稳健的财政政策和税收政策鼓励引导社会各方面资金投向教育领域，通过健全的学习成果积累、认证和换算体系支撑全民终身学习体系的长期持续发展。

2.逐步引导民间资本和社会主体进入教育供给领域

一是建立政府为主、社会为辅的教育投入制度。目前，在我国以公办教育为主要载体的情况下，社会教育资源是全民终身学习体系建设的重要潜在资源，是社会经济发展对教育事业的资源回馈，体现了其对教育领域的积极影响。我们应深刻理解社会主体与民间资本在教育资源配置中的优势，并最大限度地提升其流动性与公益性，确保这些资源能够“源于民众、服务于民众”。将社会力量纳入全民终身学习体系，意味着不仅要关注高中、中职、高职、大学等职前教育，还需积极参与职后教育。在全民终身学习体系建立之前，职后教育被视为劳动者的继续教育，并非刚性需求，劳动者参与度不一，且难以保证稳定的生源、投资和发展。特别是在需要个人支付继续教育成本的情况下，非普通学生或继续教育学生即便有学习需求，也不可能或无力投入大量的学费和精力去学习。这方面的调查问卷结果显示，认为政府、民间、个人应均等负担终身学习费用的受访者仅占 8.41%，认为终身学习费用个人负担为主，合理利用各类资源的受访者仅占 14.95%。换言之，继续教育机构从学员那里获得的学费收入相对有限，这对于以学费为主要收入来源的民办教育机构而言，无疑构成了巨大的经营压力。若无国家财政或社会资本的鼎力支持，其参与终身教育的积极性无疑将大打折扣。我国民办教育具有鲜明的特殊性质和社会地位，其特殊性体现在其公益性与营利性的双重属性上。换言之，民办教育并非纯粹的公益服务事业，而是一种带有经营性质的特殊教育领域。因此，民办教育在发展过程中，必须平衡好公益性与营利性的关系，以确保其健康、可持续的发展。在相当长一段时期内，政府和社会对民办教育的感情比较复杂，既希望社会资本能够弥补国家教育公共财政资金不足，又担心民办教育的逐利性、营利性倾向会影响到教育公平。随着《中华人民共和国民办教育促进法》等一系列规范民办教育的法律法规出台，政府要求民办教育机构在营利性与非营利性之间作出选择。然而，这一抉择对于民间资本所有者而言颇为棘手，因为一旦选择“营利”，他们将难以享有公益事业的优惠政策；而一旦选择了“非营利”，就丧失了资本天然的逐利属性。同样，在全民终身学习体系建设中，仅依靠现有的教育基础设施和公共财政投入，难以满足全民终身学习的需要，民办教育崛起的主要目的在于弥补公办教育在办学资源方面的不足，尤其是优质教育资源的短缺，这部分资源作为刚性教育需求而存在。而作为最主要补充力量的民办教育在其发展过程中具有巨大的经济利益诉求，如果漠视社会资本这一天然的动机，就意味着拒绝民间资本加入全民终身学习体系。作为国民教育体系事实上不可或缺的一部分，民办教育以其具有特色的资源和灵活的经营方式获得了市场的认可，从而迅速发展起来。因此，政府在未来构建全民终身学习体系的过程中，要转变对社会主体和民间资本办教育的认识理念，改变对民间资本逐利性的否定态度，在确保实现教育公平和公益目标的基础上，运行民办教育获得一定的利润。打通政策法规的堵点和障碍，在非基础教育领域应畅通民间资本的投资渠道，引导社会资本更多地投向职业教育、继续教育等短板领域。更多地利用政策、税收等福利政策，加大对民办教育中学习者的补助，减轻终身学习者的经费压力。

二是民间资本充分介入促进体制更新。近年来，我国逐步提升对终身学习体系建设的财政支持力度。为确保财政教育经费的合理高效运用，有必要构建终身学习体系建设经费管理制度，实现终身学习实施过程中教育经费收支动态的常态化管理，确保各项经费收入与支出遵循法律规定。在此基础上，持续加大财政投入的同时，积极引导民间资本参与终身学习体系建设，充分发挥民间资源优势。

民办教育真正的优势在于其灵活的办学机制。丰厚的利益回报才能吸引他们进入成人教育市场，因此，大规模投身成人教育市场的可能性较小。唯有少量、专业性强、易于形成特色且能实现规模化生产的项目，才具有足够的投资吸引力。这一特点决定了民办教育在全民终身学习体系建设中扮演补充角色而非主导角色。他们具备迅速应对市场变化的优点，能及时填补教育市场空白。[①] 在全民终身学习体系建设中，社会主体和民间资本的进入所起到的鲶鱼效应，也促进了教育行政部门和公办教育机构的体制创新。一方面，国家可以通过购买服务方式吸引民办教育参与全民终身学习，从而实现在不增加政府大规模投入的前提下完善充实全民终身学习体系，克服由政府进行的高额投入和低效运转带来的不良后果；另一方面，公办教育机构面对民办教育的竞争也将加强内部改革，更加重视提高教育效能，减少资源重置浪费。通过民办教育这种多方面的促进作用，我国整体教育质量将得到进一步的提高。

---

① 王洪才、景安磊、阙明坤等：《终身教育体系建设中我国民办教育的作用与发展——“构建服务全民终身学习的教育体系”笔会系列四》，《终身教育研究》2020 年第 5 期。

3.搭建开放灵活、优质高效的终身学习资源服务体系

当今世界正在经历一场更大范围的终身学习、更深层次的科技革命和产业变革。互联网、大数据、人工智能等现代信息技术不断取得突破,“互联网+教育”已然诞生了容纳科技、教学和知识的巨大空间,构建起网络化、立体化的全民终身学习载体,以及开放便捷、一体化的学习服务平台,有力促进了泛在学习、混合学习、个性化定制学习、社群学习等新形态,为教育高质量发展注入了强大动能。在未来构建全民终身学习体系过程中,不能重复原有的教育发展模式,而要借助新的技术进步成果,有效开发和利用互联网、人工智能、大数据分析、区块链等现代信息技术,构建高技术条件下的全民终身学习发展模式。通过加大在新型教育和学习技术上的投入,终身学习者的学习形式、学习内容和学习成果都能够体现未来社会的要求。

一是进一步鼓励发挥新形态教育优势。信息技术的迅猛进步为终身学习的推动提供了前所未有的契机,尤其对于教育资源相对匮乏的发展中国家而言,它是构建学习型社会的关键支撑。如今,“5G”时代已然来临,新一代信息技术在学习中的应用,预示着终身学习在更大程度上释放教学潜力,使海量、优质的学习资源以更低成本、更广泛的覆盖,惠及更多学习者,为他们提供个性化的精准学习服务。我们所处的现代社会是一个充满动态变化的信息化社会,知识信息持续增长,这些新知识、新情况、新信息代表着一种新变化,是既往知识系统无法涵盖的。成人教育作为我国终身学习体系的起点,其发展历程可以为终身学习体系的建设提供实验性参考。在构建终身学习制度时,我们可以借鉴成人教育的发展特点,实施分类建设与管理制度,例如建立社区学校、在线教育平台,以及依托高校的终身学习体系等。

在推进终身学习体系建设的过程中,我们应高度重视新一轮信息革命所带来的历史机遇,将其视为我国在劳动力资源相对丰富、教育资源相对短缺的背景下,借助后发优势构建学习型社会的重要途径。政府要加大通信和终身学习互联网基础设施的投入,加大对人力资源培训开发终身学习的投入,建设开放式教育学习中心,为社会成员提供终身学习提供良好的虚拟学习环境,提供更丰富的网络学习终身学习内容和服务,使网络教育成为成人终身学习的最佳途径。充分整合信息技术手段,构建一个全国性的终身学习与教育公共服务平台。此平台将充分利用卫星、广播电视和互联网等教育渠道,以建设一个覆盖城乡、开放且全民可参与的终身学习支持服务系统,旨在提高我国教育的整体质量和水平。随着“互联网+终身学习”和“人工智能+终身学习”的深度融合,

其所产生的叠加效应和倍增效应将迅速显现。因此,我们必须摒弃传统的终身学习思维模式,着力解决知识快速更新与学习资源供给不足、滞后等核心矛盾。我们的目标是为全体社会成员提供不受时空限制的、多元化的、全覆盖的高质量终身学习服务。[①]

二是更加谋求整体规划。从国家层面出发,对终身学习体系进行全面规划与布局,打造开放式的国家终身学习公共服务平台。通过该平台,整合并开发多途径、多层次、多类型的国家数字化终身学习资源,并促进资源共享。同时,建立终身学习大数据收集、分析、应用与评价机制,为学习者提供个性化、终身化的学习服务。坚持教育全局发展观念,推动区域内教育协调共进。鉴于我国地域广阔,教育资源分配尚需进一步优化,各类教育形式如基础教育、高等教育、职业教育和成人教育等发展程度存在不平衡现象。在构建终身学习体系时,应促进不同类型教育之间的横向沟通与不同等级教育组织之间的纵向合作,确保终身学习体系实现"纵横协调"的发展格局。必须站在更高的战略高度,具备更远的未来视野和更宽广的国际视角,推动从学校到社会组织、从技术到制度的全方位变革与优化。最终目标是构建一个全民参与、无处不在、随时可学的终身学习社会。

三是加快建成人才成长的"立交桥"制度。近年来,我国在教育领域的发展与人才培养方面取得了显著成果。然而,受传统教育观念、以学历教育和精英教育为主导的影响,以及受独生子女成为学习者主体和社会保障制度尚不完善等因素制约,我国教育结构体系、人才培养模式及人才选拔制度仍存在诸多显著问题。数以亿计的中小学生将成才期望几乎完全寄托于高等教育,尤其是重点大学和高等学历的追求上,导致出现"千军万马过独木桥"的现象,这也是学生学习负担和精神压力过重的关键原因。在终身教育理念的指导下,构建多元化成才"立交桥"的目标旨在建立以人为本、充分尊重学习者意愿的教育体系。教育形式灵活多样,不同层次教育间衔接顺畅,不同类型的学习沟通无阻,形成有利于学习者终身学习、制度灵活、管理有序的教育体系和制度,进而激发社会成员通过多样化渠道求知、成就事业的积极性。

终身学习制度的核心与难题在于构建纵横连接的"立交桥"制度。这一制度旨在形成一个复杂的教育体系,涵盖各类教育形式、类型、层次、方式及内容,通过有机的制度设计将其内部及内外部紧密联系。建立"立交桥"的初衷是创建一个以人为本、尊重学习者意愿、教育形式多样、各级教育衔接顺畅、学习类

---

① 闵雪:《习近平关于教育的重要论述研究》,湘潭大学博士学位论文,2021年。

型沟通无阻、管理制度明确、灵活且有序的教育体系。此举将进一步激发全民终身学习的积极性。

《国家中长期教育改革和发展规划纲要(2010—2020年)》明确指出："搭建终身学习'立交桥'。促进各级各类教育纵向衔接、横向沟通，提供多次选择机会，满足个人多样化的学习和发展需要。健全宽进严出的学习制度，办好开放大学，改革和完善高等教育自学考试制度。建立继续教育学分积累与转换制度，实现不同类型学习成果的互认和衔接。"这些制度涉及多个层面，具有综合性和复杂性。从根本上讲，应建立国家资格框架，实现职业资格与学历资格的互通，使通过正规教育、非正规教育乃至非正式教育方式获得的学分均可互认互换。这将既调动每个社会成员学习的积极性，又实现人尽其才、才尽其用。[①]

(五)教育督导评估制度改革前瞻性展望

教育督导身为教育体系关键环节之一，在现代教育管理中扮演着举足轻重的角色，其对教育质量的提升发挥着日益重要的作用。为适应全民终身学习体系，未来教育督导制度将紧跟新时代步伐，充分认识到深化教育督导制度改革的重要性与必要性。教育督导制度改革是推进全民终身学习体系建设的内在要求，推广全民终身学习理念，提升全民终身学习意识，就要不断健全和完善教育督导制度，创新督导方式方法，努力构建与全民终身学习体系相适应的现代教育督导制度。在关于未来教育督导制度改革趋势的问卷调查中，65.42%的受访者认为教育督导更具权威性，73.83%的受访者认为教育管理权、办学权、评价权将进一步分离，83.18%的受访者认为教育督导人员队伍将更加专业化，79.44%的受访者认为应当加强监督与指导、督政与督学一体化。

1.教育督导从集中模式向放权模式转变

党的十九届三中全会明确提出要"深入推进简政放权"。鉴于教育督导部门作为行政权力机构的重要地位，加大放权力度已成为其发展的必然趋势。在此过程中，强化教育督导的独立性与权威性，不仅与放权的价值导向相符，更能在更大程度上发挥其"督政"的核心功能。为确保督导职能的充分发挥，各级督导机构被明确要求发现、诊断问题，并督促相关方面进行整改。同时，我们积极探索并建立了通过政府购买服务、委托第三方评估监测机构和社会组织开展教育评估监测的工作机制。此外，我们还高度重视督导人员的专业素养，将提升督学专业化水平作为重要任务，以确保教育督导的独立性和专业性得到充分体

---

① 郝克明：《中国终身学习的发展与制度建设》，《北京广播电视大学学报》2011年第6期。

现，并据此形成具有相对独立性的专业意见和评价结果。

一是进一步增强教育督导的独立性。独立行使督导职能的核心目标在于降低教育督导过程中的外部干扰，确保高利害性的督导结果具备客观性和公平性。首先，通过预设明确的标准来实现积极独立。发布督导评估前的具体标准，能在一定程度上降低督导过程受干预的程度。定量性标准公开透明，便于社会监督，从而降低权力机构干预带来的风险。其次，借助第三方委托方式提升独立性。积极探讨第三方参与督导的机制，在一定程度上，第三方受制于被督导部门的行政管理和财政约束较小，甚至在权力归属关系上也不受督导部门的过多行政管理。在专业能力和管理监控充足的情况下，第三方能够做出客观公正的评价。再次，借助督学专家提高独立性。加速督学团队建设，确保具备良好品行和专业能力的督学能够在一定程度上减少外部力量对督导过程和结果的干预。最后，创新机制以保障独立性。教育督导的独立性是权威性的关键保障，机制创新成为提升独立性、确保权威性的重要支持。在全民终身学习体系框架下，可以积极探索教育督导“管、办、评”分离的制度设计或机制创新。

二是教育督导职能一体化。教育督导职能一体化主要体现在督政与督学的协同以及监督与指导的相互强化上。一方面，考虑到我国教育改革发展的阶段性和国情特色，督政一直是政府工作的重要环节。然而，未来的发展方向应该是在保持督政和督学平衡的基础上进一步突出督学职能，加强对学校的监督与指导，以实现教育质量的全面提升。另一方面，教育督导制度需要顺应时代的发展，将督导的重点转向指导服务，以面向未来的发展性督导为导向，实现从传统的重“督”向重“导”的转变。这意味着督导工作不仅要发现问题，更要提供解决方案，帮助学校改进和提升。在此过程中，督导人员需要坚守以人为本的原则，不断更新教育督导理念，将更多的注意力放在学校的内涵发展上，推动基础教育质量的提升。同时，他们还需要根据不同类型的学习途径制定个性化的评估方案，并关注教育的可持续发展。综上所述，教育行政督导部门的职能将发生重要转变。一方面，将实现从过去的“督政”与“督学”并重向“以指导为主”的转变，继续做好评估工作；另一方面，在督政方面，将从教育行政管理的角度对下级教育行政部门的教育政策、法规执行情况进行督察，检查是否存在违规使用教育经费的行为，以及是否认真执行党和国家的教育政策等。这一转变旨在更好地发挥教育督导的作用，推动教育事业的持续健康发展。

三是教育督导人员专业化。作为教育督导工作的执行者，督导人员的素质和专业水平对教育督导的整体质量具有直接影响。提升督导专业化水平已成为教育督导未来发展的重要课题。为此,我国应设立督学准入机制,推行公平、公正、透明的督学招聘、实习及资格证书考试等制度。通过选拔构建涵盖教育管理、教育经济、基础教育、职业教育、高等教育、教育统计、教育评价、教育测量等领域的专家库,重视专家的政治品质、道德素质及专业能力,而非过分关注其行政职权和学术头衔。明确选拔和任职标准,优化人员构成,加强基层学校督导队伍建设,选拔政治素质高、业务能力强的优秀人才加入督学队伍。同时,重视培训工作,在督学培训方法上强调实践操作训练,制定有效考核方式,完善督导人员日常管理,打造专业化的督学队伍,以大幅提升队伍素质和工作质量。构建分类分层培训机制,侧重实战培训、项目培训、案例培训和操作技能培训等,完善"不培训不得参与督导"的制度。通过培训,重点提升专家的实际行动能力和综合评价能力,而非仅关注其语言表达能力。实施督学聘任制,实现督学专业化、在职化;与专业机构建立长期的人员交流与合作,实现督学队伍在职化、年轻化;完善督学退出和稳定机制,通过项目督导检验选拔高水平专家,形成稳定的、以项目为主体的督导人员聘任机制。[①]

2.教育督导从行政模式向法治模式转变

行政模式与法治模式虽有重叠之处,但并非等同。在推进依法治国、构建社会主义法治国家的道路上,教育督导权威性与公信力的提升,单纯依赖行政权力与命令检查是不够的。教育督导应依法行事,恪守《教育督导条例》,在明确规定的职责范围内开展督导工作,确保全程公开透明、客观公正,并全面接受社会各界的监督。

一是教育督导主体多元化。我国当前教育督导活动主要依赖于各级督导机构中的督学人员来推进与实施。为确保评估过程及结果的真实性,广泛吸纳评价主体至关重要,以便深入了解督导对象的实际情况。未来将致力于推动教育督导社会化,大力支持与发展非营利教育督导评估机构,委托第三方机构开展教育督导,并将督导业务委托给相应的教育机构。教育督导改革应面向全社会开放,扩大督导主体来源,广泛吸纳包括学生、家长在内的社会各界人士参与督导评估工作,全面获取督导信息,以增强评估监测的可靠性。若未能实现此目标,教育督导在查找问题、指导改革及促进发展方面的功能将大打折扣。

二是教育督导方式科学化。为服务全民终身学习体系,提高工作效率,未来我国的教育督导制度将会创新督导方式,构建与现实国情相适应的教育督导

① 朱紫薇:《治理视角下教育督导的困境及对策研究——以成都市C区为例》,四川师范大学硕士学位论文,2021年。

方法体系，互联网、大数据、云计算等新兴技术的迅速发展为此提供了难得的契机。为此，国家在推进教育督导信息化建设方面需要设立专门管理机构、完善实施与监督机制、培育信息化人才，以确保教育督导信息化建设的顺利实施。另外，还需构建全面覆盖的教育管理信息体系，重视教育督导网络平台的建设，强化过程管理，实现教育督导手段的现代化。

三是教育督导过程法制化。作为国家教育监督机制的教育督导制度，其基础在于依法实施督导。在我国法制化建设过程中，教育督导法制化的推进相对缓慢。2012年，我国首部《教育督导条例》颁布，标志着我国教育督导制度正式步入法制化轨道。然而，现行的督导条例尚不能全面适应新时代的发展与变革，唯有适时修订及调整相关法规条例，方能实现真正意义上的依法督导。展望未来，我们将加速推进教育督导法制化建设进程，进一步完善教育督导的立法及相关配套政策。为提升教育督导的权威性，必须确立教育督导在国家安全法、宪法及根本大法中的法律地位。在符合宪法和教育法精神的基础上，还需协调与其他法规的关系，从完善教育督导法律法规、配套地方法律法规、健全督导规章制度、加强督导过程规范、严格督导队伍法纪法规、强化督导运行机制合法及督导结果运用合法等多方面，确保教育法规与督导制度的相互配套。

3.教育督导从结果模式向过程模式转变

教育督导评估是利用专业的评估工具，对教育系统内的多个层面，包括教育行政部门、学校教育实践、教职员工及学生的学习成果，进行价值判断的过程。这种评估不仅为政府、社会各界及家长提供了对学校办学绩效、水平和质量的深入了解，而且为学校自我完善、提升办学水平提供了重要参考。因此，教育督导评估在当前及未来都将是政府监管基础教育的重要手段，其职能不可或缺。这种评估机制作为教育督导的核心职能将长期存在，因为全民终身学习体系的构建是一项公益事业，它必须接受公众的监督。对各类学习途径的教育质量进行全面评估，不仅是民主社会监管的必然要求，也是保障学习者教育知情权和选择权的关键所在。①

教育督导不仅要客观评价目标是否达成，更应注重全过程的监控，深入分析各类影响因素，并为被评价者提供未来改进的科学依据和合理参考。在评价过程中，还需衡量实际成果与预期目标的差距，并探讨背后相关的因素，为被评价者提供有针对性的改进建议。教育督导应立足于现在，着眼于未来，以确保教育质量的持续提升。

---

① 谢延龙:《教育质量论:一种原理性探寻》，宁夏人民教育出版社2014年版，第53页。

一是加快教育督导的信息化。信息化建设是推动教育发展的重要途径,教育督导评估监测的信息化建设更是其中的关键环节。加速推进教育督导评估与信息技术的深度融合,构建"互联网+教育督导评估监测"的发展模式,研发并完善教育督导评估信息系统、平台及信息化工具,已成为当务之急。应充分利用互联网、大数据、云计算等先进信息技术,开展教育督导评估监测工作,加速区域教育督导评估或督导评估项目的信息化网络建设。在此基础上,建立督导评估信息化数据采集分析平台,完善督导评估数据库和数据模型,强化对数据的管理与分析使用,以数据为依据,对教育教学进行有效指导,并为教育政策和决策提供科学合理的支撑。此外,我们还需积极利用信息化技术,开展网络匿名满意度测评,以客观、公正地了解教育教学质量。通过信息技术,推动教育督导评估的区域合作和国际合作,研发具有区域特色和针对性的教育督导评估项目、技术和工具。总之,加快教育督导评估监测信息化建设,实现教育发展与信息技术的深度融合,将有助于提升教育质量,推动教育事业的持续发展。

二是进一步健全教育督导的回访制度。为提升教育督导工作的实效性,确保督导结果得到切实落实,必须完善教育督导的回访机制。回访工作是在向被评估学校反馈督导结果后进行的,督导人员应根据学校的自我整改方案,选择适当的时机,采取正式与非正式相结合的访问方式,对学校整改工作的进展情况进行督查、指导与支持。回访工作不仅能够有效提升上一轮督导评估的价值,还为下一轮评估活动的顺利开展提供重要依据,具有深远的意义。然而,在现有的教育督导评估体系中,回访环节往往受到忽视,甚至被敷衍处理,导致教育督导陷入"有督无导"的困境,使评估活动流于形式。为改善这一状况,各级教育督导机构应针对本行政区域内的被评估学校,建立健全的回访制度。针对评估报告中指出的问题,督导人员应及时监察学校的整改情况,深入了解实际状况,并提供必要的帮助与指导,以确保问题得到根本解决,防止问题反弹。通过这一措施,我们能够更好地推动学校教育质量的持续提升。[①]

三是进一步压实督导结果的问责制度。为提升教育督导的效能与权威性,我们将强化督导结果的问责机制。根据教育督导的反馈,针对办学行为不规范、教育教学质量下降以及问题整改不力的学校,我们将采取教育性问责措施,确保教育和社会资源得到高效利用。在督政方面,我们将加强党对教育工作的全面领导,并明确地方各级党委以及乡镇(街道)政府在教育职责方面的具体要

① 周家荣、林菁艺:《新时代教育督导发展的新趋势和新要求》,《云南教育》(视界时政版)2020 年第 10 期。

求。同时，我们将引入政府教育督导委员会成员单位的年度履职报告制度，以加强对其工作的监督与评估。在督学方面，我们将完善对学校督导的分工合作机制，加强督学队伍的管理。具体包括明确县级专职督学的配备标准、提升培训要求、打通职业发展通道以及解决经费保障问题，从而确保督学队伍的稳定性和专业性。在评估监测方面，我们将整合各方力量，完善教育督导评估监测的指标体系，优化监测方法。同时，我们将加强对过程的监管和对结果的运用，以提升评估监测的准确性和有效性。通过以上措施的实施，我们将进一步提升教育督导工作的质量和水平，为教育事业的发展提供有力保障。

四是增强教育督导的研究能力。构建过程性督导模式目的在于引导教育督导向过程模式发展。在加强整改制度建设方面，重视督导后的追踪设计或后续评估，确立“问题必整改，整改必到位”的观念，对整改不力、不及时的情况实施限期整改。被督导对象应针对问题进行全面、及时的整改，要区别于传统督导的“重结果、轻过程，重等级、轻服务”的模式。同时，还需加大教育督导研究力度，对督导过程中发现的突出问题进行深入、定位研究，以期为教育督导过程提供更为有效的干预策略。随着督政、督学、监测、评估一体化现代督导体系的建立，强化教育督导研究显得尤为重要。首先，加强教育督导的理论研究，尤其是关注国际前沿的教育督导理论，为督导实践提供坚实的理论支撑。其次，强化教育督导的政策研究，全面梳理国内外教育督导政策的发展变迁，为完善教育督导政策、探索管办评分离、增强督导独立性、强化教育督导成果运用提供科学依据。再次，深化教育督导技术研究，重点攻克教育督导评估标准、指标体系、工具量表、数据采集、数据清理与规范、数据分析与预测、评估报告撰写、元评估、督导评估误差控制等方面的难题，确保督导评估的科学性。最后，加强督导实践研究，针对督导过程中发现的个性问题、典型问题进行深入探讨，提出解决对策，提升教育督导的诊断、分析、改进等功能。①

① 胡仁东：《改革开放40年来我国教育督导：制度、经验与走向》，《中国人民大学教育学刊》2019年第3期。

第十一章　微观教育管理机构改革前瞻性展望

在宏观教育管理机构改革的引领下，微观教育管理机构与制度的改革同样具有重要意义。微观层面的改革不仅关乎教育机构的日常运营和管理，更直接影响着教育质量和教育公平的实现。

一、微观教育管理机构改革前瞻性展望

（一）正规教育管理机构微观教育管理机构改革

正规教育管理机构的改革涵盖了公办教育管理机构和民办教育管理机构的改革。在终身学习背景下，公办教育管理机构的改革展望主要是决策机构、行政机构、教学机构、学生（学籍）机构、教师管理机构设置，在完善现有机构管理职能的基础上增加新的机构职能。民办教育作为公办教育的良好补充，是国民教育体系中重要的教育形式。依据民办教育办学的特殊性，民办教育管理机构的改革展望主要是决策机构、执行机构、教学机构、教辅机构、后勤机构设置，在完善现有机构管理职能的基础上增加新的机构职能。

1.公办教育管理机构改革

正规教育管理机构的微观教育管理机构改革的总体要求是使教育管理机构的运行效率更高，避免重复设置，减少公共财政的浪费，使财政资金发挥最大化效益。因此，对公办教育管理机构的决策机构、行政机构、教学机构、学生（学籍）机构、教师管理机构进行改革前瞻性展望。

（1）决策机构设置的改革

公办教育管理机构的决策机构是决策系统的内部组织，影响着公办教育管理机构的决策效果。当前的公办教育管理机构的决策机构设置齐全、作用凸显，在此基础上，未来的趋向更多体现在决策机构的主导作用更加突出、党的领

导更多体现、参与主体更加多元几个方面。

第一，主导作用更加突出，引导教育实践健康有序。

公办教育管理机构的决策机构是教育决策系统的内部组织，直接影响着决策的效果，主要包括信息机构、咨询机构、执行机构、监督机构。

我国公办教育管理机构属于事业单位法人，由国家出资举办，教育管理机构通过其管理层组织人才培养、科学研究和社会服务[①]，公办教育管理机构与管理层会出现利益分歧，易偏离目标。因此，决策机构在公办教育管理机构中非常重要，发挥着决策机构的主导作用，客观上要建立健全法人治理结构，保证公办教育管理机构与管理层的统一，维护教育管理机构的利益，实现权力的有效制衡。长期的教育实践表明，只有更加明确党委在公办教育管理机构中的决策主导地位，才能使公办教育管理机构的管理更加高效，使教育实践更加健康有序。

第二，党的领导更多体现，更加强化党委的关键地位。

党是最高政治领导力量，党的领导是办好中国当下及未来教育的关键。党的领导首先是对国家的领导，也包括对社会各阶层、各领域的领导，这要求各级党委在同级各种组织中发挥领导核心作用，党委对公办教育管理机构的领导是坚持党的领导的必然结论。[②] 在关于未来公办教育机构中党委和校委会在决策机制中的地位会呈现怎样趋势的调查问卷中，36.45%的受访者认为应由校委会决策、由党委把关，28.04%的受访者认为应由党委决策、由校委会执行。这两种看法占受访者的绝大多数，体现出主流意见在加强党委在公办教育机构决策体系中的主导地位。因此，未来在各类公办教育管理机构中仍要继续加强党的领导作用，牢牢掌握党对公办学校的领导权，把党的领导、党的建设贯穿公办教育改革发展始终[③]，并且充分发挥党委定向的关键作用。

根据不同类型公办教育机构中党组织的作用，深入研究党委会和校委会之间的关系和融合机制。党委的领导具体体现在活动当中。公办学校尤其是公办高校，其党委是党的基层组织，负责公办高校的重大决策，既要对上级党委负责，又要对学校的各项重大决定进行决策，因此党委一直以来是学校的最高的权力机关。未来终身学习下的教育管理机构中决策机构的发展趋势，会更加明

① 屈茂辉、王骏：《公办高校法人决策机关的理论逻辑和制度构造》，《大学教育科学》2017年第1期。

② 屈茂辉、王骏：《公办高校法人决策机关的理论逻辑和制度构造》，《大学教育科学》2017年第1期。

③ 景安磊：《在支持和规范的主线下促进民办教育高质量发展》，《终身教育研究》2020年第5期。

确党委在学校治理结构中的关键作用，继续充分发挥党委的决策作用。

第三，参与主体更加多元，构建科学民主的决策体系。

我国高校是党委领导下的校长负责制，参与的主体是多元的，而这种多元的决策体系有利于公办高校的科学决策行为。在我国公办高校的现有体制中，除了党委外，还有理事会、董事会、校务委员会、校长办公会以及教职工代表大会等，这些都可以作为公办学校的决策机构。

决策机构的多元决策主体更加体现了学校重大事项的民主行为，多元主体会从不同的角度判定学校的具体事务，让决策更加民主，以更好地进行科学决策。因此，决策机构的参与主体未来会更加多元，多角度、多视角决断公办教育的事务与决策，持续构建一个更加科学民主的决策体系。

(2)行政机构设置的改革

公办教育管理机构的行政机构是根据国家制定的教育方针、政策、法令以及规章制度等领导和管理公办教育事业的工作部门，教育行政机构的改革一直是热点话题。根据未来终身学习的发展趋势，行政机构的未来趋势主要体现在机构设置、行政活动、组织结构等方面。

第一，将实施更加精简高效的机构设置。

未来的行政机构设置将朝向更加精简的方向发展。行政机构的运行效率与效益的乘积即效能，效能在很大程度上与行政机构的组织设置息息相关、密不可分。行政机构的设置对公办教育管理机构的科研和教学工作具有重要的服务功能，促进教育机构的正向发展。

当公办教育管理机构设置部门过多时，就会出现一件事务有多个行政部门负责的情况，处理时就可能会出现互相推诿的状况，也会使工作出现重复性、反复性，违背精简高效原则。

精简的机构设置会使效益更大，因而效能也就会更大，提高效率就会使整体的效能提高。公办教育管理机构为了使行政机构的运行效率更高，会根据科学性和整体性原则，将各部门任务合理划分，避免交叉、重复以及因人设岗的情况，科学设置岗位，合理安排部门人员配比，考虑所设部门的必要性，使行政机构整体运行更加顺畅。另外，现代化的办公手段也会大大加快行政机构的运行效率。未来会更多地运用现代灵活的科技手段，这将会加快信息的传递速度，使机构运行更加快捷、准确。同时，科技、新媒体的运用将会合理改善未来行政机构的办公环境，使行政人员工作的积极性增大，达到行政机构运行更有效率的目的，进而提高效能。

第二，将围绕教育目标开展行政活动。

教育目标就是教育管理机构开展活动的终极目的，是要最终达到的结果。教育行政机构未来的改革将会格外重视教育目标的重要性，将会围绕教育目标开展行政活动，使活动更具有目的性。

未来的行政机构会针对公办教育管理机构某一阶段的教育目标来开展必要的行政活动。繁多、复杂的行政活动会导致公办教育管理机构产生许多任务，而有针对性地开展行政活动则会使行政事务相对减少，处理起来更加高效、简捷，避免低效工作，同时为公办教育管理机构节省人力、物力。未来的行政机构将会利用现代化互联网办公、管理手段，节省大量工作时间，促进办事效率，使工作快速高效，同时又不失准确性，也有利于短期内教育目标的实现。

第三，将构建应对需求灵活可变的组织结构机制。

教育管理机构中的行政组织结构是教育组织中的工作人员围绕组织的目标任务所形成的劳动分工、劳动组合以及指挥协调关系，具体表现为教育行政组织的部门设置和它们之间的职、责、权、利关系。[①]

公办教育管理机构的行政组织机构设置目的是让行政机构运行起来高效、有序，为教育管理机构服务。因此，行政机构的组织结构机制在面对行政机构的实际需求时将会更加灵活设立，同时会注意行政组织机构内部部门之间的职、责、权、利关系，使组织机构机制更加科学、更具有灵活性。

(3)教学机构设置的改革

调查问卷结果显示，70.09%的受访者认为，在终身学习的背景下，公办教学管理机构的改革趋势是更加融合未来教育理念，着眼全民终身学习；将会兼容网络学习模式，兼顾虚拟学习需求；趋向满足更多学习需要，继续发挥公办学校的资源优势。公办教育管理机构的教学机构主要负责教学方面的管理工作，包括终身学习理念下教学的发展趋势、学习形式趋势以及未来的教学方向等。根据这三方面的趋势，对教学机构进行改革展望时需要考虑三个趋势，即融合未来教育理念、兼容网络学习模式、满足多种学习需要。

第一，融合未来教育理念，着眼全民终身学习。

理念是行动的先导[②]，现代化教育理念会是未来教育的重要发展趋势。未

① 李轶：《教育行政：是什么、做什么——对某省教育行政机构组织结构职能和行为的研究》，《北京大学教育评论》2007 年第 2 期。

② 刘昌亚：《加快推进教育现代化开启建设教育强国新征程——〈中国教育现代化 2035〉解读》，《教育研究》2019 年第 11 期。

来的教育理念趋向于信息化、数字化等现代化教育理念，这与当今以及未来的世界科学技术的飞速发展密切相关。融合未来教育理念是贯彻落实国家新发展理念的重要体现，教学机构将会更好地融合现代化教育理念，对教学管理的发展模式、学校对未来人才的培养以及社会服务等方面进行变革。所以未来教学机构的设置离不开现代化教育理念，这样才能与时俱进，公办教育管理机构才能提供更加良好的教学服务。

在现代化教育理念的指导下，未来的教育将会着眼于全民终身学习。我国自古重视终身学习的重要性，所谓“吾生也有涯，而知也无涯”，从国际教育趋势来看，终身教育、终身学习也是主题词汇。未来的教育应该是适合每个人的、更加开放包容的教育，这就突出了终身学习的重要性。终身学习强调人人可学、时时能学的理念，常与学习型社会相联系。因此，在推进现代化教育理念的同时，注重终身学习的重要作用，教学机构将会通过全民终身学习的发展方向进行变革，从而推进公办教育管理机构的有效变革。

第二，兼容网络学习模式，兼顾虚拟学习需求。

随着科学技术的快速更替，网络化学习成为必然。网络学习广义上包括所有利用网络设备进行的学习，如以智能手机和平板电脑为主的移动学习、通过线上 App 进行的各种学习，甚至是未来能够成熟应用于学习领域的人工智能。新技术的线上学习向我们展示了网络学习模式变革教育的巨大潜能。网络学习有自身的优势，不受时间和空间限制，更加符合当今快节奏的学习方式，同时与线下教学合理互补，更加利于学习者的学习，更符合终身学习的需求，将会是未来教育的重要发展方向。

虚拟学习(e-Learning)是 20 世纪 90 年代产生的一种新的学习方式。虚拟学习具有鲜明的特点，它以学习者为核心，而不以计算机为中心，学习者可以参与学习(课程)的架构，可重复使用、可聚合学习内容等①，基于网络的同时又强调数字化。突如其来的新冠疫情促使决策者、管理者认识到创新的重要性。教学方式创新的最终目的是服务于学习者，学习方式、学习资源都是未来教育进行创新时所指向的重点，兼容现有的网络学习模式、创造新的虚拟学习模式来满足虚拟学习需求将会是未来公办教育管理机构以及其他教育管理机构进行改革的重要途径。

---

① 罗洁:《信息技术带动学习变革——从课堂学习到虚拟学习、移动学习再到泛在学习》,《中国电化教育》2014 年第 1 期。

第三,满足多种学习需要,继续发挥公办学校资源优势。

公办学校是由国家为主体设立的,为人民群众提供教育服务,以培养教育人才、创新保存知识为目标,面向社会实施自主办学的功能性社会组织。[①] 公办学校有自身的独特优势,它是由国家设置的、公共财政维持的事业单位,经费上有国家的支持,具有雄厚的师资力量。

公办学校资源丰富,公办教育生产的服务或教育产品具有一定的多样性,悠久的办学历史使公办学校具有一定的历史沉淀和较好的社会资源,在教学设施上也有政府的资金支持。在这样的优异环境下,公办学校教学机构的未来管理方向会更加注重适合每个人的教育,教学管理机构未来可以继续利用公办学校的这一优势满足更多的学习需要。

(4)学生(学籍)机构设置的改革

未来的终身学习思潮和互联网的快速发展,使得学生(学籍)的管理也会随之发生变化,突破传统模式,迎合新趋势。调查问卷结果显示,公众认为未来全民终身学习体系下的学习形式将有重大改变。其中,57.01%的受访者认为,学习者将采取虚拟(网络)学习与实体(入校)学习相结合的形式完成终身学习;32.71%的受访者认为,学习者将在适龄期间实体(入校)学习,就业后采取虚拟(网络)学习的形式完成终身学习;认为学习者只会以实体(入校)形式完成终身学习的受访者只占5.61%。鉴于此,未来的学生(学籍)管理将会呈现与云端数据平台融合、与公民信息平台融合、与社会学习平台融合的趋势,创新模式,与社会已有管理方式相结合,为学生的学习保驾护航。这几种趋势都将会是未来学生(学籍)管理机构改革时考虑的重要方面。

第一,与云端数据平台融合,实施学生终身学籍管理。

学籍管理是"依据有关规定对学生的入学资格、在校学习情况及毕业资格进行考核、记载、控制和处理"[②]。学籍管理是学生管理的重要部分,可以保证学生的权利。

在传统媒介下,我们无法从海量的数据中分析学生的数据,数据繁多而复杂成了教育管理者工作中的一大难点。如今进入到信息化时代,未来的管理数据将会更多地依赖大数据,我们可以通过计算机轻松地计算学生的海量数据[③],

① 劳凯声:《公益性视野下的公办学校定位问题》,《首都师范大学学报》(社会科学版)2016年第6期。

② 俞家庆:《教育管理辞典》,海南出版社2005年版,第486页。

③ 褚宏启、周建设等:《教育信息化2.0时代的开放教育》,《开放学习研究》2019年第3期。

将学生的大量信息通过网络的形式储存起来,形成云端数据平台,不仅可以方便查找学生的学籍信息,还可以将学生未来的终身学习信息储存起来。

有了云端上传的学生学习的数据,未来的学习记录与学历认证就变得有迹可循,可以实现一种"终身学籍管理"的方案,对学生的学习成果起到了保护作用。此外,学生学习的数据也将会通过网络云端数据暂存起来,利用计算机采集、收集数据后,教育管理者将定期分析这些数据,及时掌握学生该段时间的学习状况,及时合理纠正学生的不良学习行为。[①] 学生(学籍)机构会逐渐改变传统的学生数据管理模式,替代传统模式的将会是以计算机为主的网络技术的应用。

第二,与公民信息平台融合,实现全民终身学习管理。

公民信息平台是可以联网查询公民身份信息的系统。公民利用身份证号码便可通过网络查询个人信息,如个人的征信等。

学生学习成果的考核也是学籍管理的重要部分,学习成果可以体现在公民的个人信息中。如果未来在校学生的学生(学籍)信息与公民信息平台融合,将个人以往的学习信息通过网络形式存储到公民信息平台中,通过公民信息平台输入身份证号码就可快速查询学生学籍信息,查询将会方便、简易,学生学籍机构管理起来也会更加方便。终身相伴的公民信息更好地肯定了学生终身学习的成果,也将最终实现全民终身学习的科学管理。

第三,与社会学习平台融合,构建全社会统一的公民学籍管理体系。

社会学习平台是为社会成员进行学习时提供多种知识的服务支持系统,旨在帮助系统管理者以及企业管理者掌握各种学习内容与记录学习者的学习情况及进度。

在我国,未来长期学籍的管理将会以全民终身学习理论为基础,围绕一切为了学生发展的理念,承认以不同方式学习取得的成果。学生在课下或业余时间的学习将会记录在社会的各类学习平台中,学生的学习进度、学习成果将会收录在专门的学籍管理体系中,方便学生(学籍)管理机构进行统一管理。力图构建一个全社会统一的公民学籍管理体系,这也将是未来学生学籍发展的一个不可忽视的趋势。

(5)教师管理机构设置的改革

教师作为公办教育机构的重要组成部分,是公办教育管理机构进行改革的重要内容。为了适应未来的终身学习趋势,教师管理机构在原有的模式下会进

---

① 朱成晨:《学习型社会与终身教育体系建设:信息化时代的省思》,《网络教育》2018年第10期。

行新的调整。随着信息化社会的发展,未来的教师首先会转变管理职能,助推教师自身的学习发展;其次还会在原有的范围下继续扩大师资的管理范围,不会局限于校内教师,还会开发校外的教师资源;最后随着大的学习环境的改变,教师管理机构会加强信息手段的应用,适应"人人皆可为师"的未来趋势,让教师管理机构的改革更加具有时代性、前沿性。

第一,转变教师的管理职能,助推教师自身的学习发展。

信息化2.0立足于人工智能、大数据、物联网等前沿科技,构建在各类智能设备和网络之上,致力于智慧教育的创新探索与实践,进而推动教育在新技术环境下的模式变革和生态重塑。① 教师是实际教学管理中的主体,未来教师的管理职能也会因此做出改变,管理方式将会倾向于信息化,助推教师自身的学习发展。

随着5G时代的到来,教师管理方式已经逐渐信息化,未来会更加专注于信息化的开发与利用,信息化的管理方式会迎合教师流动化、多元化、多样化特点,提高教师对大数据的应用匹配能力。信息化有助于教师管理机构的管理:一方面是教师对学生信息的管理,教师更应注重互联网时代的信息应用能力,利用信息化时代的特点获取优质教育资源,高效、精确地管理学生信息;另一方面是对教师的管理,教师管理机构将会利用大数据来管理教师的职业信息,将教师的奖惩、科研情况以数据的形式上传网络,同时运用网络数据增加教师的自主学习机会,弥补教师自身学习不及时的现象。未来还会利用信息化来增加教师管理发展方式的个性化、灵巧化,助推教师自身的发展。

第二,扩大师资管理范围,综合开发校内外教师资源。

师资管理是公办学校行政管理中的重要环节。师资管理包括教师聘任管理、福利薪金设置、绩效考核与评价管理、专业素质发展和教师培训管理。未来面对终身学习的师资管理不仅会包括这几部分,还会适当扩大范围,将校内校外资源进行整合。

公办学校具有自身的优势,师资力量雄厚,但公办学校之间缺少相互学习、持续改进的内源性进化机制。② 随着学生需求的不断增加,仅有校内资源是远远不够的,所以公办教育管理机构要充分发挥校内教师资源的优势,利用校外资源进行补充。校外资源包括家庭教育和社会教育。"家校社"协同育人机制是我国走过"十三五"、进入"十四五"以来一直提倡的育人机制,这也会是未来

① 褚宏启、周建设、杜俊军等:《教育信息化2.0时代的开放教育》,《开放学习研究》2019年第3期。
② 吴华等:《发展民办教育需要新的观念基础》,《复旦教育论坛》2019年第2期。

教育注重的重要方向。

良好的家庭教育是非常重要的。家长不仅可以缓解学生学习生活中的压力,还可以引导学生拥有正确的价值观,因此家长也是优秀的校外教师资源。除此以外还有社会教育,统筹利用社会资源,建立社会实践大课堂,积极开展研学实践、志愿服务等综合实践教育,这些实践教育基地的教师就是优秀的校外教师资源。将校内外资源整合,营造更好的师资管理氛围,从而扩大教师管理机构的师资管理范围,跟进时代需要,打破传统的公办教育管理机构的模式,这将是未来教师管理机构改革的一大方向。

第三,加强信息手段应用,适应"人人皆可为师"的未来趋势。

信息手段的应用将是教师管理机构的重要发展趋势,信息的应用又会使"人人皆可为师"成为未来的学习趋势。教师管理机构会充分利用现代化手段,强调人人参与其中,使教师不断进行学习,完善自身素养,迎合不同的工作场景需要。利用信息手段将知识进行网络共享,方便学习者随时、随地学习,同时营造相互学习的良好氛围,达到"人人皆可为师"的良好学习状态,适应终身学习这一新的未来趋势。线上线下共同打造公办教育机构"人人皆可为师"的新局面,让公办教育机构的教师管理更好地迎合终身学习的未来趋势。

2.民办教育管理机构改革

民办教育管理机构承担着促使民办教育更好发展的重要任务。因此,未来的民办教育管理机构的改革主要从决策机构、执行机构和教学机构、教辅机构和后勤机构几个方面进行前瞻性展望,全方位为民办教育管理机构适应终身学习的发展趋势提供合理性参考。在对未来民办教育管理机构设置的调查问卷中,受访者认为,在终身学习背景下,这类管理机构必须强化机构性能、改革运行模式。73.83%的受访者认为民办教育管理机构设置将会更加注重合理利用社会资源;84.11%的受访者认为民办教育管理机构将利用信息监控系统,规范和优化机构管理;68.22%的受访者认为民办教育管理机构将强化相关机构间的制衡,加大内部控制力度;80.37%的受访者认为民办教育管理机构将遵循未来社会对人才的需要,构建更加灵活的运行机制。

(1)决策机构设置的改革

决策机构在民办教育中是一种必要性的存在,对民办教育机构的办学方向、行政事务、财务监察等方面起到决定性作用。地位的重要性决定了民办教育的决策机构需要随着全民终身学习体系的发展进行改革,以更好行使决策机构的权利和义务。

第一，增加决策机构中党的代表，规范民办学校办学宗旨。

由于民办教育机构一般由社会主体利用非国有资产举办，出资人一般为民间机构和个人，因此民办教育的决策机构由出资人、管理人、家长委员会成员、教育部门代表和社会人士组成。决策机构组成成员多元化是民办教育机构的一个重要特征。在关于未来公办教育机构与民办教育机构的决策制度的主要区别会是什么的调查问卷中，31.78%的受访者认为是党委在决策机制中的决定性地位；39.25%的受访者认为是参与决策的主体不同；19.63%的受访者认为是决策机制的差异。这些看法都表明，民办教育机构的决策机构和决策机制与公办教育机构有着显著差别。

虽然有着这样的差别，但民办教育机构中的决策机构成员也必须能够体现党的代表。如符合党建条件也可由决策机构中的党员组成党委，党委对把握民办教育坚持正确的办学方向和规范办学行为起到至关重要的作用。调查问卷结果显示，在未来各类非公办教育机构决策机制中，61.68%的受访者认为党委将起到指导性作用，而24.3%的受访者认为党委将起到决定性作用。决策机构对于民办教育机构来说至关重要，决策机构的内部部门不应受行政部门过多干预，未来更多会根据自身发展特点和未来教育要求来设置单独的管理部门。决策机构将民办教育机构的人力、财力、物力有效结合起来，减少教育资源浪费。同时将规范民办学校的办学宗旨，使决策机构更加科学、有序，完成决策机构所承担的责任与义务。

第二，建立家长学生代表管理部门，监督民办学校办学行为。

民办教育管理机构要想实现长远发展，离不开家长的积极参与和配合。民办教育管理机构代表着许多家长的意愿，家长如果可以对民办教育管理机构提出自己的想法，对于民办教育机构和家长的和谐关系尤为重要。因此，未来可建立专门管理家长学生代表的管理部门。

家长对于学校决策的重视程度可依据家长参与学校教育的情况来衡量，家长大多希望与学校老师或者校长是伙伴关系[①]，这种关系体现为在学校事务中家长有一定的话语权、家长与学校交流、家长积极参与学校活动、监督学生和民办学校的办学行为几个方面。家长、学生和学校的良好关系可以帮助学校为学生创立一个良好的学习氛围，同时对民办院校来说也是实现进步和长远发展的重要环节，最终形成政府、学校、社会依法共同参与民办教育机构决策的局面。

---

① 毕慧、王洁：《PISA 2015 私立学校的教育资源优势分析及启示》，《外国中小学教育》2019 年第 10 期。

因此,未来可考虑增加家长学生代表管理部门,对家长和学生的相关代表、监督事务进行统一管理,这对民办教育机构和家长以及学生来说都是有益的未来发展趋势。

第三,设立学校内部评价机构,评估民办学校办学效果。

在民办学校设立时,教育行政主管机构都会要求学校设立董事会作为决策机构,充分吸收国际经验,借鉴已有的成熟的办学模式和法人治理结构。为了避免权力过于集中而缺乏民主管理的现象,校董会、教育宏观管理部门代表、出资方代表、社会代表共同决策学校重大事务,多方针对学校的不同方面进行斟酌,保证学校事务的合理、公正,达到经济效益与社会效益的资源整合。综合现有的机构人员,未来的决策机构会单独设立学校内部评价机构,从管理的角度监督、评价民办学校的实际办学效果。

(2)执行机构和教学机构设置的改革

执行机构和教学机构同样是民办教育机构的重要组成部分,执行机构依据决策机构的决定来具体执行内容,教学机构对民办教育的教学质量起着推进作用。未来将综合教学机构与执行机构的管理,实现机构更好发展。

第一,以贯彻决策服务教学为目标,综合设置执行机构。

未来的教育应该是高质量的、更加开放灵活的教育,能够真正达到育人的目的。民办学校的执行机构主要有政教处、教务处等,分别负责德育与教学工作,未来执行机构的职能将会是德育与教学不相离,决策服务教学,以此为目标进行综合设置,从管理的角度上达到民办教育管理机构的最低成本和最高效果。

从当前的内部管理体制来看,我国民办教育机构设有决策机构与执行机构,形成了民办学校法人治理的监督机构[①],但决策机构与执行机构高度重合,使执行机构的职责不够明确。随着未来教育的不断发展,民办教育机构将会由“抢好生源”向“教好学生”转变,注重教学服务质量,促进营造良好教育生态。因此,执行机构在未来会贯彻决策服务教学理念,将决策概念融入执行机构当中,将德育与教学“一把抓”。将执行机构与教学机构综合设置,执行机构会将政教处、教务处等部门综合管理,进行全新的机构改革。

第二,强化财务与执行机构的制衡,加大内部控制力度。

财务机构的内部控制为我国学校科研、教学等其他工作提供坚实的财务保

---

① 施新华:《权力制衡理论在我国民办学校法人治理中的应用》,《淮海工学院学报》2016 年第 16 期。

障，确保资金安全及高效利用，同时具备预判、提示和解决风险的能力，全方位监督和控制资金运作，为各项事业发展保驾护航。[①] 财务机构与执行机构未来在权力上会更加制衡，使民办教育机构的内部控制更有力度。

财务机构内设置的趋势是要遵循教育规律、市场规律和价值规律，遵循精简高效原则，设置专门的投资效益分析机构，保证民办教育机构的资金利用率达到最大化。在执行机构进行决策时可以充分考虑财务资金的因素，使决策更具有可行性、资金利用更加科学。因此，未来要更加注重建立民办教育管理机构的财务管理和财务运行的新机制，强化财务机构与执行机构的有效制衡，不断拓宽融资渠道，及时调整自身的资金结构，有效降低筹资的市场风险，保障民办教育机构的内部稳定，真正实现长期稳定健康发展。

第三，遵循未来社会对人才的需要，构建灵活教育机构。

未来社会因经济政治的发展变化对人提出了新的要求，对教育管理机构而言也需要建立相应灵活的机构，支撑未来教育的新需求。

教育机构的设置应遵循社会发展的人才需要，执行机构与教学机构将会做出改革。民办教育可以与公办教育形成互补关系，民办基础院校更强调课程和学生的学习成绩，开阔学生的视野；民办高校往往更多地强调为社会培养应用型人才，可以结合当地的重点建设项目和发展项目、支柱型产业特色设计特殊教学内容，形成特色教学内容，带动当地经济与人才的双向互动发展。机械化的教育机构不能为学习者提供良好的教学服务，民办教育管理机构要清晰地认识到这一点。因此未来会构建灵活的教育机构，根据社会的需要来建立民办教育机构所需要的执行机构与教学机构，这是未来执行机构与教学机构进行改革的重要趋势。

(3)教辅机构和后勤机构设置的改革

教辅机构和后勤机构是民办教育管理机构的重要机构，对日常教学和科研以及教学设施环境起着保障作用。这里将充分结合终身学习和民办教育机构的特点，对教辅机构和后勤机构的未来机构改革一同进行展望，未来将实现规范化、科学化的教辅和后勤机构。

第一，将合理利用社会资源外包服务，精简设置相关机构。

“外包”的优势在于可以合理利用外部资源、有效回避自身的劣势来使企业获得更大的竞争力，所以在民办教育的机构改革中也可以采用外包服务。

经济效益与社会效益体现的是民办教育机构与市场的需求关系，所以未来

---

① 梁乔：《民办高校财务内部控制制度建设的思考》，《金融经济》2019 年第 14 期。

民办教育将会注重于服务市场、服务社会，摆脱逐利影响与价值偏向，拒绝一味追求经济效益，防止在服务中偏离方向。依据社会现实，民办教育终究还是会考虑经济效益因素，但在追求资本收益最大化的同时，未来将会更注意把握教育机构目标和宗旨，教辅机构和评估机构可以合理利用社会资源外包服务，使民办教育提供的服务更加专业化、人性化。在微观机构设置上会吸取国外办学经验，精简教辅机构和后勤机构，提供的服务符合社会公众对教育产品和教育行业的需求，填补公办教育空白，从而促进教育机构发展壮大。

第二，将规范相关机构设置标准和内容，适应连锁办学要求。

未来的民办教育管理机构内的各类教育管理机构的设置经过改革后会更符合规范，教辅机构和后勤机构代表着学校的教学质量与环境，在很大程度上决定了民办教育机构能否长远发展、适应连锁办学需求。

精细化的教辅后勤管理方式是教辅后勤未来的一个趋势。精细化的教辅后勤管理更有利于民办教育机构的管理，因此要避免重复设置。民办教育机构的特点是资源广、与社会接轨，未来将会结合教辅后勤管理工作的发展实际情况和未来需求，更多地利用社会力量，综合设置机构。

规范化的教辅后勤管理方式是教辅后勤未来的另一个趋势。民办教育管理机构的教辅后勤管理工作繁多、任务重，教辅后勤管理要得到民办教育机构的高度重视。民办教育机构未来要规范教辅后勤管理，保证各个环节顺利进行。同时，利用信息监控系统，对教辅后勤的工作实时监管，督促并监督每个教辅后勤管理人员严格办事，保证每个环节都能有序进行，对违反操作的人员追究相应的责任，保证民办教育机构的教辅后勤管理效果。因此，未来规范化的教辅后勤管理和管理方式会使民办教育机构未来更加适应连锁办学的要求。

第三，将科学管理和优化教辅机构和后勤机构。

教辅机构和后勤机构作为民办教育内部管理的一部分，主要起到对教学相关事务和人员的保障作用。未来的教辅机构和后勤机构设置将会更加科学，高层领导对其进行科学指导，管理人员采用符合实际管理特点的方式进行优化管理。同时，将利用信息化手段，加强教辅和后勤管理职工的个人能力，加强职业培训，真正将教辅后勤的管理与信息化手段紧密结合。在管理中，还会定期收集教师和学生的意见，根据反馈意见，及时调整管理方法，提高管理水平，确保教辅后勤实现真正的科学管理。

（二）非正规教育管理机构微观教育管理机构改革

非正规教育管理机构包括企业内部教育管理机构（管委会）和社区内部教

育管理机构。由于这两部分教育管理机构未来还有很大的发展空间,因此这两部分教育管理机构未来的改革展望注重于学什么、怎么学以及学习的成果,由此会改革原有的部门或者设立新的部门。面向未来的终身学习需求,企业内部教育管理机构和社区内部教育管理机构主要从学习活动组织部门、师资管理部门、周边学习产品研发部门以及学生和学分管理部门对非正规教育管理机构的改革进行前瞻性展望。

1.企业内部教育管理机构(管委会)

企业内部教育管理机构(管委会)未来会有更好的发展前景。企业的更好发展需要企业职工总体能力的提升,职工加入企业后,随着职工个人学习需求的与日俱增,企业未来必定会提供必要的相关培训,以及涉及个人兴趣的学习活动。因此,企业内部教育管理机构(管委会)改革的未来趋势主要围绕具体学习活动的组织、师资管理以及学生和学分的管理三个方面进行展望,从活动的开展、师资再到学习成果的管理,全方位为企业内部教育管理机构(管委会)的未来改革提供参考。围绕终身学习模式,我们对“未来企业内部的学习发展会呈现怎样的态势”进行了问卷调查,71.96%的受访者认为企业将会盘活内外部的师资力量开展职工教育活动;76.64%的受访者认为职工的学习成果(学分)将会与工作绩效挂钩;84.11%的受访者认为企业将会根据职工的个人意愿提供学习资源;70.09%的受访者认为企业职工的学习时间将不受限制、学习形式不具有强制性。

(1)学习活动组织部门

学习活动组织部门的未来改革趋势会在机构设置、职责设定、工作力量这三个方面,由于企业教育管理机构与正规学校教育的教育形式不同,改革主要是从职工个人和企业内部发展来综合考虑。主要涉及学习活动组织部门的机构如何设置、新的职责设定以及工作力量的调配、试图构建一个相对完善的学习活动组织部门。在关于企业内部教育管理机构的调查问卷中,81.31%的受访者认为在企业内部,学生和学分管理部门将与人力资源部门合并设置;86.92%的受访者认为学生和学分管理部门将承担协助职工完成终身学习和自我发展的职责;61.68%的受访者认为企业内部教育的工作力量将以规划发展部门为主;65.42%的受访者认为职工学习成果将纳入个人工作成绩考核。

第一,机构设置上,将与规划发展部门合并设置。

企业的规划发展部门承担着企业的发展战略研究、对企业中长期的发展进行调查和规划的任务,而学习活动是针对整个企业设计的,需要多个部门、不同级别的员工共同参与。

在机构设置上，学习活动组织部门将会与规划发展部门合并设置，根据企业不同阶段与总体阶段的发展规划来设计学习活动，例如围绕发展规划制定小型的教育培训、企业文化培训、员工个人规划培训等。这些学习活动将会依靠规划发展部门的部门性质进行设定，这将极大体现以员工个人发展为前提推动企业利益最大化的实际需求。另外，规划发展部门是从企业整体局面来实现目标推进的，以整体视角来制定学习规划、举办企业具体的学习活动，整体调配企业的教育资源，减少经费的相对过剩或浪费的现象，是实现企业稳定发展的良好途径，是践行深化教育管理机构改革向终身学习过渡的良好方式。

第二，职责设定上，将围绕发展战略需求组织学习。

未来学习活动组织部门的主要职责是从总体上围绕企业的发展战略需求，组织企业内职工的学习活动，既要考虑企业的利益与发展方向，也要考虑职工的个人需求。

企业的发展战略影响着企业今后的发展方向。企业组织的学习活动也是有针对性的，要使企业和职工双方达到共赢的目的，即实现职工的学习能力和技能掌握情况与企业的利益两方面的提升。职工是企业的重要组成部分，与企业发展休戚相关。美国学者史蒂文·F.沃克、杰弗里·E.马尔在《利益相关者权力》一书中说：员工培训已不再局限于单纯提升个人技能的传统范畴。它更具深远意义的作用在于，有助于增强员工对企业的忠诚度，从而降低离职率，使他们愿意在本企业内长期发展，而非在短暂历练后便离开企业，转而在其他地方进一步提升自身能力。[①] 入职后的学习活动是为了工作需要来提升职工个人的素质以及能力，合理、有效的学习活动要依据企业短期目标或长期发展战略来有组织、有目的地开展，没有了盲目性的学习活动将会节省经费、时间，发展战略是企业现在及未来的发展目标，学习活动是要保持职工学习时间与质量的平衡，怎样在一定时间内为员工设计有效的学习活动是非常必要的。因此，未来学习活动的制定将会围绕发展战略需求，这是未来学习活动组织部门的一个重要职责。

第三，工作力量上，将协调企业各部门人力资源。

人力资源是经济社会发展的第一资源。企业内部设置教育管理机构的最终目的是促进人力资源的开发，培养企业人才，让企业人员根据公司的发展需求不断学习，与时俱进，使企业和个人更好发展，达到终身学习的目的。

---

① 转引自周红缨、赵恒伯：《企业参与职业教育现状及其再认识》，《企业经济》2012年第12期。

企业的学习活动组织部门承担着重要任务，但单纯依靠学习活动组织部门的力量来完成这一重大任务是远远不够的。为了促进企业人员更好地发展，学习活动组织部门将会与各部门协同合作，针对每个部门的发展规划与需要来制定不同的学习活动，共同组织、开展有效的学习活动。例如，企业会拿出一部分资金投入人才的教育学习中，为公司和社会输送高质量人才，与学习型社会完美接轨。各个部门需要的学习活动经费、学习时间、学习内容都是不同的，因此，在工作力量上需要人力资源的大力配合。各部门的人力资源不仅起到协同工作的作用，而且对于每个部门的学习活动的有效开展、人员学习的必要考核都有极大的帮助作用。

(2)师资管理部门

师资管理部门的未来改革趋势主要体现在机构如何协调技术管理和人力资源管理部门的关系上，职责上会合理盘活企业内外的师资力量，将潜在的教师资源进行开发、利用，促进企业间的合作机制。因此，在工作力量上将会依靠企业内外各类人力资源的共同协作，以加强企业间的沟通，实现共赢。

第一，机构设置上，在技术管理和人力资源部门灵活设置。

企业的学习将会践行全民终身学习理念，这是企业职工在接受正规教育之后的“延续性”学习，所以师资力量尤为重要，企业的师资管理部门在机构设置上会在技术管理与人力资源部门之间灵活设置。

企业的教育管理机构与正规教育管理机构师资的不同在于，企业的“师”是有工作经验的管理者，可以对职工工作的某些方面进行引导，有助于职工的职业发展。他们是由拥有某一精湛熟练的技术的人员或专业人员组成的，是从“教化”转变为“服务”理念的“教师”，是有较强实践性的人员，而不是学校单纯授予理论知识的“师”者。因此，未来机构将会在技术管理和人力资源部门之间灵活设置，充分利用双方的优势，调动优秀师源，对企业职工的学习活动进行师资方面的有效管理。

第二，职责设定上，将盘活内外部潜在师资力量。

根据师资管理部门的机构性质，未来师资管理部门的主要职责是盘活企业内外部潜在的师资力量，丰富企业师资力量，为企业的学习活动保驾护航。企业将会整合外部师资力量，其内部动因是为了满足企业对师资力量的基本需求和综合需求，外部动因是社会环境和终身学习需求对企业的影响。

企业的“师”者不仅仅是企业内部的专业培训人员，也将会是其他同类优质企业的优秀管理者或职业杰出者或其优秀案例，所以未来“师”者的范围将不会定得过小。许多领域的成功案例的优秀者或者是某领域的专家都可以成为企业的讲师：他们或将是企业内部的领导者，或将是企业外部的某一领域的专家或佼佼者，都可以为职工进行经验分享与技能培训，会定期为职工开展必要的学习活动，增强职工的个人技能与能力。未来企业的教育管理方式会根据员工的实际需要自由灵活选择学习内容和学习方式，为避免自身的局限性，企业教育管理部门会积极利用自然资源和社会资源的师资力量，参与企业经济活动，加强与社会经济界和科研部门的紧密合作。[①] 为了达到这一目标，师资管理部门未来将会盘活企业内外部潜在的师资力量，广泛征“师”，把外部的师资与企业自身的学习需求相结合，及时发现可以作为“师”的人才。

第三，工作力量上，企业内外人力资源共同打造人才成长“立交桥”。

整合外部人力资源已经是经济时代企业发展的一个态势。根据师资管理部门的机构设置与机构的职责，未来师资管理部门的工作力量将会是企业内外的各类人力资源，充分发挥人力资源的再生性与流动性的特点。

“校企合作”一直是民办教育和企业间沟通的一种良好方式，企业发展得好，除了靠灵活的机制和充足的资金外，也会大量启用学校内的人力资源。[②] 如今越来越多的人从体制内走出来，到企业中实践知识与技能，这就有利于教育产品的输出。体制外的优势在于可以将教育与技术相融合。所以企业的师资力量要想丰厚，还需要人力资源的合理流动，让体制内与体制外合作，共同打造人才成长“立交桥”。

人力资源作为一种资源形式，具有流动性的特点，因此可以负责调动企业内部的师资力量、发掘企业外部的师资力量，寻找适合调动企业职工学习积极性方面的人员作为教师，企业内与企业外的人力资源还可进行资源共享，达到共同学习的积极效果。

(3)学生和学分管理部门

学生和学分管理部门可以保障企业职工学习的成果。根据企业的特点，人力资源部门主要负责企业职工的招聘、薪资等工作，因此学生和学分管理部门应与企业的人力资源部门合并设置，并协助完成终身学习和职工的自我发展，所以从机构设置、职责设定和工作力量上分别进行展望，以完善学生和学分管理部门。

---

① 赵翠娥：《现代企业教育管理体制的五个新特点》，《山西教育学院学报》2002年第4期。

② 褚宏启、周建设、杜俊军等：《教育信息化2.0时代的开放教育》，《教育创新与探索》2019年第3期。

第一，机构设置上，将与人力资源部门合并设置。

企业内部教育管理机构之所以需要设立一个履行学生和学分管理职责的部门，是因为职工进行学习后就要对学习者的情况及学习效果进行记录。如果专门设置一个负责记录学生和分数的部门就会使企业的机构略显臃肿，不符合精简机构的原则，所以学生和学分管理部门在机构设置上将会与人力资源部门合并设置。

人力资源部门承担着掌管企业员工相关信息的责任，所以学生和学分的相关事项可以不另设独立的机构。未来会将学生和学分管理部门与人力资源部门合并设置，便于对职工的学习成果进行记录与考核，这需要有相关人员对该部分工作负责。两个部门合并设置，如此既有管理的部门，又不会造成机构臃肿，符合原则的同时又切实可行。

第二，职责设定上，协助职工完成终身学习和自我发展。

学生和学分管理部门虽然在机构设置上与人力资源部门合并，但在职责上却是非常重要的，首要职责就是要协助职工完成终身学习和自我发展。

培养企业人才是让企业职工根据公司的发展需求不断学习、与时俱进，使职工个人更好发展，达到终身学习的目的。职工个人能力得到提升，企业也会因此获得更大利益，有利于创造企业品牌，最终获得长远发展。因此，学生和学分管理部门会根据未来企业实际的学习安排，提供个人学习与公司集体学习活动，将与人力资源部门共同配合，完成学习签到、具体学习的记录，督促职工完成企业安排的集体学习计划，鼓励职工制定并完成个人学习计划。学生和学分管理部门将最终的学习分数做好统计，与人力资源部门一同完成职工考核。

第三，工作力量上，将以人力资源部门为主。

在企业中，人力资源部门担负着职工招聘、职工培训以及职工薪资设计等责任，同时也具有促进企业之间达成合作的战略伙伴的职能。人力资源在企业中的重要作用使其成为学生和学分管理部门的主要工作力量。

人力资源是搭建普通教育、职业教育和继续教育的桥梁，企业内部教育管理机构组织的学习属于职业教育体系和继续教育体系范畴，是职工个人职业发展的个性化教育，因此在工作力量上将会由人力资源部门承担。学生和学分管理部门可以是几个人按照不同的分工组成，不需要过多的部门人员，它的职责是负责好学生和学分的统计与记录。但会以人力资源部门为主，协助人力资源部门完成安排的学习计划，对每一次学习都认真做好记录，每月或每个季度进行汇总，年底职工考核时将最终的统计分数交予人力资源部门，协助完成年底个人考核。所以在工作力量上,除了本部门的工作,学生和学分管理部门还会以人力资源部门为主,其他部门配合完成企业终身学习的任务。

2.社区内部教育管理机构

社区教育(community education)指在一定社会区域内,根据社区居民的需要为其提供教育服务,以提高社区居民整体素质和生活质量,推动社区发展的民众性教育活动①,是践行全民终身学习理念的重要基层平台,是进行终身学习活动的重要场所,对建设学习型社会具有正向作用。② 社区教育作为一种教育模式,其产生源于学校与社区之间的相互开放、沟通与融合,要求社区内部教育管理机构与其他各类教育力量共同协作,实现资源整合,主要职责是让社区成员以社区为单位进行学习,丰富社区成员的知识体系,打造学习型社区,服务城市发展。我们对如何激发未来的社区内部学习者的学习兴趣进行了问卷调查,70.09%的受访者认为社区教育与学校教育一样,将会拥有丰厚的师资力量;68.22%的受访者认为社区学习活动会由参与的学习者进行组织;76.64%的受访者认为社区学习者的学习成果(学分)会有统一的记录与管理;80.37%的受访者认为社区教育机构会根据学习者的个人意愿设计学习活动。依据学习者学习过程中可能会存在的需求,未来的社区内部教育管理机构主要从学习组织、周边学习产品研发以及学生和学分管理三大方面分别进行展望。三个部门之间是相互联系的,进行展望时会把每个部门都看成一个相对独立的系统。社区教育工作者需要有一定的专业素养,从事教育管理机构的学习组织、周边学习产品研发以及学生和学分的管理工作。

(1)学习组织部门

未来的社区教育会是终身学习的一个发展趋势,社区内部教育管理机构的学习组织部门主要负责学习的组织和学习计划的安排,因此学习组织部门的改革展望会从机构设置、职责设定与工作力量三个方面进行,三个方面环环相扣,一同奠定了学习组织部门的展望基础。

第一,机构设置上,将由社区自治组织自发设立。

虽然社区教育仍被认为是非正规学习,但社区教育属于大教育范畴,影响着社区人民的教育水平,有助于将终身学习理念落实到基层。因此,社区教育的健康发展需要所有社区成员的积极参与,以及社会的共同关注和努力。

---

① 吴遵民:《终身教育研究手册》,上海教育出版社2019年版,第73—74页。

② 汪小义:《基于公共教育服务的社区教育的纳入意义及策略》,《辽宁经济职业技术学院.辽宁经济管理干部学院学报》2019年第5期。

学习涉及社区个体的行为,因此在机构设置上,未来的学习组织部门是由社区自治组织自发设立,以社区为单位形成一个学习团体,社区成员可以更好地了解社区成员自身的具体学习需求。宏观上由政府作为依托,微观上鼓励社区自治组织自发设立,宏观与微观层面的结合将会更好地带动社区成员日常学习的积极性,营造未来民主管理的和谐氛围。

第二,职责设定上,组织社区成员完成终身学习。

未来社区内部教育管理机构的学习组织部门的职责是组织社区内的成员完成终身学习的任务,让社区更好发展,让城市更好发展,契合未来的学习型社会。

社区内部教育管理机构成员之间将不会有明显的上下级关系。学习组织部门成立后,社区自治组织职责上要营造终身学习氛围,让更多的人参与其中,组织社区成员有序完成学习,满足个人的需要与精神需求,最终达到终身学习的目的。社区成员未来在终身学习中,将既是教育者又是受教育者,学有所长的人会承担教育者的身份来教授其他成员,也可以是受教育者的身份完成自己的学习任务。承担教育者角色的人员要明确未来的社区教育将不再是单纯的娱乐活动,而是结合兴趣和学习发展需求的教育活动。因此,学习组织部门将会利用社区成员的“双重身份”这一特点,加强社会成员的参与度,组织社区人员完成终身学习、制定合理的学习计划。身份的转换还会使成员增强学习的兴趣,进而参与到组织学习中来,使社区教育平衡发展。

第三,工作力量上,将由社区成员全职或兼职。

社区教育作为一种非学制教育,其特点是时间灵活,这体现为学习时间的灵活和工作时间的灵活。学习组织部门将主要由社区成员承担,依据社区成员的个人意愿和时间安排,采取全职或兼职的形式。

社区成员是社区学习的主体,这些成员是自发参与学习的,因此他们也会怀有极大的热情来组织成员的学习。一方面社区成员参与学习开阔了个人视野,另一方面社区成员也是终身学习的传播者,通过兼职或全职的工作形式为社区服务,本身也是一种终身学习精神。社区成员全职或兼职组织学习是一种社区文化的良好体现,大家可以集思广益,共同打造一个优质的社区学习组织部门。但是为了社区学习的长远发展,未来也会有专业人员作为总的领导者,统一对参与的全职或兼职人员进行培训与管理。社区教育更注重小组(群体)学习,社区成员是以共同兴趣为纽带分成小组。所以当社区内的教师资源匮乏时,社区会聘请社区外某一课程的专任教师,打破单一的教师资源,带动社区成员学习的活跃度,但要注意教师资质的筛选,以便更好地开展社区学习、丰富社区成员精神生活。全职成员负责日常的管理工作和学习组织活动,兼职人员可以负责某一时期的组织学习,服务人员要树立正确的服务观念。微信、抖音、快手这些家喻户晓的聊天、视频软件可以快速地传播社区文化,对社区学习进行宣传,让更多的人参与其中,调动社会成员学习的积极性。

(2)周边学习产品研发部门

社区内部的周边学习产品是指除了线上线下的学习课程资源,衍生出来的与学习相关的设施、产品,目的是为学习提供服务。未来的社区内部的教育管理机构会研发更多具有特色的周边学习产品,着重于住宅与社区商业相结合,整合硬件教育资源,提高室外学习的专业度以及具有个人特色的学习纪念手册等,更多优质周边学习产品的研发将会由周边学习产品研发部门深入探讨。

第一,机构设置上,将由社区学习组织部门设立。

社区教育是一个非常具有个性化的教育形式,每个成员的年龄、爱好、受教育水平不同,学习内容也不尽相同,每个学习活动都会充分展示人群特征。在机构设置上,未来的周边学习产品研发部门将由社区学习组织部门负责设立。

由于社区学习的特殊性质,未来周边学习产品研发部门人员应该有一定的策划思路。社区教育不以获得文凭为目标[①],更多的是基于自我价值实现、拓宽个人视野、丰富精神生活的内在需要。在机构设置上,学习产品研发部门会由社区学习组织部门设立,因为学习组织部门最了解社区学习的具体情况和学习需求的相关信息,为这些学习小组设计并提供各类学习设施资源和周边学习产品。此外,这样的机构设置还可以避免机构过多造成的复杂状况。

第二,职责设定上,将根据社区成员学习意愿提供周边学习产品。

周边学习产品研发部门的职责就是要根据社区成员的学习意愿,提供教育硬件设施、学习辅助工具以及学习纪念手册等,服务于社区成员的学习,让社区成员在接受教育的同时可以拥有更多的周边学习产品。

终身学习的目的是让学习者能够根据个人需求选择适合自身形式的教育,而社区内部教育管理机构的目的是满足居民文化学习需求、提高居民生活质量、发展社区教育。社区学习最根本的特点是将社区成员的学习活动与共同生活的现实情景相结合,在学习的过程中实现互帮互助和资源共享。[②] 因此,硬件

① 沈悦:《社区教育智能化学习平台支持服务体系构建——以"江苏学习在线"为例》,《继续教育研究》2021年第1期。

② 黄一鸥、王利华:《终身教育理念下构建社区学习共同体研究》,《教育与职业》2020年第24期。

设施类的周边学习产品的作用就尤为突出，可以与周边的商业相结合，引进或研发更适合成员的硬件设施，让社区成员在接受教育时，“家”的概念更加突出，营造一个和谐友爱的学习环境。学习纪念手册会以学习内容、成绩等形式展现，可以鼓励成员继续学习，极大地带动大家的学习积极性。社区内部教育管理机构的周边学习产品研发部门会为终身学习需求者提供优质教育资源，周边学习产品研发部门人员会利用互联网技术，建立社区教育平台进行周边学习产品需求调研，及时了解社区成员的需求，根据成员的意愿进行周边产品研发，全面优化社区教育质量。

第三，工作力量上，将由社区内外教育者和技术人员全职或兼职。

周边学习产品的研发包括对社区自身教育资源的开发，还包括与周边商业资源的结合，在工作力量上就需要有教育经验的人员和技术研发人员全职或兼职。

社区内外的教育者了解学习者的实际需求，技术人员可以对具体的产品提供技术支持，教育者与技术人员将会对周边学习产品的设计进行沟通，两者的良好配合将会完成周边学习产品研发的任务。同时，这种工作力量的分配减轻了社区内部人员技术研发的压力，还会带动社区周边商业的发展，让社区和社区周边的商业享受到终身学习的巨大优势。

(3)学生和学分管理部门

社区内部教育管理机构的学生和学分的管理会是全新的设置。在机构设置上，将会由上级管理部门设置社区分支机构(或虚拟接口)，由社区内部成员通过兼职或全职的形式来统计学习成果，进行分数上传统计，定期反馈学习成果，增强成员的学习积极性。

第一，机构设置上，由上级管理部门设置社区分支机构(或虚拟接口)。

为了使社区教育更加规范化，未来的学生和学分的管理会由上级管理部门设置社区分支机构(或虚拟接口)，进行规范化管理。

社区成员的学习成果最终还是会以一个量化的方式呈现——分数，分数的上传方式和储存地点也是一个重要的问题。随着信息技术的快速发展，学生和学分的管理也要依靠信息技术，但对于社区来说，这方面还会存在一定的困难。此外，网络的上传需要建立相应的网站，要有一定的基础设施和技术支持，目前的社区教育管理是达不到这一标准的。因此，未来会由上级管理部门来设置社区分支机构(或虚拟接口)，以此来解决学生和学分管理的问题，这样学生和学分都有了保障，对学生的学习成果也能够给予极大的肯定。

第二，职责设定上，记录学习者学习效果并计分上报。

学生和学分管理部门的主要职责就是对学生的学习成果进行及时统计，让学习成果有章可循，便于其他部门依据学习效果来及时调整学习计划。

社区教育是一种普惠性教育，不会单纯依靠分数来评价学习者，最终目的是让学习者的需求得到满足，让社区成员的综合素质得到提高。学生和学分管理部门在职责上将会通过每日打卡的形式记录社区成员的学习效果，通过每日打卡可以评价每个成员学习的活跃度、完成任务的情况，这些评价还可以激励其他成员完成学习。此外，学习成员还会利用“群共享”功能定期上传自己的学习成果，分享学习中的进步。教师会根据以上两种汇报情况对每位学习成员的阶段学习进行打分，及时向学习成员反馈。学生和学分管理部门将教师评价的分数做好记录，及时汇总，便于激励大家学习和社区学习成果评估。

第三，工作力量上，由社区成员全职或兼职。

对于学生和学分的管理，可以由社区的内部管理人员进行管理，采取全职和兼职两种工作形式，在每个学习小组设置全职或兼职的相关人员，定期进行分数汇总和人员统计，上传到上级管理部门的终端。

这样设置后，工作力量将会是庞大的，成员也可以在工作中得到存在感与满足感，尽可能多地使社区成员参与到终身学习的队伍中来。参与度是社区成员学习的内在动力，这一特点可以使成员自觉形成强大的工作力量，充满热情地参与到成员的学生和学分的管理中来，呼吁有能力的人员参与到社区教育中来，形成“人人为我，我为人人”的和谐氛围，使社区教育在优良的氛围中持续进行，优化社区教育的成果。

（三）非正式教育管理机构微观教育管理机构改革

非正式教育管理机构的改革包括公共文化单位（图书馆、博物馆、档案馆等）的教育管理机构以及虚拟教育管理机构两大微观教育管理机构的改革。公共文化单位的教育管理机构将会继续发挥公共文化单位的优势，在原有优势的基础上围绕终身学习进行全新的改革展望；虚拟教育会是未来终身学习所依赖的重要学习形式，虚拟教育管理机构的改革也会有很大的展望空间。

1.公共文化单位的教育管理机构

公共文化单位的教育管理机构的改革展望会解决如何进行学习活动的问题、虚拟教育学习效果的问题以及学习的成果管理问题，因此，改革会从学习组织、周边学习产品研发以及学生和学分管理来分别进行展望，让虚拟教育管理机构更加完善。在关于未来公共文化单位的教育管理机构将会怎样发挥公共文化的作用的调查问卷中,74.77%的受访者认为在相关文化机构改革的同时将会更多发挥大众文化教育资源的作用;87.85%的受访者认为在相关文化机构改革的同时将会融合传统文化,更加注重弘扬知识文化创新;76.64%的受访者认为相关文化机构将会利用现代化设备与技术开创全民终身学习的新领域;63.55%的受访者认为相关文化机构将会开发周边学习产品并进行统一管理,从而增加全民终身学习的资源总量。

(1)学习组织部门

公共文化单位的学习组织部门可以从机构设置、机构的职责设定以及机构的主要工作力量三个方面进行改革展望。三个方面的改革展望相互联系、层层递进,以使学习组织部门更好发挥机构作用。

第一,机构设置上,由单位内部的人力资源和研究开发部门组建。

公共文化单位一直担负着为大众科研提供丰富知识资源的责任,与传统学习形式相比,非正式学习强调碎片化学习。

随着信息的快速发展,电子阅读逐渐走进人们的视野,因此对于公共文化产业来说,利用先进的网络信息技术为学习者提供优质、便携、高效的学习资源,成为公共文化产业的重中之重。未来在机构设置上,公共文化单位的人力资源和研究开发部门将会承担起组织社会成员学习的重任,人力资源会对那些选择来到博物馆、图书馆等公共场所的学习者统一安排学习内容。研究开发部门会根据大众的学习需求,设计学习资源,包含社会热点、媒体舆论、学科基础知识等信息,满足大众需求,合理有序地进行学习,体会公共资源的便利性。

第二,职责设定上,将依托本单位资源完成教育活动。

公共文化单位在对民众进行多元教育和营造城市化文化氛围方面有着悠久的历史渊源,是学校教育的延伸和补充。公共文化单位的教育管理机构首先会依托本单位的资源,对内部单位职工进行学习安排,对职工的专业培训、管理方面的知识、互联网的技术支持进行学习安排,对网络技术人员和学习组织人员进行专业培训。

现代学习更多利用多媒体技术,采取虚拟教学的形式,所以虚拟教学团队将会通过微信、QQ等网络形式完成规定在线教学内容,以及对网络平台进行实时维护,管理成员之间会分工明确,各司其职,且相互之间又会良好配合,以团队的形式完成虚拟网络的平台维护与教学内容的更新。对本单位内部职工进行教育活动安排,丰富单位职工的知识储备,更好地为学习者提供专业服务与技术支持。对于外部学习者会开展必要的学习活动,开展的教育活动会是鲜活有趣的,符合大众对时代的热点知识追求与碎片化的学习形式,同时体现公共文化单位的优势与文化精神,将特有的传统知识与先进的科技结合,为学习者提供更好的学习体验,让学习者更有兴趣在公共文化单位进行学习。

第三,工作力量上,将由本单位人力资源和研究开发部门人员合作。

在数字虚拟化服务的新时代背景下,公共文化单位的教育管理机构将致力于满足学习者对于跨学科、跨地域、超越时间限制的信息需求。这不仅意味着要满足学习者对多样化、个性化教育资源的渴望,而且要满足他们利用零散时间进行学习的需求。为此,图书馆、博物馆和档案馆等公共文化单位势必会进一步强化员工的学习组织和活动课程开发的相关能力。在人力资源配置上,将由本单位的人力资源部门与研究开发部门携手合作、明确分工,根据学习对象对学习内容进行细致的规划和安排,共同构建全面而高效的学习平台。

(2)周边学习产品研发管理部门

公共文化单位具有公益性,周边学习产品会对公共文化单位起到良好的宣传作用。学习组织部门承担着学习资源的选择与周边学习产品研发的任务,而好的学习产品的研发管理将会提高公共文化单位的学习影响与公共文化的资源利用率。因此,未来会设立一个学习产品研发管理部门,这会对公共文化单位的教育管理机构产生新的影响。

第一,机构设置上,由学习组织部门设立。

公共文化单位由传统的信息共享职能转变为教育职能,这一转变使公共文化单位可以利用图书数字平台的广域性和丰富性的特征,对公众的学习需求提供教育服务。

针对这一特点,学习产品的研发将会由学习组织部门设立,学习组织部门全方位地掌握学习者的学习需求和本单位的教育资源情况,根据学习者的需求,结合社会发展需要和学习特点,为学习者提供优质的学习资源。因此,学习组织部门的设立会使机构的设置更为完善,成员分工更加合理,更好担负起全民终身学习理念下的公共文化单位的教育管理机构职能。

第二,职责设定上,将依托本单位教育资源研发周边学习产品。

创新是民族进步的灵魂,推动文化创新也是公共文化单位的重要建设点。公共文化单位的教育管理机构不同于正规的教育管理机构,针对的学习对象和学习功能是不同的,与正规的教育管理机构形成良好的互补关系,起到以公共文化的精神服务、扩充学习者学习内容的目的,为学习者提供正规科学知识之外的文化知识教育。

公共文化单位的教育形式会以一种融合创新理念或者丰富学习者的创新知识为出发点进行设计，将依托本单位的教育资源对研发的周边学习产品进行审核与管理，保障周边学习产品的质量，使周边学习产品可以服务并丰富学习者的终身学习生活。管理部门还将会利用网络数据的后台分析软件，将学习者的兴趣与需求同研发的周边学习产品进行数据比对，捕捉个性化的信息偏好，以便精准地为学习者提供感兴趣的周边学习产品，便于更精准地向学习者推荐更具个性化定制的周边学习产品。[①]

第三，工作力量上，将由本单位及外部研究者全职或兼职。

为了满足 AI 人工智能时代的学习需求，"资源＋平台＋合作"将会成为知识传播的主流渠道。其中，"小鹅通""喜马拉雅"等学习互助平台将容纳海量教育"资源"。而未来的管理方向则是如何真正实现正规学习、非正规学习与非正式学习之间的资源互通。教师不再是体制内的专有身份，而是只要具备相关的技术、艺术和学术，能够为学习者提供新鲜的知识养分，就能够成为教师，从而达到"三人行，必有我师焉"的状态。未来的公共文化教育将对社会教育资源进行整合，由本单位和外部的研究者共同协作，社会力量共同参与助推文化学习。虚拟教育平台的教育管理机构在人员配备上，不仅需要具备传统教育教学技能的教师，还需要引进大量的优秀技术人才，由本单位及外部研究者全职或兼职，共同搭建网络平台"教室"，通过精心设计优化学习体验，提高课程观看和互动的流畅度，并实时监督平台的漏洞，对专业教师团队的授课内容进行实时监督管理。

因此，搭建的学习平台会与互联网紧密结合，除了教育教学的教师外，还会引进大量的优秀技术人才，由本单位及外部研究者全职或兼职，对网络平台这个"教室"进行搭建，设计优化体验，提高课程观看的流畅度，并实时监督平台的漏洞，对专业教师团队的授课内容进行实时监督管理。同时，公共文化教育作为一种社会教育，未来会对社会的教育资源进行整合，由本单位和外部的研究者共同协作，社会力量共同参与助推文化学习。

(3)学生和学分管理部门

学生和学分管理部门可以由上级管理部门设置分支机构(或虚拟接口)，便于学生和学分的有效统计与管理，主要由单位的人力资源部门负责记录学习者的学习效果，完善部门任务体系。

第一，机构设置上，将由上级管理部门设置单位分支机构(或虚拟接口)。

---

① 刘晓辉：《公共图书馆社会教育职能拓展模式探析》，《图书馆学刊》2021 年第 2 期。

公共文化单位是政府提供的基础性的学习机构，具有公正性和普惠性的特点，上级管理部门对学习机构负责。

在采取终身学习的教学方式后，对于学习机构的设置，将会由上级管理部门设置单位分支机构（或虚拟接口），充分利用现代信息技术对公共文化单位的学习者和学习分数进行统一管理和记录，有序规范的同时保证了学习者的合法权益，也让学习者的努力有迹可循，加强政府与公共文化单位组织以及社会成员之间的融合与沟通，监督公共文化单位的服务质量与学习资源，构建公共文化单位顺应新时代、持续健康发展的新引擎。

第二，职责设定上，记录学习者学习效果并计分上报。

公共文化单位的教育管理机构要对参与学习的学习者进行统计，依据学习的效果进行考核，将利用学分或者证书的形式进行计分上报，以此对学习者的学习成果进行认证。因此在职责设定上，学生和学分管理部门的职责就是统计单位内部的学习者和外部的学习者的学习情况，定期核算分数，及时给学习者反馈，鼓励学习者的同时也为其他想要进行终身学习并且在公共文化单位进行知识补充的学习者提供经验。数据可以很好地反映学习者的阶段学习情况，对学习者取得的分数定期存档，助力社会信息整体素养，提高社会成员文化自信。

第三，工作力量上，将由单位内部的人力资源部门人员负责。

学生和学分管理部门在工作力量上将会依靠本单位内部的人力资源部门人员，对学生的基本信息进行统计，对学生的学习效果进行记录。公共文化单位内部人力资源部门的人员依据工作职责对学生和学分管理部门负责，协调配合学习组织部门与学习产品研发部门，对学生的学习效果进行记录与反馈。学习产品研发部门依据反馈结果对周边学习产品进行研发与审核，学习组织部门依据反馈结果对学习活动进行调整与设计，主要通过单位内外部人力资源完成学生和学分管理部门以及三个管理部门间的积极配合。

2.虚拟教育平台的教育管理机构

虚拟教育是指不需要学生和教师亲自合作的各种教学形式，教师和学生不需要在同一个教室中进行学习的教育形式。虚拟教育平台是为学生提供虚拟教学服务的网络场所。相对于学制教育的单一知识与技能训练，虚拟教育的方便性、灵活性、多样性更加突出，更加专注于培养人的综合知识与综合素质，更加专注于人的生存与发展，也更好地体现了终身学习强调的“人人皆学、时时能学、处处可学”的目标。未来虚拟教育平台的教育管理机构将会着眼于组织学习、周边学习产品研发、学生和学分的管理三大方面，让虚拟教育平台更加成熟，成为未来学习的流行趋势。在关于虚拟教育管理机构未来将会是怎样的发展趋势的调查问卷中，67.29%的受访者认为这方面的改革将会为终身学习者提供虚拟教育周边学习产品；83.18%的受访者认为AI等高新信息科技产品将会提供新型虚拟学习平台；85.98%的受访者认为虚拟学习内容会遵从社会发展需要，紧跟时代发展的步伐；65.42%的受访者认为虚拟学习的学生和学分将会依据后台数据记录上传，并会与其他学习形式的学分累积。

(1)学习组织部门

虚拟教育机构的完善离不开学习组织部门。学习组织部门机构设置主要依靠与网络相关的人才和平台，学习组织部门的搭建可以从平台运营部门着手，平台运营人员打造平台基础，为学习者搭建稳定的学习平台。

第一，机构设置上，学习组织部门即为平台运营部门。

网络的平台运营是指为了提高服务能力，发展更多的用户并获得最大的流量和收益，开展的平台设计、推广和变现等行为。虚拟教育平台的正常运行主要是依靠网络的平台经营，所以虚拟教育的学习组织活动就需要平台运营部门来承担。

平台运营部门对虚拟教育机构的运营起着重要作用，通过对数据的分析发现更多的用户，将教师与学生联系起来，了解用户的需求意向，精准地对学习活动进行组织、设计，提升用户体验，这也是虚拟教育管理机构的独特之处。良好的平台运营可以使虚拟教育平台正常提供学习服务、提升用户体验，所以在机构设置上，未来的学习组织部门会由平台运营部门设立。

第二，职责设定上，搭建稳定的学习平台。

虚拟教育的形式是利用网络搭建的学习平台进行学习的形式，平台运营人员的职责就是要打造平台基础和流量聚集，强化运营能力，吸引更多优秀的教育机构，为虚拟教育平台引进多样化的学习资源，保障上传至平台的音频和视频的完整性与安全性。同时加强网络学习环境的治理，有效净化网络学习空间，抵制不良社会网络平台影响，营造积极的网络学习氛围，从而为学习者提供一站式的便捷服务。

虚拟教育平台提供的是虚拟教育资源，主要职责是打造平台基础，搭建一个稳定的学习平台。虚拟教育平台的学习成员身份不同，会根据不同身份的学习者进行分类，将教师与学生成功匹配。同时调查每类学习者的学习需求和学习意向，对学习者的学习进行组织、引导，帮助学习者克服“学学”矛盾和“工学”矛盾，从而使平台的流量聚集，利于平台引进更多优质的教育机构。此外，平台运营部门会针对教学内容优化平台建设、增强平台体验感，通过平台来提供开放、灵活、创新、终身的学习。平台运营人员会对学习资源的优质性进行严格审核、筛查，实现虚拟教育平台的健康、长远发展。

第三，工作力量上，将由平台运营人员主导。

平台运营部门人员主要负责学习组织部门，正确履行职责，保证学习活动有序进行。

虚拟教育会越来越受到大众的广泛支持，其特点是课程丰富、学习时间不受限制。但网络学习要想长远发展，一方面未来的虚拟教育平台要提高教育质量，尊重教育规律，坚持走以质量为核心的内涵式发展道路；另一方面要为加强课程服务和平台服务的针对性、实效性提供辅助，与具有远程教育权的知名大学和教学机构合作，引进知名教育机构，解决学习者因地域问题而不能去校园上课的难题，真正为大众教育服务。平台运营人员将会利用自身的虚拟教育优势吸纳学习者，扩容学习群体。平台运营人员作为学习辅助服务人员，还会对学习者在学习过程中的学习资源进行保障。

(2)周边学习产品研发部门

未来虚拟教育的周边学习产品会包括教辅(手工产品、实验工具)、平板电脑学习机、平板电脑护目镜等。

第一，机构设置上，将由平台运营部门设立。

虚拟教育正是在信息通信技术运用于教育领域的情况下，为适应日益激烈的全球化竞争而产生的一种新的教育形式。[①] 为了迎合这种新的教育形式，未来的虚拟教育平台还会由研发部门研发更多的周边学习产品，平台运营部门将会设立一个专门研发周边学习产品的机构。

虚拟周边学习产品的研发对于虚拟教育平台的影响力来说具有重要作用，好的周边学习产品可以增加虚拟教育平台的吸引力，吸引更多的学习者。在机构的设置上会由平台运营部门成立，通过对学习产品市场和大众流行产品以及前沿技术等进行调研，统计大众关注度高、喜爱度高的周边学习产品。

第二，职责设定上，将根据社会成员学习意愿设计开发虚拟周边学习产品。

未来周边学习产品部门的职责会是根据虚拟教育平台的用户个人需要、学习意愿设计开发周边学习产品，根据学习组织部门对社会成员需求度和喜爱度的调研结果，确保研发的周边学习产品的实用性。

教辅学习产品一定是依据学习者的学习意愿进行设计的，将有助于学习者

---

① 傅家荣：《虚拟教育——高等教育面向全球化的竞争战略》，《教育论丛》2004年第10期。

更加高效的学习；科技产品一定是与周边的商业企业进行合作开发的，所设计的将会是大众喜爱度高的、科技前沿的产品。通过这些周边学习产品，扩大虚拟教育的影响力，让更多的人了解虚拟教育，更愿意通过虚拟教育平台来填补自己的知识空缺，体会虚拟教育平台带来的巨大便捷性与科技性。

第三，工作力量上，将由平台技术研发人员主导。

平台技术研发人员拥有技术与经验，将根据运营部门对学习者意愿和个人兴趣的调研结果，对虚拟教育的周边学习产品进行设计、研发，将是主要的工作力量。

根据学习产品研发部门的机构设置和职责，平台技术研发人员将主导周边学习产品的技术开发，产品的种类、样式、功能等都将需要平台技术人员的实际研发，对于前沿科技产品会与周边的商业企业进行技术分工。因此，未来的平台技术人员会对研发的周边学习产品进行全方位把关，致力于研发内涵丰富、体验感强的周边学习产品。

(3)学生和学分管理部门

学生和学分管理部门主要起到保障作用，是虚拟教育平台的教育管理机构中不可缺少的一部分。该部门设置以后，平台技术人员按时记录学习者的相关信息和成绩，为学习者提供学习数据，同时数据也将会为学习组织部门和周边学习产品研发部门提供参考。

第一，机构设置上，由平台后台数据管理部门设立。

虚拟教育的学习是通过网络技术来实现的，学生数量和学习成果都要通过网络后台数据进行获取。因此在机构设置上，将由平台数据管理部门设立。

学生的学习数据将通过后台来进行统计，例如某课程的浏览量、学生对课程的评价、学生的参与程度等，这些都会通过平台后台数据进行管理。同时，平台后台可以分析与学生学习相关的海量数据，对于学生管理、网络和课程的优化都十分重要。学生的学分也是通过后台数据导出。因此，在机构设置上就可以由平台的后台数据管理部门设立，对学生和学分的具体事宜进行管理。

第二，职责设定上，记录平台社会学习者的学习效果并计分上报。

学生和学分的管理也是虚拟教育管理机构的管理中不可或缺的一环。管理人员需要真实记录学习者的个人基本信息、学习过程和成果。

未来的教育将会体现以下显著特征：教学环境将实现更高程度的智能化、个性化和泛在化；教师角色将发生重大转变，实现技术、艺术与学术三位一体的融合；教育体系将进行全面创新，构建以学习者为核心的开放型教育生态系统。[①] 因此，对学生和学分进行后台管理，可以为学生“教室”设计优化体验，提高课程观看的流畅度，并实时监督平台的漏洞，对专业教师团队的授课内容进行实时监督管理；对学分进行及时记录与数据维护，可以让学生随时查到学习成果。

学生的数量和学习效果侧面体现了虚拟教育形式的真实效果，及时的分数反馈还有助于学习者的自我总结、评价。因此，学生和学分管理部门的职责就是利用平台后台数据管理部门及时记录平台社会学习者的学习效果并计分上报，做好学生的统计和学分的统计，这有利于学生学习效果的反馈以及为学习组织部门、学生产品研发部门的调研与调整提供更好的服务。

第三，工作力量上，将由平台技术人员负责。

未来的虚拟教育会更加人性化，对学生的评价和管理也会更加人性化，更符合当时社会成员对于学习的需求。因此，工作力量上，将主要由平台技术人员负责学生和学分的管理。

虚拟教育管理机构会引进大量的优秀平台技术人员，平台技术人员承担着搭建学习成果平台的重任，搭建的学习成果平台会依赖互联网技术。平台技术人员建立高质量、高水平的数字化学习成果平台，平台后台数据统计人员在进行学分统计时可以实现统计分析、数据的可视化。无论是从学习者的角度，还是从服务人员的角度，都会提倡更优的技术，这主要依赖平台技术人员的设计。虚拟教育由于没有面对面授课的形式，而是强调利用网络技术，所以平台技术人员会帮助学习者和教师解决平台用户的相关问题，让学习者觉得学习是流畅的，让教师觉得与学习者的沟通是畅通的，让学习更加方便、快捷，体验感丰富，更符合未来终身学习“人人可学、时时可学、处处可学”的特点。

二、微观教育管理制度改革前瞻性展望

（一）正规学习机构微观教育管理制度改革

正规学习机构仍是未来全民终身学习产品的重要提供者，依托成体系的学制和管理体系设计和大量优秀的教育者资源，正规学习机构可以为学习者提供系统、连贯的学习内容。各级政府对社会负有提供公共学习产品的责任，受我国事业单位管理体制改革的影响，这类公共学习产品大多是通过公办或民办学

① 黄利文、王健：《论人工智能时代职业教育的转型与创新》，《南京社会科学》2020年第10期。

习机构这样的正规学习机构提供的。因此,在全民终身学习体系中,正规学习机构承担了为社会提供大量免费(或低收费)、常规性、基础性学习机会的任务。在对正规学习机构教育管理制度改革的展望中,我们更加关注的是,围绕正规学习机构如何优化内部管理制度和运行机制,研究如何提高学习资源利用效率,增加正规学习机构资源溢出效应和辐射效应,为全民终身学习体系的构建发挥基础性支撑作用。

1.公办学习机构教育管理制度改革

我国的各级各类公办学习机构是政府为人民群众提供公共学习产品的最主要形式,从公办幼儿园、小学、中学、大学,到各类职业院校、特殊学校、干部学校,都具有公益性、公平性、一致性和事业单位属性的特征。

一是公益性特征。基于公共产品理论,绝大多数学习产品具有非排他性、非竞争性和不可分割性的公共产品属性。公办学习机构将学习机会和学习资源作为公共产品,由政府公共财政资金投入,以公办事业单位的法人形式运行,面向社会公众或特定人群(如残疾人学校、党校等),免费或低于市场价格收费,直接体现出了公共学习产品的公益性。按照1998年国务院发布的《事业单位登记管理暂行条例》,对事业单位的定义为“国家为了社会公益目的,由国家机关举办或者其他组织利用国有资产举办的,从事教育、科技、文化、卫生等活动的社会服务组织”。新中国成立之后,我国各级政府提供公共学习产品的主要方式是成立事业单位性质的公办学习机构,覆盖了人民群众对学习产品需要的各个领域,成为支撑整个教育体系和学习体系的主力军。各级各类公办学习机构凭借完善的组织体系、健全的管理体制和良好的运行机制,在我国政府转型和构建服务型政府的改革历程中,将对构建全民终身学习体系发挥更为重要的作用。

二是公平性特征。教育的目的之一是通过提高公民的知识水平,进一步提高学习者的道德水准,从而创造一个和谐的社会环境。对于学习者个体而言,对学习体系的最基本诉求就是能够公平地获得学习机会,公办学习机构的公平性特征就满足了学习者的诉求。由于公办学习机构提供的学习产品具有公共产品属性,因此可以为一定范围内的公民提供无差别的学习机会和学习产品。学习者可以不受资产水平、社会地位、户籍身份的限制,在公办学习机构无成本或低成本地进行学习。公办学习机构体现出的公平性特征不仅为全民终身学习体系奠定了稳定的学习资源基础,而且源源不断地为体系输送已具备一定学习能力的学习者队伍,促进了全社会公民整体学习能力和道德素质的提高,使构建适应未来需要的全民终身学习体系成为可能。

三是一致性特征。我国公办学习机构经历了多年的发展历程,已经具备了比较完整的学习产品生产和供给模式。在公办学习机构学习的过程中,学习资格、学习方式、学习时间、学习内容等都具有一致性的特征。这种一致性具有双向的作用,一方面是学习者能够在公办学习机构获得基本一致的学习产品,学习效果的可预见性和可量化性都比较强;另一方面限制了不同学习者自由选择学习方式、学习时间、学习内容的权利,甚至将一部分学习者排除在公办学习机构之外。在未来,公办学习机构既要兼顾公平和效率,确保学习者获得一致的学习机会和学习产品,也要推陈出新,在组织机构和管理制度上进行不断改革,破除限制全民终身学习的障碍,增强公办学习机构资源向校内外的辐射和拉动效应,全面投入到全民终身学习之中。

四是事业单位属性。我国的公办学习机构区别于其他学习机构的最主要特征是事业单位的机构性质。事业单位是我国特有的一种组织形式,新中国成立后才产生了事业单位性质的各类公办学习机构。事业单位通常是各级政府或政府部门举办的,提供的产品是人民群众正常生活不可或缺的,以科、教、文、卫等为主要内容的非物质产品。这种由政府向人民群众提供的学习产品,可以称为公共学习产品。作为具有中国特色的社会组织名词,事业单位的产生和发展既源于为社会提供公共产品和服务的一般性原因,也受到我国特定历史时期和背景的特殊影响。各国社会发展中均存在一些特殊的产品,它们未必能为投资者带来直接经济利益,或利益不大。然而,这些产品对于大多数人来说并非可有可无,有的对个人作用不大,但对社会发展和民族存续具有重要意义。例如公共卫生服务和宇宙空间研究,尽管对个人投资回报不大,但对社会和民族的正常运转和发展具有不可或缺的作用。

这种特殊产品的投资积极性受限于市场失灵,价格机制无法有效发挥作用,竞争市场难以提供。然而,这些产品又广泛为社会所需,因此需要政府公共部门介入,通过税收筹集资金,面向公众生产和提供。公众愿意接受政府、需要政府、投票政府,是因为看到了政府带来的福利,愿意纳税以期望政府带来更多福利。这些产品和服务被称为“公共产品”和“公共服务”。

由于公共产品和公共服务具有非排他性、非竞争性、不可分割性等特点,它们难以转化为现实商品。每个社会都存在一些受益人无法确定交换价值或无力支付的特殊事物,中国也不例外,提供这种特殊公共产品的单位被称为“事业单位”。

综上所述,尽管事业单位名称独具中国特色,但其产生和存在的根源与世界各地同类公共产品相同,均源于非竞争性、非排他性等特性。[①] 具有事业单位属性的公办学习机构具有行政化色彩较重的管理制度体系,在公办学习机构教育管理制度改革中,决策制度、监督评价制度、招生入学制度、考试评价制度、学分积累制度、成本分担制度都是未来改革的重点。通过这些方面的制度创新,可以更有利于公办学习机构发挥自身优势,为学习者提供更为丰富的学习资源。

(1)决策制度改革

我国的公办学习机构作为事业单位性质的组织机构形式,具备事业单位管理制度的特点。我国事业单位一般是由政府或政府部门利用国有资产举办,由机构编制部门审批设立。公办学习机构是由各级政府教育部门(或其他部门)出资举办的,在管理制度上与一般事业单位既有相同也有不同。公办学习机构与一般事业单位一样也有主管部门,公办学习机构的主管部门是教育部门(也有少量其他部门)。教育部门对公办学习机构既行使业务管理,也行使出资人管理,作为上级党委还行使党务管理。因此,与其他类型的学习组织相比,公办学习机构承接了政府在公共教育的主要责任,成为全民学习活动的全程参与者和主要实施者。由于公办学习机构与其主管部门(即教育行政部门)存在的直接关联性,决定了公办学习机构在党的建设、教育教学、干部培养、经费支出等方面不具有绝对自主权,要按照上级教育行政主管部门制定的政策、方针、规划开展各项工作。公办学习机构与其他事业单位的不同主要体现在,按照教育行政主管部门的教育方针制定的教学计划是公办学习机构各项工作的核心。在实施教学计划的过程中,公办学习机构要以独立法人单位的身份面向学生、家长和社会等多个主体,多方需要共同努力维护正常的教学秩序,完成教学计划。因此,公办学习机构在更多的内部管理方面拥有一定的自主权,这种自主权也体现在其拥有独立的党组织、完善的决策机构和健全的行政机构,以及为了维持这些校内机构的高效运行所建立的一系列制度。在这些制度中,起到掌控大局、统领全面的制度无疑是公办学习机构的决策制度。

第一,现有公办学习机构决策制度特点。

目前,我国的公办学习机构实行两种决策形式:一种是校长负责制,一种是党委领导下的校长负责制。

我国公立中小学现行的是校长负责制。1985 年 5 月,中共中央颁布了《中

① 胡立杰:《中国事业单位改革的经济学分析》,辽宁大学博士学位论文,2010 年。

共中央关于教育体制改革的决定》,其中明确指出,学校应逐步推行校长负责制。为了进一步推进教育改革,中共中央、国务院于 1993 年 2 月联合发布了《中国教育改革和发展纲要》,其中进一步强调,中等及中等以下各类学校应全面实施校长负责制。这一制度的确立旨在提升学校管理水平和办学效益,推动教育事业持续健康发展。

这种决策制度的内涵并不是以校长为中心的一人决策、全面负责制度,而是囊括了校长全面负责、党委政治把关、教职工代委会民主参与、校务委员会的咨询审议等多方共同参与决策管理的体制。在校长负责制下,公办学习机构拥有一套完整的决策制度,确保决策程序公开透明、决策结果科学高效。但在现实中,因校长自身存在着管理能力、道德素质、党性修养等方面的差别,这一套决策制度并不能杜绝由于校长个人原因造成的决策失误。比如每个学校都会碰到的校园基建工程,一般的决策程序是校长拍板决策,然后由后勤部门制定计划和预算,再将工程计划和预算报请学校党委会审议后实施。在决策制度的框架中,这样的决策程序表面看合规,工作进程也比较顺利,但校长个人意志往往在整个决策程序中比较突出,决策的科学性和风险点较难把控。

在我国的高等教育机构中,实行的是党委领导下的校长负责制。这一制度自 1990 年起便有所规定,中共中央在《中共中央关于加强高等学校党的建设的通知》中明确提出了这一制度。随后的《中国共产党普通高等学校基层组织工作条例》《中华人民共和国高等教育法》以及《关于加强和改进新形势下高校思想政治工作的意见》等文件,也均对此制度进行了明确的规定和强调。

党委领导下的校长负责制的核心在于确立党委在学校中的领导核心地位,同时充分发挥校长在学校工作中的重要作用,这体现了党委领导和校长负责之间的辩证统一关系。在此制度中,"党委领导"具有三方面的内涵。首先,从党委在学校的地位来看,该制度确立了党委在学校中的领导核心和政治核心地位。校长在党委的领导下开展工作,而党委则充分尊重和发挥校长在学校中的重要作用。这是理解党委领导下的校长负责制的关键所在。其次,从党委的主要职责来看,党委对学校工作实行全面领导,对学校党的建设全面负责,履行管党治党、办学治校的主体责任,严格执行和维护政治纪律和政治规矩,落实党建工作责任制,切实发挥领导核心作用。最后,从党委的领导方式来看,党委的领导主要是政治领导、思想领导和组织领导,旨在确保学校沿着正确的方向发展。

对于"校长负责"的理解,同样可以从三个方面进行。首先,校长在党委的领导下全面主持学校的行政工作,是学校的最高行政首长。其次,校长要全面贯彻党的教育方针，执行党委的决定，并积极主动、独立负责地做好教学、科研和行政管理工作。最后，校长要向党委、师生和社会负责，执行党委的集体决定，服务全体师生，解决教学和生活中的困难，并作为学校的法人代表承担社会责任。

在此制度下，学校的决策权在党委，决策形式是党委决议。校长在决策正确的前提下，向党委负责，这与向师生员工负责、向社会负责是一致的。反之，如果学校工作出现重大失误，党委将首先承担领导责任。[①]

第二，未来公办学习机构决策制度改革。

党委领导下的校长负责制是坚持社会主义办学方向的必然要求，也是新形势下加强和改善党对公办学习机构领导的有效形式。在现有高校实行这一决策制度的基础上，近年来，浙江、天津等地区已经开始在公办中小学校中试行党委领导下的校长负责制。2018年，浙江省教育厅党委在全省探索开展中小学校党组织领导下的校长负责制试点，浙江省委连续两年将试点纳入党的建设制度改革专项计划，试点已在11个设区市全覆盖，参与中小学达千余所。天津市印发《关于开展天津市中小学校党组织领导下的校长负责制试点工作的实施方案》，遴选确定25所中小学校作为试点学校，也已全面启动改革试点工作。在中小学试行实施党委领导下的校长负责制，可以确保党组织在“三重一大”事项决策中发挥核心作用。遇有学校重大问题决策等事项，首先由分管的责任部门和党委委员提出方案，征求学校各部门意见和党委委员意见，然后召开学校党委会议，由党委书记主持会议，各委员依次发言，对重大事项的可行性、必要性和预算资金的科学性、准确性等问题发表意见。按照民主集中制原则，最终由党委书记综合党委会上的意见形成党委决策。未来，在建设服务全民终身学习的教育体制改革中，在公办学习机构的决策制度上，为了更好地凸显党在公办学习机构中的领导核心地位，发挥好党组织统揽全局的作用，更加科学地抓好办学方向和改革发展中的重大问题，应在高校巩固目前已实行党委领导下的校长负责制，在还未实行的公办中小学校逐步推进由校长决策向党组织决策的转变。实现这一决策制度将有几个明显的效果：一是党委会议上公开情况，成员间充分交流意见，决策的科学性得到有效提高；二是决策并非校长个人意志占主导，而是依据决策制度由党组织做出，更易获得党员和教职工的集体拥护；三是凡是学校的“三重一大”事项，都采用这一决策制度，学校的领导和教职工依章办事的意识更强。实行党委领导下的校长负责制决策制度，可以使公办学习

---

① 罗春明：《中国高校行政领导权力运行监控研究》，武汉大学博士学位论文，2015年。

机构的党组织把方向、管大局、做决策、抓班子、带队伍、保落实，把加强党对中小学校全面领导牢牢建立在坚实的决策制度根基上。

（2）评价制度改革

评估评价制度是根据教育机构的学习价值观或学习目标，采取切实可行的科学方法，通过全面收集和分析信息资料，对学习活动、过程及成果进行价值评估，旨在提升教学质量和服务教学决策的一套制度。评估体系内容丰富，各部分之间呈现出错综复杂的联系，有的依据某一标准归为同一类别，有的则根据另一标准而被划分为不同类型。具体特征包括：一是具有高度权威性。评价制度中的指标体系、工作流程、数据应用都由学校内外的专家制定，并经过一定的审定程序确定，一旦确立就不能由个人意志更改。二是具有基础性。质量是公办学习机构教育和学习的“生命线”，教学是所有公办学习机构教育质量的基础。三是具有社会影响性。公办学习机构有义务向上级教育行政主管部门和社会公众公布评估评价结果，对学校的社会形象和社会地位具有广泛而深刻的影响。四是具有综合性。虽然名义上是教学评价，但这一制度针对的实质是对公办学习机构办学水平和教学能力的综合评价。由此可见，公办学习机构中的教育评价制度起到的功能性效果，决定了校内教育教学活动的现实意义和作用。教育评价制度的有效性，是提高教育决策科学性的前提和基础。无论是对学校办学方向、培养特色等作出的宏观决策，还是对专业调整、教学方法等作出的微观决策，都依赖于对现有教育教学的评价效果信息。公办学习机构评价制度的指标体系涉及学校工作的方方面面，体现了国家的教育方针对学校教学工作和人才培养的基本要求，是对学校办学水平、办学条件的综合评价，而不仅仅是对教学工作的评价。评价的指标包括办学指导思想、师资队伍、教学条件与利用、教学建设与改革、教学管理、学风、教学效果等多个方面。作出科学决策的关键是通过“综合评估、方案选优”，选择最合理的方案。这就需要在教育评价制度的框架内，根据学校内计划、模拟、试点等工作获得可靠的评价信息，由决策层从总体上权衡利弊得失，进行综合评估评价，选择最合理的工作方案，才能使学校决策具有服从全局、适合校情的特征。因此，公办学习机构中的教育评价制度与决策制度是相辅相成的，在建立服务全民终身学习教育体制改革的过程中，尤其需要加强和改善公办学习机构的管理水平，实现其整体体制结构的优化升级，以满足未来终身学习不断提升的需要。

第一，现有公办学习机构评价制度特点。

对于公办学习机构，教育教学管理是一个有序的过程，包含决策、实施、检查和总结等职能活动。科学性、有效性、可靠性和客观性是评价教育教学管理的关键要素。评价是根据教学目标和原则,运用所有可行的科学评估方法和评价技术,对教学过程及预期学习成果进行价值判断,以提供改进教学活动的信息,并对评价对象进行资格和水平的判断。因此,公办学习机构的教育评价可以准确及时地为学校决策者提供教育活动运行有效性的反馈信息,可以使决策层有依据地及时调节、完善和改进教育管理过程,从而提高教育管理质量和教学水平。同时,公办学习机构中的学习活动是由教育者和学习者共同完成的,这两个群体的教与学的内生动力直接制约着公办学习机构的教育管理和教学质量。评估与评价的反馈信息对于塑造优良的群体规范具有积极作用,能够激励校内各个群体的教学热情,提升教学相长的凝聚力。同时,通过反馈信息的沟通与分析,有助于构建校内群体间的和谐人际关系。这种良好的人际关系也是群体行为的动力定向,是提高公办学习机构教育教学质量的重要因素。教育评价机制在教育研究和教育体制机制改革过程中长期存在重点和难点,然而,公办学习机构的评价制度改革进度较为缓慢。一方面,主导评价的主体依旧为政府教育主管部门,社会第三方监督评价尚未常态化,缺乏健全的监督体系;另一方面,评价内容侧重于考试和成果,缺乏针对教师和学生综合性评价的有效手段。尽管在教育活动过程中形成了过程性评价结果,但在最终评价中仅作为参考,量化成果指标体系仍占据主导地位。由此可见,评价制度改革的停滞不前严重制约了教育体制机制改革,包括教学制度改革的深入实施和实际落地。没有科学合理的评价机制,就不可能有现代化的教育治理体系,更不可能有现代化的教育。① 公办学习机构的评价制度改革中的问题主要表现在:一是教育评价的观念需要与时俱进。服务全民终身学习的教育体制改革首先是教育观念的改革和创新,而教育观念的改革和创新首先是教育评价观念的改革和创新。传统的教育评价一般会着眼于人才的选拔和淘汰,主要是教育者对学习者的相对评价,如鉴定成绩、排列名次、分出等级,使整个教育体系成为一个层层选拔、逐级淘汰的通关式筛选系统。这种教育评价制度并不是建立在以学习者为中心的基础上的,也难以为学习者提供获取知识和提升自我的服务。二是教育评价制度的对象和范围应进行重点改革。在传统公办学习机构的教育评价制度中,主要以授课质量、学业考察、操行评定为范围,以"高分""守纪""升学率"为主要标准,这并不能完全反映公办学习机构的全部教育工作和实际学习质量。三是传统的教育评价制度中使用的方法是自上而下的,评价主体单一,

① 刘春朝:《终身学习视角下的我国社区学院发展研究》,中国矿业大学博士学位论文,2013年。

考试评价、结果评价依然是评价主流,一般是由公办学习机构的党组织和行政部门对教师和学生进行外在评估评价,教师和学生作为学校教育中最活跃的要素,在评价活动中只能被动地接受,很难发挥主观能动性和创造性。四是传统的教育评价制度采取的方法基本上是一种单项、静态、相对的、总括性的评价,评价结果难以形成指导学习实践活动的综合性、及时性、针对性的实用工具。

第二,未来公办学习机构评价制度改革。

在以考试作为评价准则的教育模式中,即便努力推进素质教育,其终极目标依旧局限于试卷上的分数。在这种情况下,素质教育难以顺利实施,甚至可能引发学校与家长之间的抵触情绪。因此,未来公办学习机构的评价制度改革首先应该调整观念,摆脱原有的仅仅着眼于人才选拔和淘汰的目标,而要紧跟全民终身学习的趋势,立足于为学习者提供终身学习发展的资源,将评价的目的锁定在学习者学习能力的培养上,为学习者提供更符合其需要的学习环境和学习平台。在更新教育评价观念的基础上,教育评价制度改革的重点是,未来的教育评价制度应以整个学习机构教与学的全部环节为对象,包括学习内容、教育结构、投资效益、教师队伍、学生成长等多个内容,应对管理者、教育者、学习者进行全面评估和综合评价,把传统的单项考核评价逐步转变为从学习者的整体学习生涯出发的多指标综合评价。在公办学习机构评价制度中,更加重视评价对象的主体地位,特别是学习者的主体地位,激发评价对象的合作参与意识,使学习者能够主动加入对自身学习能力和学习效果的评价工作当中,并且能对改善学习环境做出自己的判断,进而融入改善公办学习机构教学条件和学习机制中,真正成为终身学习的主导者。未来公办学习机构将更加重视外部评价与内部评价的结合,使评价制度更具科学性和公正性。通过引入外部力量和多种工具,将会从只靠单项评分的评定方法,向应用定性、定量相结合的多维度、多变量、多系统评定方法转变,这将更加重视对评价对象长期学习活动的多方面数据采集。从静态的总结性评价向长期动态的形成性、预期性评价转变,评价结果将成为多阶段、多领域、多目标的系统性结论,可能包括前置性评价、形成性评价、分项目评价、阶段性评价和总括性评价。公办学习机构将对网络学习者、阶段性学习者、选修学习者等多形式学习者制定专门的考试评价制度,对学习者的学习成果和学习能力做出科学评价和认证报告。建立模块化考试评价制度,设计模块化学习产品和模块化考试评价制度,便于对阶段性学习者和选修学习者的学习效果进行评估和评价;建立操作性考试评价制度,增加对学习者的操作能力的考核,通过对学习者理论联系实践的考核,增强学校教育的针对性和有效性，吸引更多继续学习者和终身学习者利用学校教育资源，实现终身学习对自身价值的提升。总之，评价制度改革将会为公办学习机构的教学内容、教学方法改革提供有力保障。

(3)教学制度改革

未来社会对人才的需求是多元化的，学习者个体的学习目的也是多样化的。公办学习机构作为服务全民终身学习的重要产品提供者，公办学习机构的教学活动是学习者获取学习产品的重要途径，也是实施全民终身学习战略的主渠道，公办学习机构的教学制度需要随着未来学习者的需求升级而进行改革。基于对教学在公办学习机构内涵发展和改革创新中重要作用的战略性思考，教学制度改革成为今后推进教育现代化发展的一个关键领域。

第一，现有公办学习机构教学制度特点。

从当前我国人才培养和学校教育现状来看，由于应试教育和选拔培养仍然是公办学习机构开展教学活动的主要目标，学生表现出的素质能力普遍长于基础知识的记忆性掌握，而在解决实际问题的能力上尤其是涉及实践活动的合作、创新、职业能力上则有所欠缺。这反映出目前我国公办学习机构的教学制度仍具有倚重分科教学、课堂教学、书面教学和高强度训练的特点。分科教学在我国历史悠久，至今仍占据教育主导地位。尽管此模式有助于强化学生学科知识，但从更深层次来看，它既不利于学生从宏观角度理解知识整体意义，又人为创设了学科交融的阻碍，限制了学生运用多学科知识解决实际问题的潜力。此外，在分科教学理念下，课程标准始终居于核心地位，各类围绕知识点设计的习题和考题成为评估学生掌握程度的手段。然而，从"知识点"到"真实情境"的过渡并非一帆风顺。要应对和解决现实世界中的问题，一方面需要跨学科知识，另一方面则要求学生具备协作精神，勇于创新和实践。可以说，学习者在学校进行基础性学习的过程中，最需要的是增强自身的创新能力、综合能力和学习能力，这些关键性能力可以为学习者在终身学习的全过程提供动力。因此，需要从根本上重塑我国未来的公办学习机构教学制度。

第二，未来公办学习机构教学制度改革。

教育体制改革是一项重要举措，其目的在于推动教育整体发展，提升教学质量，以及增强学习者能力。该改革涉及教学宗旨、教学内容、教学方法等方面的调整与优化。推动教育体制改革的原因繁多，主要包括科技进步与生产力发展、社会变革(如政治经济制度的变革以及意识形态的转变)，以及教育科学及其他相关学科的发展对教育观念的更新与影响。教学制度改革包含两种形式：

单项改革是对某门学科内容、某项制度（如分科教学制度）、某一教学原则和方法进行改革；整体改革是对有关教学的宗旨、原则、任务、内容、方法、配套制度进行总体的协调性改革。[①] 未来，我国致力于构建公办学习机构全民终身学习体系的教学制度改革，核心在于学习模式与教学策略的转型。此改革旨在纠正教学过程中过度偏重知识传递的现象，强调激发学习者主动求知的态度。使知识与技能的习得过程同时成为学习者掌握自主学习方法、塑造正确价值观的过程，成为传统学习方式的“被动性、依赖性、统一性、虚拟性、认同性”向现代学习方式的“主动性、独立性、独特性、体验性与问题性”转变的过程。党中央在深化教育体制机制改革的意见中明确提出，要注重培养支撑终身发展、适应时代要求的关键能力，要增强综合素质，培养综合能力，培养创新思维，这不仅是教育体制机制改革的目标，同时也是学习者实施终身学习的目标。学习者需要培养的关键能力包括：认知能力，即具备独立思考、逻辑推理、信息加工、学会学习、语言表达和文字写作的素养，养成终身学习的意识和能力；合作能力，即学会自我管理，学会与他人合作，学会过集体生活，学会处理好个人与社会的关系，遵守、履行道德准则和行为规范；创新能力，即培养好奇心、想象力和创新思维，养成创新人格，勇于探索、大胆尝试、创新创造；职业能力，即适应社会需求，树立爱岗敬业、精益求精的职业精神，践行知行合一，积极动手实践和解决实际问题。[②] 为了学习者在公办学习机构的教学实践活动中能够培养出这些关键能力，需要在教学制度上进行变革。如未来中高等公办学习机构中的无专业学习制度，改变目前学校中学习者必须进行固定专业学习的模式，打通中高等公办学习机构内部专业界限，学习者共同完成公共基础科目的学习，然后由学习者自行选择学校提供的专业学习产品，通过科学的评价机制和学分制度赋予学习者学业水平和专业能力认定。如未来公办学习机构中的虚拟招生制度，即除根据学校承载能力和学位数量招收实体学生之外，设计实施符合全民终身学习需要的虚拟招生制度，满足社会公众各种类型的学习需求。通过课堂直播、AI仿真教师辅导等新技术的应用，降低公办学习机构对学习者的身份资格要求、学习时间要求、实体在校要求，最大限度地发挥公办学习机构教师资源和教学优势，为更大范围的学习者提供廉价、便捷、即时的学校学习产品，建立一个“人人能学、时时能学、处处能学”的公办学习机构。在关于未来大学招生制度改革的问卷调查中，41.12%的受访者认为未来将以实体学生招生为主，虚拟（网络）学

① 张铭钟：《新时代高等教育内涵式发展研究》，中国政法大学出版社2019年版，第165－173页。

② 张善超：《义务教育阶段教师教学关键能力研究》，西南大学博士学位论文，2020年。

生为辅;33.64%的受访者认为应将适合进行虚拟(网络)教学的学校全部转为虚拟学校,必须进行实体课堂教学的学科集中到实体大学。可见,社会公众倾向于,虚拟(网络)教学和虚拟(网络)学生在未来全民终身学习体系中将会占有越来越大的比重。如全民旁听制度,通过统一的学习平台和迅捷的视频传输技术,将各级各类公办学习机构的课堂授课实时进行网络播出,面向所有学习者开放,实现学习者全时空享有公办学习机构课堂学习资源。如无教室实地教学制度,即通过虚拟仿真空间或真景实地教学,根据学习内容将公办学习机构的学习者置于虚拟或真实的场景进行教学,使学习者能够边学习理论知识边进行实践操作。学习生物学知识就把课堂搬进亚马逊丛林,学习空气动力学就把课堂搬进飞机制造厂和航空俱乐部,学习浮力知识就把课堂搬入海洋和游泳池,将原有"满堂灌"的填鸭式的教学制度转变为启发式教学、目标教学、实践教学、自学与辅导相结合等多种教学方式。

(4)学分制度

学分制度是与学年制度对应的学校教学管理制度,作为一种学校管理制度,它是以满足毕业条件的最低总学分来衡量学生学习量和作为学生毕业标准的。经过多年的发展,学分制度已形成以下几种成熟类型。一是学年学分制度。该制度兼具学年制和完全学分制的特征。它保留了学年制计划性强、专业分类严密完整的特性,同时具备学分制在课程选修方面的优势,如在一定范围内给予学生自由度。二是完全学分制度。这种教学管理制度以必须取得的毕业总学分作为学生毕业标准,它要求根据培养目标和教学计划中各门课程及教学环节的学时量确定课程学分,设置必修课和选修课,规定各类课程的比例,并设定最低总学分作为毕业条件。三是绩点学分制度。此制度是在学分制基础上发展而来的,用以显示学生每门课程学习成果的质量以及学年和毕业总成绩的质量,其计算公式为:学分绩点=学分×绩点。四是加权学分制度。这种制度同样是在学分制基础上发展而来的,用以显示学生对重点课程的学习质量,从而区分专业水平高低。五是附加学分制。这种教学管理制度要求学生在修满教学计划规定的最低学分外,还需获得课外附加学分,方可毕业。课外附加学分可根据学生参加学科竞赛、学术活动、思想品德、社会工作、文体活动及公益活动等情况进行评定。

第一,现有公办学习机构学分制度特点。

在公办学习机构的教学实践活动中,学分制度有其自身优点,可以采用学分制替代学年制,引入更具弹性的教学计划和学制,以取代原有的刚性教学计划和学制，从而为教学活动提供较大的时间灵活性和课程选择性。通过选课制度替代排课方式，鼓励学生依据自身能力和兴趣制定个性化的学习计划，并允许他们随时调整专业选择。此举将激发教师竞争意识，有助于提升教学品质。在此基础上，学校可将选课人数作为评价教师教学绩效的依据，进一步推动教学质量的提升。真正实现"选我所爱，爱我所选"，激发学生学习积极性、主动性和独立性，有助于因材施教，有效发掘学生潜能。高校学分制收费在解决当前贫困生学费问题上具有积极意义，通过延长毕业期限、减少学分修读、半工半读等方式，有助于缓解学费压力。在学籍有效时间内，学生享有适度选课自由，只需修满教学计划规定的必修课、完成必要实践教学活动，并选修部分课程，累积毕业所需学分即可。此举有助于缓解集中就业压力，学生可提前一年或半年步入职场。学分制有助于整合教育资源，避免同一内容在不同课程中的重复讲解，重复课程学生可选择不修。学分制改革提升了收费透明度，规范收费行为，使每个学分都有"明码实价"。这一举措让学生心中有数，一定程度上遏制了高校乱收费现象。但同时，学分制度也有其不足之处。学分制度在赋予学生教学计划选择权力和修学时间自由的同时，也揭示了初期选课经验不足可能引发的迷茫现象，因此有必要强化相关指导措施。过度强调学生选课自由度可能导致集体荣誉感的缺失，增加学生行政管理的复杂性。此外，学分制度对学习过程的约束力相对较弱，使得学习组织较为松散，这要求学生具备较强的自我管理和自我约束能力，以确保学习进程的顺利进行。①

第二，未来公办学习机构学分制度改革。

在学分制度和国家资历框架对未来全民终身学习体系的重要性的问卷调查中，53.27％和24.30％的受访者认为非常重要和重要。因此，在未来全民终身学习体系构建中应进一步完善学分制度和国家资历框架的建立。较之以往的单科结业考试制度，学分制度更能彰显"以人为本"的教育理念，充分尊重学习者在选课、选择教师以及制定修学计划方面的自主权，有助于塑造学习者的个性并激发其各方面潜能。在学分制度框架下，公立教育机构犹如一个学习产品的大型超市，其中"课程商品"丰富多样。学习者身为顾客，具有至高无上的地位，他们可以自行选择修读的课程、心仪的教师以及上课和实验的时间。学分制度彻底颠覆了传统的应试教育模式，实现了教育方式的变革。能力强的学习者可以用短时间修习完基本课程，提前进入高阶段学习和个性化学习阶段；而学习能力稍差的学习者，则可以利用相对长的时间打牢基础，具备一定的就

① 王海东：《学习成果认证制度研究》，中国人民大学出版社2017年版，第225页。

业能力之后，再走向更高阶段。[1] 但传统的学分制度更多地着眼于修习符合毕业所需的课程分数，缺少对学习者学习能力的综合评价功能，而且缺少毕业离校后的持续积累体制，无法反映终身学习者持续性学习的成果。因此，未来公办学习机构在学分制度上还应进行多方面的改革：建立多维度的学分赋予制度，通过对学习者的理论研究成果、实践操作能力、考试评价结果等多个维度的科学评价，赋予与其能力素质相对应的学分，使学分能够客观地反映学习者在校期间体现出的学习能力和学习成果；建立灵活的学分换算制度，根据各类学科的特点和评价指标体系，针对阶段性学习者、选择性学习者、网络化学习者等特殊学习者在不同时期分散取得的学分，设计学分积累和换算制度，利用零散的学分评价出学习者整体学习能力和学术水平；建立终身的学分积累服务制度，公办学习机构应为学习者建立终身学习档案，并将在校获得学分与社会化综合学习评价制度结合起来，使学校赋予的学分融入社会对终身学习者的综合评价机制。为了统一管理全民终身学习的学习成果（学分或证书等），还需要对公办教育管理机构的学生学籍设置进行相应改革。在相关的调查问卷中，73.83%的受访者认为学籍将与云端数据平台融合，实施学生终身学籍管理；81.31%的受访者认为学籍将与公民信息平台融合，实现全民终身学习管理；80.37%的受访者认为学籍将与社会学习平台融合，构建全社会统一的公民学籍管理体系；60.75%的受访者认为将建立专门的终身学习学籍系统，统一管理。

（5）教师管理制度

教师是我国教育事业发展的最重要资源，也是推进教育体制改革最重要的内生力量。教师管理制度的建立与完善是公办学习机构教师队伍建设的重要环节和保障，也是提高公办学习机构教师队伍素质和专业化水平的必要前提。近年来，党中央和国务院多次下发文件，推进教师队伍建设和管理改革，从教师的培养、准入、管理和专业发展等各方面，规划部署了一系列完善教师管理制度的具体任务，这也是进行教育体制改革的重要一环和重大举措。调查问卷结果显示，多数受访者都认为在全民终身学习背景下，未来教师管理制度将会进行改革。认为各级各类教育机构教师将会无障碍流动的受访者占 66.36%，认为教师准入制度将会更具灵活性的受访者占 71.96%，认为教师队伍培养主体将会更加多元化的受访者占 85.98%，认为将会增添教师专业发展渠道的受访者占 78.50%。

---

① 刘素娟：《继续教育人才培养的学分银行机制设计研究》，东北师范大学博士学位论文，2014 年。

第一,现有公办学习机构教师管理制度特点。

教师管理制度涉及师资配备、人事管理、编制管理、招聘制度、岗位设置、职称评审等综合改革的方方面面。当前我国教师管理制度还存在着一些问题,这些问题体现在公办学习机构内部。在教师编制管理上,由于目前的“县管校聘”制度还未全面实施,因此公办学习机构的教师都需要使用编办核定的教师编制,办理入编手续后才能进一步办理人事录用和工资社保等相应程序。而当前的事业单位机构编制管理存在着标准陈旧、有编不补、有人无编、有编无人等各种问题,这就给公办学习机构的教师编制管理带来了不小的困扰,如经常面临着教师不足和授课负担沉重的问题,但编制管理部门以核定标准和总量控制为由不予增加教师编制,公办学习机构为完成开课任务只能在编制外聘用教师,造成公办学习机构中教师管理上存在着“一校两制”的问题,进而影响到教师队伍建设和授课质量。在关于未来各类教育机构师资管理的调查问卷中,45.79%的受访者认为除部分教育机构(如义务教育)实行教师人员编制管理外,其他教育机构教师可以实行灵活的合同管理;22.43%的受访者认为应当取消教师编制管理,全面实行学校和教师合同管理;17.76%的受访者认为可以允许教师在保留人事编制关系的基础上进行大范围的长期流动;14.02%的受访者认为在实行教师编制固定管理的基础上,允许教师在教育机构间进行短期流动。教师来源渠道比较单一,基本是在师范院校和非师范院校毕业生中招录。虽然这些教师具有较高的学术水平和教学能力,但对其他专业和学科知识掌握不够,面对未来全民终身学习的要求时显得力不从心。在教师岗位管理上,由于教师所擅长教学科目的专业性较强和事业单位人事管理制度对解聘的要求比较苛刻,公办教师的岗位设置比较粗放,基本上是按照学科和年级设置。教师在不同学科岗位之间交流的机会比较少。中高等院校理论型教师比重较大,缺少双师型教师。教师薪酬福利待遇较低,虽然工资水平上能够与当地公务员工资水平相当,但公办学习机构教师各项补助、奖金数量较少,与公务员总体薪酬水平还有很大差距。

第二,未来公办学习机构教师管理制度改革。

未来公办学习机构要创新教师管理制度,首先要适应全民终身学习对公办学习机构教学资源和学习产品的需求。未来公办学习机构的学习者对学习产品的需求将更加多元化、多样化,对教学形式的需求更具灵活性、综合性。在这种情况下,对公办学习机构的教师素质要求更高,未来除加大对在职教师的培训之外,还要拓展公办学习机构教师来源渠道,为有“一技之长”的校外学者和专家开辟教学平台,增强本校学习产品的丰富性。配合“县管校聘”和“走校制”,实施教师流动管理制度改革。在关于未来教育机构的师资队伍流动性的调查问卷中,57.94%的受访者认为师校双方以定期合同形式固定聘用关系,可见目前社会仍然认可师资队伍的稳定性对教学效果的保障;但同时也有18.69%的受访者认为教师无需固定在特定教育机构,而应在整个全民终身学习体系中流动;还有17.76%的受访者认为部分骨干教师应当固定在特定教育机构,以保证教育机构教学水平的稳定性,而其他教师可以在整个全民终身学习体系中流动;只有5.61%的受访者认为教师必须固定在特定教育机构。因此,如能将教师从“学校人”的限制中以某种形式释放出来,最大限度地激活全社会教师资源,使教师能够在一定地域范围内“走校”教学,公办学习机构还要对这种新的情况制定走校教学产品计划和流动教学效果评价制度。为了更好地扩大师资来源渠道,满足“人人皆可为师”的未来学习需要,要建立专业教师、非专业教师资质评价认可制度。针对社会、企业、民间有一技之长的教育者资源开发,制定教学能力、教学内容、教学方式的评价标准,根据不同学习者的学习要求,划分非专业教师的教学领域、教学科目、教学层次,使非专业教师能够按照标准要求进入师资队伍,弥补专业师范教育针对性不足的空白区间。为增加公办学习机构教师薪酬福利待遇,建立教师生产学习产品有偿使用制度,将本校教师的教学资源包装为社会需要的学习产品,在按质定价的前提下,通过信息技术手段面向全社会学习者有偿提供,通过收取教学产品专利权费和使用费的方式增加公办学习机构教师收入。进一步建立公办学习机构教育产品面向社会收费制度,在按照教育法规保障校内课堂教学质量的基础上,促进公办学校发挥教育资源的溢出效应。公办学习机构生产的网络课程产品、学校师资的课外教育服务均可以收费形式提供,收取的费用用于学校建设和教师福利。开放公办学习机构付费网络旁听课程,将课堂教学内容制作成实时网络直播产品,面向需要的学习者收费,补助授课教师高水平、超课时的付出。公办学习机构还要健全师德建设长效机制。把教师职业理想、职业道德教育融入培养、培训和管理全过程,构建运转有效的师德建设制度体系,在准入招聘和考核评价中强化师德考查,实施师德师风建设工程,创造良好的教书育人环境。

2.民办学习机构教育管理制度改革

民办学习机构是国家机构以外的社会组织或者个人,利用非国有资产和国家财政性经费,面向社会依法举办的学校和其他学校性质的教育机构。民办学习机构和公办学习机构主要是从办学主体上来区分的,民办学习机构的举办者主要有公民个人、私营企业、个体工商户、集体经济组织和社会团体等。从资金来源渠道来看,有个人自筹资金、个人智力投入(无资金投入)、集资入股以及捐资等。对于一个特定的民办学习机构来说,资金来源并不完全是单一的,可以是个人、集体、企业资金的混合。同时,非财政性经费并不排除国有资产的注入。[①] 在未来服务全民终身学习的教育体制中,政府的公共财政投入仍占有相当大的比重,但为了满足人民群众日益增长的终身学习需求,仅仅依靠公共财政投入的增长是不够的,必须引导社会资金和民间资本进入教育供给侧领域,提供更加丰富的学习产品。由于民办学习机构的举办者和举办资金与公办学习机构存在显著的差异,虽然两种性质的学校均负有面向社会提供教育服务产品的责任,但两者的价值目标、运行机制和内部制度都有所不同。在同样面向未来服务全民终身学习体制的改革进程中,民办学习机构的教育制度有着自身努力的方向和特点。

(1)决策监督制度

民办学习机构是由个人、私营企业、个体工商户、集体经济组织和社会团体等出资者举办成立的,学校的发展、运营和管理的决策权由出资人天然获得。民办学习机构的举办资金来源于民间和社会,具有资本的一般属性和特征,即便投入到公益服务领域,仍不能回避资本的逐利倾向。如果仅以实现资本收益为导向进行投资决策,民办学习机构的投资方向、成本核算、绩效评价都将基于资本收益。因此,为了吸引更多的民间资金和社会资本为全民终身学习体制服务,必须在资本回报和学校决策上尊重投资主体的权益。在这里,资金的回报不一定只限于投资利润,还可以对民间主体的社会声誉、税收优惠、产业发展等方面给予回报。但由于民办学习机构具有社会公益属性,不能完全按照企业追求经济利润的目标模式进行运作,因此,民办院校也需要在教育行政主管部门的业务指导下开展教学活动。在教学活动中,不能偏离立德树人的教育宗旨,必须完成相应学年和学科的教学任务,这些对于学校的基本要求不会因为民办性质而有所改变。在民办学习机构的决策制度的改革中,教育行政主管部门需要在尊重出资人权益的基础上,通过处理好决策机制与监督机制的协调关系,达成民办学习机构追求资本利润和实现社会效益的统一。未来民办学习机构应区别于公办学习机构以党委为主要领导决策机构的决策形式,而是建立更加趋近于企业的决策机构,以学校董事会的形式出现。以出资人或出资人指定人选担任校董事会董事长,但在董事会中应有多方代表,包括上级党委代表、教育

① 薛春燕:《服务全民终身学习的基础教育实施体制研究》,沈阳师范大学硕士学位论文,2021年。

行政主管部门代表、教师代表、学习者家长代表和学习者代表。董事代表的多层次性能够使董事会决策制度代表更多方面的意志，但董事会决策最终须由代表投资方的董事长决定，赋予投资方代表对董事会决策的否决权，可以在制度上保障民办学习机构投资方的资金安全。为了体现教育行政主管部门对民办学习机构教育行为的监督，还要在完善决策制度的同时建立受约束的决策程序，在以董事会决议为主的决策制度中，上级党组织代表、政府督学代表和社会中立学者代表不仅应有一席之地，还需要以监事会成员的形式出现，履行对民办学习机构董事会决策的监督责任。政府教育行政部门的监督手段不限于通过董事会和监事会发挥作用，还可以作为民办学习机构学习产品的采购方，在对采购学习产品进行效益评估的基础上，运用不同的财政工具来影响民办学习机构的决策，使其提供的学习产品更加符合全民终身学习者的需要。

(2)定价收费制度

民办学习机构与公办学习机构的重要区别是资金来源完全不同。公办学习机构的举办经费和运行经费完全依赖于公共财政投入，在学习产品的定价收费上处于超然地位，没有收益和成本的约束。民办学习机构的举办经费和运行经费来源于私人和企业投资，还有一部分社会捐助，在运行过程中需要通过向学习者收取一定费用，来弥补民办学习机构运行经费的不足。但在公益教育服务领域特别是基础教育阶段，在教育公平的总体要求下，民办学习机构无法通过掐尖招生、超前授课、举办比赛等方式干扰正常升学择校的方式增加费用。在这种情况下，民办学习机构由于资金运营效益问题，实际上与公办学习机构处于不利的竞争的地位，也不利于引导民间资本进入基础教育领域。因此，在民办学习机构的定价收费制度改革上，需要建立起一个能够覆盖教育成本，并使民间资本获取一定的合理利润的制度体系，使其拥有与公办学习机构相同的竞争地位，这不仅仅是保障民办学习机构长期、稳定、健康发展的基础，也是民间资本投入教育研发和终身学习产业上的先决条件。在定价收费制度设计上，应以参考同类同质公办教育的财政投入水平进行定价为原则，建立根据学习产品的供需平衡而定期不定期调价的机制，根据民办学习机构提供的学习产品的稀缺性和先进性调整收费标准，保护民办学习机构不断开发新型学习产品的积极性。具体形式是，民办学习机构根据自身投资成本和同类同质公办学习机构财政投入水平，核算学习产品的价格，在招生的同时面向社会公开。基础教育阶段的学习者在报考民办学习机构后，可以向政府领取学习券交给民办学习机构，民办学习机构再凭券向政府领取学习费用的补助，这种形式可以守住民办学习机构的成本底线，也可以促进公办学习机构形成危机竞争意识，公办、民办两种性质的学校共同建立起一个良性竞争的基础教育学习产品市场。而在中高等教育和基础教育中的提质附加部分，民办学习机构则可以按照学习产品市场的定价机制自主确定价格，用以向那些希望通过付费购买高端学习产品的学习者提供学习机会。总之，在未来服务全民终身学习教育体系中，民办学习机构将占据十分重要的地位，弥补现有政府公共财政难以覆盖的大部分空白学习领域，政府和社会都应该为民间力量进入教育和学习领域提供便利和支持。

(3)学习产品开发制度

民办学习机构在学习产品市场的竞争优势之一，是新颖独特的教育方法和高效实用的学习产品。公办学习机构受到现有教育行政管理体系的限制，在教学形式和教学方法上更新换代的程序比较复杂，更替周期也比较长，所提供的学习产品质量虽然比较高，但产品内容比较单调陈旧，面对未来学习者不断变化的学习需求难免应接不暇。民办学习机构的学习产品制度则更多地面向学习者的个体需求，在提升学习者专项素质、增加学习者就业技能等方面能够提供更有针对性的学习产品。为了更加突出民办学习机构的这一优势，其学习产品开发制度改革需要紧贴终身学习的实践要求，满足终身学习者的各种特殊要求。在学习产品的使用时间上，结合终身学习者身份特点，开发适合短期学习、分时学习、累进学习的学习产品。在学习产品的内容上，增加新技术、新知识、新领域的创新型学习产品。在学习产品的功效上，面向学习者自身诉求提供能够满足学习者就业、晋升、资格认证等即期需求的学习产品。在学习产品的实践形式上，民办学习机构通过校厂联合、订单培养、工读结合等方式，形成学用结合制度，增强学习者的获得感和积极性。民办学习机构在学习产品开发和制度改革上的趋势会更加适应未来全民终身学习的要求，使学习者能够获得更为丰富、更为实用的学习产品。

(二)非正规学习机构微观教育管理制度改革

非正规学习是在社会生产劳动、日常生活过程中，学习者在非正规学习机构之外获取知识、技能、思想、信仰和道德观念的过程。非正规学习机构为成年和未成年的学习者提供可选择学习形式的有组织、有系统的学习机会，包括各种成人继续学习、在职岗位培训学习、学生校外培训学习等。这些学习活动的共同特点是，学习者学习的目的不是获得学历，而是提升自身能力素质。正规学习机构既不能传授人一生所需要的全部知识和经验，也不能满足学习者因社会经济发展而产生的多种持续的学习需要。非正规学习为失去和脱离学校教育的学习者提供了学习契机，让他们投身于与劳动和工作紧密相连、内容丰富的学习活动中。此类学习的目标具有实用性和直接性，同时与个人的学习需求、职业发展需求及经济社会发展需求相契合。这类学习机构是有组织的但又不是充分制度化、体系化的，是系统化的但又不是完全常规化、日常化的，基本上是在正规学习机构外进行，其内容、方法、形式比正规教育具有较少的正规性，较多的灵活性。[①] 基于这种"非正规"的特点，这类学习机构中的管理制度也要区别于正规学习机构，必须满足学习者的特殊需要。在未来服务于全民终身学习体系中，非正规学习机构的地位将会越来越重要，数量庞大的学龄后学习者的终身学习活动将更多地在非正规学习机构中开展。为了更好地应对这个趋势，非正规学习机构应更加重视内部管理机构的改革，为终身学习者提供更优质的学习产品。

1.多类型的学习者学籍管理制度

学籍管理制度是正规学习机构中各类学校的必要制度，用于对学生的学习资格、学习过程和学习成果进行认定和记录。在多数正规学习机构中，学籍管理制度代表了对学习者学习资格的认定，而学习资格一般都基于一些限制性条件，如对学习者年龄的限制、对学习者户籍和地域的限制、对学习者竞争性考试成绩的限制，甚至是对学习者性别和生理特征的限制等。这些限制性学籍管理制度是正规学习机构正规性的来源，也是限制正规学习机构在服务全民终身学习中发挥更大作用的因素，而非正规学习机构的特殊性正好填补了这个空白。成人继续学校、技能培训机构、校外培训机构、社区学校等非正规学习机构，一般不会对学习者做出身份限制，也不会通过考试的形式设置学习门槛。但在未来全民终身学习的大背景下，公民在一生中各个阶段的学习需求有所不同，这些需求不可能只通过单一的学习机构完成，不同的人生阶段要在不同的学习机构中获得学习产品。

建立可终身追溯的学籍管理制度。对于阶段性学习者的终身学籍管理，旨在如实记录终身学习者各阶段学习的内容、数量和成果，并以此为对象进行评价赋分。对于恢复性学习者的终身学籍管理，是为学习者对未完成学习内容进行的恢复性学习进行学籍恢复的操作，使学习者可以在任意时间进行恢复性学习。对于重复性学习者的终身学籍管理，即在学习者对同一学习产品进行反复学习的过程中，根据学习情况给予学籍并正常赋予学分。

建立横向互连的学籍与身份关联制度。各类学习机构将面对未来学习者

---

① 陈思文:《未来全民终身学习实施制度改革前瞻性研究》,沈阳师范大学硕士学位论文,2021年。

流动学习、间断学习、混合学习的新情况，在学籍管理制度上必须与时俱进，建立横向互连的学籍与身份关联制度，以适应全民终身学习的新情况、新特点。在非正规学习机构中学习的学习者，一般都在正规学习机构进行了基础教育阶段学习，因此具有了终身学习系统的初始学籍。那么，非正规学习机构的学籍制度实际上要发展成面向任意学习者任意时间进行学习的评价记录系统，通过学籍与学习者身份进行绑定互联，形成在不同教育领域互认的学籍制度、在不同学习形式互认的学籍制度、在不同年龄阶段互认的学籍制度。

多学习领域并行的学籍转换制度。不论学习者的身份、年龄、特点，只要在非正规学习机构就要恰当地将其学习成果、学习时间记录下来，作为学习者终身学习档案中重要的一部分。为顺应学习者身份转换、学科转变、跨领域等具体情况，还将建立多学习领域并行的学籍转换制度，在学习者转换学习领域或同时学习多领域学习产品的过程中，学籍管理制度需要容纳学习者的多种需要，形成理论与实践学习的学籍转换机制、跨学科学习的学籍转换机制、多领域学习的学籍转换机制等，以适应全民终身学习的需要。

2.横向互通的学分累积管理制度

一是学习者在不同教育机构的学分无差别累积制度。学分制度是贯穿全民终身学习体制全程、连接各类学习机构、为学习者构建完整终身学习履历的重要制度。由于非正规学习机构对学习者的资格、身份限制较少，适于完成正规学习之后的学习者利用灵活时间继续学习，因此非正规学习机构的学分制度需要与其他形式的学习机构的学分体系无差别积累。

二是学习者在不同学习方式中取得学分的换算制度。在未来全民终身学习体系中，各类学习机构将不再从时间和空间上截然分开，而是会逐渐呈现融合互补、横向互通的趋势。终身学习者可以在正规学习机构完成规定学习内容的同时，利用正规学习之余的时间在非正规学习机构中进行学习，还可以在同一时间利用非正式学习机构的学习产品，以使单位时间的学习效率和学习效果增加。在这种多措并举的学习过程中，非正规学习机构要配合正规学习机构和其他形式学习机构，将不同方式取得的学分按照一定规则进行换算并积累。

三是学习者在不同阶段取得学分的终身认证制度。未来全民终身学习的显著特征是学习者的学习活动将会持续终生。这种学习形式的变化对非正规学习机构的学分积累制度提出更高要求，不仅要将学习者在本机构的学习数量和学习效果进行量化，还需在学习者原有正规学习机构已建立学分系统的基础上，将多个学习机构的学分进行认证，形成学习者终其一生的完整学分系统，能够科学准确地反映学习者的学习能力。

3.多因素的学习效果评价制度

一是对不同学习形式效果的评价制度。正因非正规学习机构的包容性和多样性,才使非正规学习产品日新月异、千变万化,学习者在进行非正规学习的过程中将会采取适合自己的灵活学习方式。未来社会对学习者的要求已经不再是能够记忆多少知识和学会多少技能,而是在学习后能够将多少知识技能运用于社会实践。因此,区别于传统的考核方式对学习效果进行评价,未来非正规学习机构需要考虑更多因素对学习者的学习效果进行评估评价。

二是对学习者学习能力的综合评估制度。非正规学习机构的评价制度应从学习时间、实践操作、应用效果等多个维度,对学习者学以致用的能力进行评估,根据学习知识后能够应用的程度,评价学习者的学习能力和应用水平。通过重视实践操作和学以致用的学习评价制度,促进全社会提升对终身学习的认识,使终身学习成为公民改造世界、完善自我的一种有效途径。

三是对不同学习产品的效果评价制度。非正规学习机构提供的学习产品具有形式多样、内容丰富、灵活可调的特点,学习者选择学习产品的空间较大,也可以同时进行多个学习活动。因此,对不同学习产品的学习效果进行科学评测,进而得出评价结果的制度,是保障多条学习产品线同步推进的关键,也是学习者自我评估和选择学习产品的基础条件。

(三)非正式学习机构教育管理制度改革

非正式学习机构是指并非为学习行为建立,但具有学习功能的无组织、无系统的社会机构。这类机构能够帮助学习者从日常生活经验和生活环境(家庭、工作单位、社会)中学习和积累知识技能,形成态度和见识。相关研究表明,非正式学习是一种自主性很强的学习方式,学习者在工作中获得的知识有80%来自非正式学习。非正式学习机构以其学习空间、时间可以随意选择等优势,在全民终身学习领域中发挥着举足轻重的作用。非正式学习机构具有机构形式多样、内部架构灵活、产品新颖实用等特点,新型的学习产品和学习方式是新型学习机构存在的基础,内部制度完全围绕学习者对学习产品的新需要而进行变革。

1.持续研发的产品创新制度

在未来是否需要研发周边学习产品的调查问卷中,52.34%和27.10%的受访者认为非常需要和需要。非正式学习机构能够吸引学习者的特点在于学习形式不拘一格,能够满足未来终身学习者的多层次、多形式、多目标学习活动。

非正式学习机构并非专门为学习活动而设立,但其具有的学习资源又是全民终身学习体系不可或缺的一部分。因此,非正式学习机构在发挥原有机构功能的同时,要在产品创新制度上进行改革,运用机构拥有的物质和非物质的资源进行创新性研发,使其能够为终身学习者提供某一方面的学习产品。例如历史博物馆,可以利用丰富的文物藏品开展学习活动,按照历史学习者的学习规律和要求进行布展、讲解,使展品成为历史的代言人,为学习者更好地理解历史中的社会、经济、文化提供直观的教学材料。又如社区活动中心,可根据本社区居民的文化素质水平、兴趣爱好等,利用社区基础设施和人员力量,再借助外部师资资源,定期为社区成员开设学习论坛、知识讲座,使社区活动中心更好地发挥离居民最近的非正式学习机构的功能。总之,非正式学习机构在关注学习者对学习内容新颖、学习形式灵活、学习效果明显的需求之上,通过对学习者的学习习惯和关注重点进行大数据分析,不断高效研发非正式学习机构新的学习产品和学习形式。

2.双向评价的效能评估制度

非正式学习机构有别于其他机构,学习时间和形式不固定,人员身份会随着学习过程的变化而产生变化,机构中的教育者并非专业的学习指导者,在机构中学习的学习者身份也不固定。与正式学习不同的是,非正式学习是一种无组织、自主性强的学习行为,可以在有意识、有目的或无意识、无目的的情况下发生的学习行为。早先的一些研究强调非正式学习的无意识性,指的是人们在人际交往、生活环境中无意识地进行的学习活动。在这种存在多种变量的学习体制内,更需要建立一套客观、科学、双向的评价制度,能够及时科学地对非正式学习机构中的教育者和学习产品做出效能评价,对学习者的学习能力和学习效果做出正确判断。为了适应和服务未来全民终身学习体制,非正式学习机构中的学习产品将会随着学习者需求的变化保持频繁更新,教育者和学习者都将呈现经常性流动的趋势。传统的评价制度存在评估结果的滞后性、模糊性的特点,无法应对未来全民终身学习对非正式学习机构的需求。非正式机构中的双向评价制度,需要具有满足各种变量要素的赋值体系、计算模型和评估机制,随着学习者的学习过程及时地对学习产品质量、教学师资水平和学习能力效果进行评价。

3.有效融合的成果应用制度

未来,随着社会进入知识爆发式发展和信息传播手段光电化,学生的学习方式不再仅仅局限于传统的正式学习机构或自上而下的知识传导机制,在随意性的可利用场所充分利用碎片化的时间，通过多样化的学习平台学习多元化的知识内容，这将是未来学习者普遍的学习状况。在这样的学习背景下，终身学习体系对学习者的知识传导方式也会发生改变，将从单一方向和自上而下传导知识的正式学习逐步过渡到引导学习者进行非正式学习与正式学习相结合，通过二者的融合促进学习者知识、信息和技能水平的提高。非正式学习将成为未来学习者的关键学习渠道，非正式学习与其他学习方式的衔接和融合将更有利于终身学习体系实现学习平台的功能和知识管理优化、增强学习者从非正式学习平台上进行学习的积极性，最终达到更有效率的国家学习体系建设。正因为在一个终身学习的时代里，学习不是一个阶段性的行为，而是每个学习者都将利用多个学习体系进行终身学习。那么，非正式学习机构在研发新型产品的同时，需要建立一套与正规和非正规学习机构协调一致的评价认证标准体系和成果融入机制，使非正式学习机构的学习成果能够得到与其他学习机构中学习成果一致的认定和应用。这样的学习成果融合制度建立后，将会促使我国服务全民终身学习的正规学习机构、非正规学习机构与非正式学习机构消除边界，呈现出贯通式发展态势，各类学习机构成为相互促进、相互补充的整体。

附　录

附录一　访谈提纲及记录[①]

一、访谈提纲

1.您认为学习实施机构包含哪几个范畴？未来全民终身学习对我国学习实施机构提出了哪些新需求？

2.面对这些新需求、新变化，您认为应从哪些方面对正规学习实施机构进行改革？（如课程研发推广学习实施机构、科研实施机构、教学实施机构、技能学习实施机构等）

3.您认为以下哪些学习实施机构需要进行创新？或者未来可能是什么样子的？（家庭学习实施机构、社会学习实施机构、社区学习实施机构、继续学习实施机构、老年学习实施机构）

4.您认为在未来更加智能化的条件下，网络媒体机构和传统媒体机构未来发展如何？纸质媒体会消亡吗？

5.您认为，面向未来全民终身学习需求，科普场馆应该怎样变革才能发挥使学习者实现随时随地想学就学的功能？

二、访谈记录

时间：2020 年 10 月 24 日

地点：沈阳市某大学教授办公室

---

① 任杨阳：《未来全民终身学习实施机构改革前瞻性研究》，沈阳师范大学硕士学位论文，2021 年。

访谈人:“任杨阳”在文中简称“A”。

访谈对象:“××教授”在文中简称“B”。

访谈形式:个别访谈

访谈过程:

A:感谢您接受我的访谈,我正在进行论文《未来学习实施机构改革前瞻性研究》的撰写工作,现就未来学习实施机构的改革向您请教几个问题,您的观点将对本论文产生很大的帮助。

B:好的好的,你问吧。

A:您认为学习实施机构包含哪几个范畴?未来全民终身学习对我国学习实施机构提出了哪些新需求?

B:对于学习实施机构,目前我认为是正规学习实施机构融合非正规学习实施机构,活化非正式学习实施机构,进而使全民终身学习“立交桥”实现纵向衔接、横向沟通。终身学习是现代社会对现代人的必然要求,人从出生就要开始学习知识、技术和信息等。在日常工作和生活中,人们要随时适应这些东西的更新和变化,学习知识、技术和信息等,这样才能更好地生存和发展。所以未来的学习实施机构需要满足教学的内容多元,而不仅仅限于课本上的知识。另外,当前科技条件不断进步,未来不论是正规学习机构、非正规学习机构的学习者们,还是非正式学习机构的学习者们,都可以通过更加智能的途径或者更为便利的平台来学习。信息技术发展使未来学习时空更自由,学习内容更具针对性,从而使学习成果或效果更加明显。

A:面对这些新需求、新变化,您认为应从哪些方面对正规学习实施机构进行改革?(如课程研发推广学习实施机构、科研实施机构、教学实施机构、技能学习实施机构等)

B:正规学习实施机构也就是各级各类学校,一个学校的职能划分为课程研发、科研、教学、技能培养,这些范畴我认为基本已经能够涵盖学校教育的内容了。

A:您认为以下哪些学习实施机构需要进行创新?或者未来可能是什么样子的?(家庭学习实施机构、社会学习实施机构、社区学习实施机构、继续学习实施机构、老年学习实施机构)

B:未来非正规学习机构需要和社区供需紧密联系,还要根据当地环境条件,因地制宜来兴办。另外,未来非正规教育应该具有开放性,使学习者广泛参与。家庭学习机构是什么?目前还没有吧,未来出现也可能就是一种专门指导家庭学习行为的机构。未来社会学习机构和社区学习机构都要更加开放化，需要能够接纳各类学习者。还有就是学习资源方面，要实现学习资源无处不在。老年学习机构要更加方便老年人进行学习。可以发现，目前有的老年大学离老年人家里较远，不方便上下课，我认为未来可以依托社区建立老年大学。

A：您认为在未来更加智能化的条件下，网络媒体机构和传统媒体机构未来发展如何？纸质媒体会消亡吗？

B：我觉得不会消失，但一定会有改革。新旧媒体必定相互融合，未来大家都将会使用手机等来获取信息。科技发展既是挑战也是机遇，互联网很方便，大家都可以使用，将来会出现越来越多创新的产物、创新的成果。例如，不久，电视机可能与互联网联系起来了。再比如，手机既可看视频，也可看报纸，两者结合起来就是新的报纸、新的电视。

A：您认为，面向未来全民终身学习需求，科普场馆应该怎样变革才能发挥使学习者实现随时随地想学就学的功能？

B：未来的科普场馆需要的并不仅仅是观看展示馆里展示物的功能，更应该开发让展示物有新的变化的展示技法。这种展示技法的变化使观览者尤其是学生提高对科学技术兴趣的同时，也有着新的展示文化的意义。还有就是未来科普场馆空间背景需要多样化，为前来学习的人提供新平台，这样学习者就可以从体验当中获取知识，还可以使学习者的创造力得到提升。

附录二　未来全民终身学习需求的调查问卷[①]

尊敬的女士、先生：

您好！诚挚邀请您参与对于未来15年终身学习需求的预测调查。本问卷答案没有对错之分，结果只用于学术研究，并严格遵守保密协议。全部问卷填答完毕大约需要5—10分钟。感谢您的积极参与和大力支持！

第一部分：基础信息

1.下列哪项符合您的情况(单选题)

A.您是0—6岁幼儿的父亲或母亲

B.您是一位0—6岁幼儿从业人员(请跳至第7题)

① 宋佳丽：《全民终身学习需求趋势研究》，沈阳师范大学硕士学位论文，2022年。

C.都不是

2.您的性别是(单选题)

A.男

B.女

3.您的年龄是(单选题)

A.7—18岁

B.19—28岁

C.29—60岁

D.61岁及以上

4.您的文化程度是(单选题)

A.高中

B.大学专科

C.大学本科

D.硕士研究生

E.博士研究生

5.您的职业是(单选题)

A.国家机关、党政事业单位职工

B.教、科、文、卫、体等专业技术人员

C.商业、服务业人员

D.农、林、牧、渔等生产人员

E.待业/失业人员

F.离/退休人员

G.学生

H.其他

6.您的家庭月收入情况是(单选题)

A.5000元以下

B.5000—8000元

C.8000—10000元

D.10000元以上

第二部分:具体内容

7.您预期未来15年0—6岁幼儿的学习目的将是什么?(矩阵量表题)

	非常不符合	不太符合	一般	比较符合	非常符合
知识储备提升					
综合能力提高					
思维方式建构					
多种智慧积累					
获得相应奖励					
考入理想学校					
树立正确三观					
丰富业余生活					
满足兴趣爱好					
适应社会变化					

8.您预期未来15年处于您目前年龄阶段的人的学习目的将是什么?(矩阵量表题)

	非常不符合	不太符合	一般	比较符合	非常符合
知识储备提升					
综合能力提高					
思维方式建构					
多种智慧积累					
获得相应奖励					
考入理想学校					
树立正确三观					
丰富业余生活					
满足兴趣爱好					
适应社会变化					

9.您预期未来15年0—6岁幼儿的学习以哪些内容为主？（矩阵量表题）

	非常不符合	不太符合	一般	比较符合	非常符合
听说读写能力的学习内容					
生活自理能力的学习内容					
促进身心健康的学习内容					
培养良好习惯的学习内容					
提升交往能力的学习内容					
培养社会规范的学习内容					
树立正确三观的学习内容					
审美与创造力的学习内容					
以趣味性呈现的学习内容					
有明确性主题的学习内容					

10.您预期未来15年处于您目前年龄阶段的人的学习将以哪些内容为主？（矩阵量表题）

	非常不符合	不太符合	一般	比较符合	非常符合
职业发展类内容					
学历文凭类内容					
医疗保健类内容					
信息技术类内容					
体育健身类内容					
生活技能类内容					
休闲技艺类内容					
公民素养类内容					
具有趣味的内容					
主题明确的内容					

11.您预期未来15年0—6岁幼儿将会选择哪种途径进行学习?(矩阵量表题)

	非常不符合	不太符合	一般	比较符合	非常符合
线下学习为主,线上学习为辅					
线上学习为主,线下学习为辅					
全部线上学习					
全部线下学习					
自主学习					
合作学习					
自主学习和合作学习相结合					
教师课堂讲授获取知识					
在现实生活中亲身经历					
实践或游戏教学中经历					
在科学探究中掌握知识					
真实情景体验社会角色					

12.您预期未来15年处于您目前年龄阶段的人将会选择哪种途径进行学习?(矩阵量表题)

	非常不符合	不太符合	一般	比较符合	非常符合
线下学习为主,线上学习为辅					
线上学习为主,线下学习为辅					
全部线上学习					
全部线下学习					
自主学习					
合作学习					
自主学习和合作学习相结合					
教师课堂讲授获取知识					
在现实生活中亲身经历					
实践或游戏教学中经历					
在科学探究中掌握知识					
真实情景体验社会角色					

13.您预期未来 15 年 0—6 岁幼儿将会在哪些地点学习？（矩阵量表题）

	非常不符合	不太符合	一般	比较符合	非常符合
0—3 岁幼儿以家庭为主，4—6 岁幼儿以幼儿园为主					
0—3 岁幼儿以培训机构为主，4—6 岁幼儿以幼儿园为主					
以图书馆、文化馆、博物馆等公共文体场所为主					
以社区及其他地点为主					

14.您预期未来 15 年处于您目前年龄阶段的人将会在哪些地点学习？（矩阵量表题）

	非常不符合	不太符合	一般	比较符合	非常符合
以学校为主					
以培训机构为主					
以工作单位为主					
以图书馆、文化馆、博物馆等公共文体场所为主					
以家庭为主					
以社区及其他地点为主					

15.您认为未来 15 年 0—6 岁幼儿的学习时间应该怎样安排更加合理？（矩阵量表题）

	非常不符合	不太符合	一般	比较符合	非常符合
总学习时长更长					
总学习时长因人而异					
在校学习时间更长					
休闲学习时间更长					

16.您认为未来 15 年处于您目前年龄阶段的人的学习时间应该怎样安排更加合理?(矩阵量表题)

	非常不符合	不太符合	一般	比较符合	非常符合
总学习时长更长					
总学习时长因人而异					
在校学习时间更长					
工作学习时间更长					
休闲学习时间更长					

17.您认为未来 15 年的学习评价应该是?(矩阵量表题)

	非常不符合	不太符合	一般	比较符合	非常符合
对知识运用的评价					
对学习素养的评价					
重结果的评价					
重过程的评价					
量化与质性相结合的多元化学习评价					
自我评价					
教师评价					
小组成员评价					
大数据评价					
人工评价与智能评价相结合					

附录三　服务全民终身学习实施体制需求调查问卷[①]

尊敬的女士、先生：

您好！诚挚邀请您参与关于未来15年终身学习体制保障需求的调查问卷。本问卷答案没有对错之分，结果只用于学术研究，并严格遵守保密协议。全部问卷填答完毕大约需要5—10分钟。感谢您的积极参与和大力支持！

第一部分：基础信息

1.您的性别是

A.男

B.女

2.您的年龄是

A.18岁以下

B.19—35岁

C.36—59岁

D.60岁及以上

3.您目前工作所在的地区是

A.城镇

B.农村

4.您的文化程度是

A.小学

B.初中

C.中职、中专

D.高中

E.大学专科

F.大学本科

G.硕士研究生

H.博士研究生

5.您目前的职业是

A.国家机关、党群组织、企业、事业单位负责人

① 陈思文：《未来全民终身学习实施制度改革前瞻性研究》，沈阳师范大学硕士学位论文，2021年。

B.专业技术人员

C.办事人员和有关人员

D.商业或服务行业从业人员

E.个体从业者

F.军人

G.农民/牧民/渔民

H.无业/失业/半失业者

I.离/退休人员

J.在校学生

6.您在闲暇之时是否会专门抽空学习

A.是

B.否

7.您个人的年平均可支配收入为

A.3 万元以下

B.3 万—10 万元

C.10 万—15 万元

D.15 万元(含)以上

第二部分:具体内容

8.您认为未来的幼儿园、小学、中学和大学是否需要为学生课外随时学习提供服务?

A.非常需要

B.需要

C.可有可无

D.不太需要

E.不需要

9.您认为未来的幼儿园、小学、中学和大学是否需要对教室的物理空间进行重新设计和布局,以便使教室同时具备以下多种学习辅助功能?

	非常需要	需要	可有可无	不太需要	不需要
教师办公					
课堂观摩					

续表

	非常需要	需要	可有可无	不太需要	不需要
实验实践					
资源远程共享					

10.您认为未来校外培训机构是否需要提供以下个性化的课程服务？

	非常需要	需要	可有可无	不太需要	不需要
体劳技能					
艺术素养					
家庭教育					
情绪管理					
思维训练					

11.您认为未来校外教育培训机构是否需要采用以下更加数字化的教学方式？

	非常需要	需要	可有可无	不太需要	不需要
项目式教学					
精准化教学					
人机协同教学					
交互式教学					

12.您认为未来图书馆、博物馆、科技馆、文化馆、体育馆是否需要为学习者提供以下服务？

	非常需要	需要	可有可无	不太需要	不需要
优质的学习资源					
智能技术服务					
优质的教学产品					
数据分析服务					
良好的技术运营、维护与保障服务					

13.您认为未来网络学习平台是否需要为学习者提供以下服务?

	非常需要	需要	可有可无	不太需要	不需要
优质教学资源的共建共享					
教学数据、学习数据的分析、挖掘和可视化					
智能管理教学活动					
智能可视化学习评价					

14.您认为未来正规学校的课程内容需要进行以下哪方面的改进?

	非常需要	需要	可有可无	不太需要	不需要
增强课程目标的可操作性					
增强课程内容的体验性					
增强课程内容的交互性					
增强课程内容的整合性					

15.您认为未来人工智能需要采用以下哪种方式进行课程研发?

	非常需要	需要	可有可无	不太需要	不需要
物联网+云计算					
AI+大数据					
5G+全息技术					

16.您认为未来大学需要内设专门负责科研成果推广和转化的机构吗?

A.非常需要

B.需要

C.可有可无

D.不太需要

E.不需要

17.您认为未来需要通过以下哪种方式指导家庭教育?

	非常需要	需要	可有可无	不太需要	不需要
科普场馆					
母婴学校					
家庭学习指导机构					
网络学习平台					
高校课堂					

18.您认为未来继续学习机构需要采用以下哪种方式推广课程或教育服务?

	非常需要	需要	可有可无	不太需要	不需要
精准化推广					
视频推广					
直播推广					
体验式推广					
知识传播或科普式推广					

19.您认为未来老年学习机构需要具备以下哪些办学条件?

	非常需要	需要	可有可无	不太需要	不需要
专业化的教师队伍					
多元化的办学主体					
与社区共享教育资源					
多层级和多样化的学习内容					
线上线下相结合的学习方式					

20.您认为未来网络媒体需要具备以下哪些特征?

	非常需要	需要	可有可无	不太需要	不需要
以云技术平台为主要支撑					
传播渠道多元化					

续表

	非常需要	需要	可有可无	不太需要	不需要
传播内容定制化					
传播方式视频化					

21.您认为未来纸质媒体需要做出以下哪些改变？

	非常需要	需要	可有可无	不太需要	不需要
与网络媒体合作更加紧密					
需求分析智能化					
报社平台专业化					
出版机构智库化					

22.您认为未来科普场馆需要具备以下哪些特征？

	非常需要	需要	可有可无	不太需要	不需要
馆藏资料数据化					
场馆管理智能化					
场馆体验可视化					
服务群体多元化					

23.您认为下列哪些面向未来服务全民终身学习的实施制度需要改革？

	非常需要	需要	基本需要	不太需要	不需要
您认为未来的学习制度改革需要提升学生的学习主动性吗？					
您认为未来的学习制度改革需要针对每个学生制定不同的学习方式、方法、课程吗？					
您认为未来的学习制度改革需满足学习者更加数字化的学习方式吗？					
您认为未来的课程研发制度需要打破“学校围墙”的束缚变得更加开放吗？					

续表

	非常需要	需要	基本需要	不太需要	不需要
您认为未来的学校教学制度需要保障学习方式更加多样化吗?					
您认为未来的学校教学制度需要保障学生随时随地想学就学吗?					
您认为未来的学习制度改革需要满足更多种多样的学习目的吗?					
您认为未来的学习制度改革需要保障更多样的学习载体吗?					
您认为未来的家庭学习制度需要保障儿童的创造力吗?					
您认为在未来的家庭学习中家长需要进行专业化培训吗?					
您认为未来的家庭、学校、社会三者在教育上需要更紧密的联合吗?					
您认为未来的社会学习制度改革需要从“现实导向”走向“发展导向”吗?					
您认为未来社区学习制度改革需要满足对不同年龄阶段的学习者进行差别化教育吗?					
您认为未来的老年学习制度需要将“养”与“学”相结合吗?					
您认为未来的学习制度改革需要满足更加开放多样的学习途径吗?					
您认为未来的学习制度改革需要有助于建立更加智能的学习平台吗?					
您认为在未来需要对非正式学习的成果建立认证制度吗?(注:非正式学习指的是每个人从日常生活经验和生活环境中学习和积累知识的技能,从而形成态度和见识的非组织化、系统化的学习。)					
您认为未来的学习制度改革需要提升科普场馆(如图书馆、博物馆、科技馆等)的教育职能吗?					

附录四　服务全民终身学习的教育管理体制改革前瞻性需求调查统计

1.宏观教育管理部门未来将如何统一配置各类教育资源?(单选题)

	小计	比例
将会设置统一配置教育资源的专门部门	40	37.38%
将会建立高规格的跨部门议事协调机构	17	15.89%
将会采用机构间共享互助的新型管理模式	50	46.73%
本题有效填写人次	107	

2.在未来全民终身学习体制下,教育投资融资方面将会需要发挥哪些部门的作用?(单选题)

	小计	比例
公共财政投资管理机构	47	43.93%
社会资本投资管理机构	44	41.12%
公益慈善投资管理机构	16	14.95%
本题有效填写人次	107	

3.在全民终身学习背景下,您认为未来教育领导制度改革会倾向于哪种方向?(单选题)

	小计	比例
中央全面领导	12	11.21%
地方政府领导	5	4.67%
中央总揽全局、地方协调共进	90	84.11%
本题有效填写人次	107	

4.从地方教育行政部门角度看，以下哪项会是地方政府做好区域内教育发展工作的未来趋势？（单选题）

	小计	比例
将注重机制创新，结合本地区实际落实中央要求	47	43.93%
将转变工作方式，不断总结地方经验，主动参与中央教育政策制定	56	52.34%
不会再考虑地方情况，完全按照中央政策规划落实	4	3.74%
本题有效填写人次	107	

5.您认为未来会如何统一管理我国终身学习的各类教育资源？（单选题）

	小计	比例
将会由一个部门统一管理和整合	16	14.95%
将会由各部门分别管理本系统内教育资源，由教育管理部门通过统一平台进行整合	28	26.17%
将会由各部门统一管理和整合教育资源，但应建立统一的认证标准和衔接机制	28	26.17%
将会由各部门的各类教育资源自行发展和充分竞争，由受教育者自行选择适合的教育资源	35	32.71%
本题有效填写人次	107	

6.为形成未来人人皆学、处处能学、时时可学的局面，您认为能够体现终身学习成果的学分制度需要进行怎样的改革？（单选题）

	小计	比例
将建立学习账户，记录学习信息	13	12.15%
将个人学习的成果进行认证	6	5.61%
将对学习成果的积分进行积累与转换	11	10.28%
以上都需要	77	71.96%
本题有效填写人次	107	

7.您认为学习经费的投入主体未来将会呈现以下哪种发展趋势？（单选题）

	小计	比例
政府为主，民间为辅和个人补充	48	44.86%
政府、民间投资并重和个人补充	34	31.78%
政府、民间、个人均等负担	9	8.41%
个人负担为主，合理利用各类资源	16	14.95%
本题有效填写人次	107	

8.在终身学习的背景下，您认为公办教学管理机构未来的改革趋势会是怎样的？（单选题）

	小计	比例
更加融合未来教育理念，着眼全民终身学习	12	11.21%
将会兼容网络学习模式，兼顾虚拟学习需求	12	11.21%
趋向满足更多学习需要，继续发挥公办学校的资源优势	8	7.48%
以上都是	75	70.09%
本题有效填写人次	107	

9.虚拟（网络）学习与实体（入校）学习两种学习形式未来会如何发展？（单选题）

	小计	比例
终身皆可虚拟（网络）学习	5	4.67%
实体（入校）学习	6	5.61%
适龄期间实体（入校）学习，就业后虚拟（网络）学习	35	32.71%
虚拟（网络）学习与实体（入校）学习相结合	61	57.01%
本题有效填写人次	107	

10.未来公办教育机构中党委和校委会在决策机制中的地位会呈现怎样的趋势？（单选题）

	小计	比例
党委决策，校委会执行	30	28.04%
校委会决策，党委把关	39	36.45%
党委参与，校委会决策	23	21.50%
党委和校委会各管一块	15	14.02%
本题有效填写人次	107	

11.在未来各类非公办教育机构决策机制中，如果设立党委，将承担何种角色？（单选题）

	小计	比例
决定性	26	24.30%
指导性	66	61.68%
参考性	11	10.28%
选择性	4	3.74%
本题有效填写人次	107	

12.未来公办教育机构与民办教育机构的决策制度主要区别会是什么？（单选题）

	小计	比例
党委在决策机制中的决定性地位	34	31.78%
参与决策的主体不同	42	39.25%
决策机制的差异	21	19.63%
决策目标不一致	10	9.35%
本题有效填写人次	107	

13.未来在大学招生制度改革上,虚拟(网络)学生与实体(入校)学生比例会呈现怎样的趋势?(单选题)

	小计	比例
以实体学生招生为主,虚拟(网络)学生为辅	44	41.12%
以虚拟(网络)学生为主,必须进行实体课堂教学的学科招收实体(入校)学生	11	10.28%
虚拟(网络)学生与实体(入校)学生相同,均等配置教学资源	16	14.95%
适合进行虚拟(网络)教学的学校全部转为虚拟学校,必须进行实体课堂教学的学科集中到实体大学	36	33.64%
本题有效填写人次	107	

14.未来教育机构的师资队伍会固定在教育机构还是允许在社会上自由流动?(单选题)

	小计	比例
固定	6	5.61%
部分骨干固定,其他流动	19	17.76%
师校双方以定期合同形式固定	62	57.94%
无需固定,可流动	20	18.69%
本题有效填写人次	107	

15.未来各类教育机构之间的师资力量交流将会通过何种方式进行管理?(单选题)

	小计	比例
编制固定,允许短期交流	15	14.02%
取消编制管理,实行合同管理	24	22.43%
部分教育机构实行编制管理,其他机构实行合同管理	49	45.79%
保留编制,允许大范围长期流动	19	17.76%
本题有效填写人次	107	

16.为了适应全民终身学习的要求，是否需要对未来教育宏观管理部门的设置和职能进行调整？（量表题）

本题平均分：1.73

	小计	比例
非常需要	55	51.40%
需要	32	29.91%
一般需要	15	14.02%
不需要	4	3.74%
非常不需要	1	0.93%
本题有效填写人次	107	

17.您认为未来是否需要研发周边学习产品？（量表题）

本题平均分：1.75

	小计	比例
非常需要	56	52.34%
需要	29	27.10%
一般需要	16	14.95%
不需要	5	4.67%
非常不需要	1	0.93%
本题有效填写人次	107	

18.您认为学分制度和国家资历框架对未来全民终身学习体系的重要性如何？（量表题）

本题平均分：1.76

	小计	比例
非常重要	57	53.27%
重要	26	24.30%
一般	18	16.82%
不重要	5	4.67%
非常不重要	1	0.93%
本题有效填写人次	107	

19.根据未来教育督导的改革趋势,可能涉及哪些机构?(多选题)

	小计	比例
立法机构	71	66.36%
政府督学机构	88	82.24%
教育行政机构	88	82.24%
社会组织	69	64.49%
本题有效填写人次	107	

20.随着全民终身学习体系的建立,未来终身学习立法的着力点将会体现在哪方面?(多选题)

	小计	比例
终身学习者和教育机构的权利义务	76	71.03%
终身学分积累认证和应用	79	73.83%
对各类教育机构地位的认定和评价	77	71.96%
对各类教育机构监督管理体系	79	73.83%
本题有效填写人次	107	

21.在全民终身学习背景下,您认为未来教师管理制度将会呈现怎样的改变趋势?(多选题)

	小计	比例
各级各类教育机构教师将会无障碍流动	71	66.36%
教师准入制度将会更具灵活性	77	71.96%
教师队伍培养主体将会更加多元化	92	85.98%
将会增添教师专业发展渠道	84	78.50%
本题有效填写人次	107	

22.您认为未来教育督导制度改革的趋势将会是怎样的?(多选题)

	小计	比例
教育督导更具权威性	70	65.42%
管理权、办学权、评价权的分离	79	73.83%
教育督导人员更加专业化	89	83.18%
加强监督与指导、督政与督学一体化	85	79.44%
本题有效填写人次	107	

23.为了让终身学习的学习成果(学分或证书等)统一管理,您认为公办教育管理机构的学生学籍设置未来的趋势会是怎样的?(多选题)

	小计	比例
将与云端数据平台融合,实施学生终身学籍管理	79	73.83%
将与公民信息平台融合,实现全民终身学习管理	87	81.31%
将与社会学习平台融合,构建全社会统一的公民学籍管理体系	86	80.37%
将建立专门的终身学习学籍系统,统一管理	65	60.75%
本题有效填写人次	107	

24.您认为在终身学习背景下,未来民办教育管理机构设置的趋势会是怎样的?(多选题)

	小计	比例
机构设置将合理利用社会资源	79	73.83%
利用信息监控系统,规范和优化机构管理	90	84.11%
将强化相关机构间的制衡,加大内部控制力度	73	68.22%
将遵循未来社会对人才的需要,构建更加灵活的教育机构	86	80.37%
本题有效填写人次	107	

25.如果未来建立了企业内部的教育管理机构，您认为学生和学分管理部门将会呈现怎样的趋势？（多选题）

	小计	比例
机构设置上，将与人力资源部门合并设置	87	81.31%
职责设定上，将协助职工完成终身学习和自我发展	93	86.92%
工作力量上，将以规划发展部门为主	66	61.68%
职工学习成果将纳入个人工作成绩考核	70	65.42%
本题有效填写人次	107	

26.围绕终身学习模式，您认为未来企业内部的学习发展会呈现怎样的态势？（多选题）

	小计	比例
将会盘活企业内外的师资力量	77	71.96%
职工的学习成果(学分)会与绩效挂钩	82	76.64%
将会根据职工的个人意愿提供学习资源	90	84.11%
学习时间将不受限制、学习不具有强制性	75	70.09%
本题有效填写人次	107	

27.您认为以下哪些趋势会让未来社区内部的学习者拥有良好的学习兴趣？（多选题）

	小计	比例
与学校教育一样，将会拥有丰厚的师资力量	75	70.09%
学习活动会由参与的学习者进行组织	73	68.22%
学习者的学习成果(学分)会有统一的记录与管理	82	76.64%
会根据学习者的个人意愿设计学习活动	86	80.37%
本题有效填写人次	107	

28.您认为未来的公共文化单位(图书馆、博物馆、档案馆等)的教育管理机构将会怎样发挥公共文化的作用?(多选题)

	小计	比例
改革的同时将会更多发挥大众资源的作用	80	74.77%
将会融合传统文化,更加注重弘扬知识文化创新	94	87.85%
将会利用现代化设备与技术开创新领域	82	76.64%
将会开发周边学习产品并进行统一管理	68	63.55%
本题有效填写人次	107	

29.您认为虚拟教育管理机构未来的发展趋势会是怎样的?(多选题)

	小计	比例
将会提供虚拟教育周边学习产品	72	67.29%
AI 等更新科技产品将会提供虚拟教室	89	83.18%
学习内容会遵从社会发展需要,紧跟时代前沿	92	85.98%
学生和学分将会依据后台数据记录上传	70	65.42%
本题有效填写人次	107	

后 记

穿越思维丛林探索，历经数载反复打磨，这部著作终于完成旅程。从最初构思、资料搜集、调查研究，直至最后落笔成书，每个环节都凝聚着研究团队的集体智慧和心血汗水。

感谢浙江外国语学院的孙绵涛教授。这部书稿是孙绵涛教授主持的研究阐释党的十九届四中全会精神国家社科基金重点项目“服务全民终身学习的教育体制与教育机制研究”(20AZD073)子课题“服务全民终身学习的教育体制改革展望研究”的最终成果。感谢孙绵涛教授的充分信任，愿意将这一重大项目的子课题委托给我们这支年轻的研究团队。孙绵涛教授对本书理论框架的构建提供了方向性指引，对研究的重点难点提供了关键性指导。孙绵涛教授扎实的理论功底是课题得以开展的重要基础，严谨的治学态度也将对课题组成员后续的学术生涯产生深远的影响。感谢沈阳师范大学教育经济与管理研究所的领导和专家，在共同开展总课题研究时为本书提出真知灼见。

全书由浙江外国语学院袁晖光统稿。研究的设计分工、指导、协调和推进，书稿的理论框架和表述结构，调查问卷的统整等工作由袁晖光完成。第一篇由沈阳师范大学2022届硕士生宋佳丽提供素材，袁晖光改编而成。第二篇由沈阳师范大学2021届硕士生任杨阳和陈思文提供素材，浙江农林大学范思凯改编完成。第三篇由沈阳师范大学许波、2022届硕士生薛春燕和何佳航提供素材，许波改编完成。书稿初稿完成后，沈阳师范大学2023届硕士生赵心怡协助校对了书稿文字部分，中国医科大学范哲铭、浙江外国语学院林俐吟协助校对了书稿的图表部分。责任编辑张彩芸为本书的出版付出了辛勤劳动，提出了专业宝贵的改进建议。在此，一并向他们表示衷心的感谢。最后，感谢国家社科基金和浙江外国语学院教育学院对本书撰写和出版的资助。

袁晖光

2023年12月12日